本丛书为中国海洋大学中国传统文化研究中心、青岛大学国学研究院规划项目；本丛书6部著作分别获得山东省及青岛市社会科学规划办立项支持，丛书的出版得到青岛市崂山风景区管理局崂山旅游集团有限公司的部分资助。

本书为2017年度青岛市社会科学规划项目（批准号：QD-SKL1701048）结项成果。

崂山文化研究丛书
第二辑

即墨黄氏家族文化研究

苑秀丽 徐盈 刘丰祥 著

中国社会科学出版社

图书在版编目(CIP)数据

即墨黄氏家族文化研究 / 苑秀丽等著. —北京：中国社会科学出版社，2020.10
（崂山文化研究丛书·第二辑）
ISBN 978-7-5203-6553-6

Ⅰ.①即… Ⅱ.①苑… Ⅲ.①家族—文化研究—即墨—明清时代 Ⅳ.①K820.9

中国版本图书馆 CIP 数据核字（2020）第 087175 号

出 版 人	赵剑英
责任编辑	宫京蕾
责任校对	秦　婵
责任印制	郝美娜

出　　版	中国社会科学出版社
社　　址	北京鼓楼西大街甲 158 号
邮　　编	100720
网　　址	http://www.csspw.cn
发 行 部	010-84083685
门 市 部	010-84029450
经　　销	新华书店及其他书店
印刷装订	北京君升印刷有限公司
版　　次	2020 年 10 月第 1 版
印　　次	2020 年 10 月第 1 次印刷
开　　本	710×1000　1/16
印　　张	14.5
插　　页	2
字　　数	250 千字
定　　价	88.00 元

凡购买中国社会科学出版社图书，如有质量问题请与本社营销中心联系调换
电话：010-84083683
版权所有　侵权必究

崂山文化研究丛书（第二辑）编委会

主编：刘怀荣　宫泉久

编委会成员
（按姓氏笔画排列）

孙立涛　汪　泽　苑秀丽
赵　伟　潘文竹

总　序

刘怀荣

　　崂山位于齐地之东部，僻处海滨，砥柱洪流，在很长的历史时期里，都属于人迹罕至之地。然崂山之名，不仅在历史上很早就广为人知，而且在当代国际社会，也堪称东方名城青岛的特殊标志。在国外，如果有人知道崂山而不知道青岛，也许并不是一件不可理解的事。

　　崂山美誉的广泛传播，固然与其"三围大海、背负平川、巨石巍峨、群峰峭拔"①，深幽而罕见的自然风光不无关系，而就实际的情形来看，道教及与之相关的一系列神秘文化，也许是引起古今中外人士关注崂山更重要的因素。崂山道教的真正起源虽然要晚得多，但是早在道教正式诞生之前，齐地即已因方仙道、黄老之学以及黄老道而闻名遐迩。这不仅构成了崂山道教特有的显赫"家世"，也成为其后来植根深厚、叶茂枝繁的地域文化沃壤。因此，从唐末五代的李哲玄，到北宋的华盖真人刘若拙，再到金元之际的全真诸位高道，都不约而同地选择崂山作为修道之所，可谓英雄所见略同。崂山道教后来能发展为"道教全真天下第二丛林"，出现"九宫八观七十二庵"的盛况，虽离不开全真教历代高道的大力弘扬，但神秘独特的自然环境与悠久深厚的文化传统，更是缺一不可的。

　　崂山道教的发展，进一步提升了崂山的知名度。从明代万历年间起，佛教中人也开始把目光投向这里，但道教在这里有深厚的根基，晚来的佛教注定无法占据上风。憨山、自华、慈霑，虽然都是僧人中的佼佼者，但憨山所建海印寺在万历佛道之争中被毁，黄氏、周氏两大家族为明朝僧人自华大师所建的洪门寺（又名西莲台），到了清代乾隆末年

---

① 《道藏》第25册，文物出版社、山海书店、天津古籍出版社1988年版，第819页。

就已倾圮，只有慈霑任第一代住持的华严庵，经数次重建，后更名为华严寺，至今仍存，这也是崂山目前唯一的佛寺。虽然崂山佛教远不如道教兴盛，但同样不可忽视。

山海胜境、神仙传统，吸引了道、佛二教，而这三大资源的汇合，进而引发了世人无穷的好奇之心。虽然道路崎岖难行，历代仍不乏名人雅士前来探胜观光。直到德国占领青岛期间（1897—1914），开辟了十六条登山通道。此后，沈鸿烈主政青岛时期（1932—1937），进山道路得到进一步的修缮，游人更是接踵而至。而古今文人墨客来游者，往往将人生之悟、身世之慨与山水之美融为一体，即兴为文。岁月沉积既久，不仅道佛文化自成体系，自有历史，名人也为崂山日益增色，他们留下的那些脍炙人口、传之后世的诗词文赋，更成为崂山人文的重要组成部分，使这座清奇幽深的名山，增添了更加丰富深沉的人文意味。因而，梳理、总结崂山之人文，也就显得更加重要了。在这方面，古人已经做了很多，从明末黄宗昌撰写第一部《崂山志》、近代太清宫道士周宗颐撰写《太清宫志》起，修撰各类《崂山志》及探究崂山道教历史者，实在不乏其人。因而，崂山宗教文化与历史、来游崂山的名人及其诗文著述，已在无形中构成了人文崂山的重要组成部分。尤其在每年前来崂山的游人动辄过千万①人次的今日，把崂山文化以通俗易懂的方式，准确地介绍给海内外游客，就显得更为重要。

这样的一种认识，对我们来说并非一时的心血来潮。早在笔者初到青岛工作的1992年，就发现在有关崂山道教史及文化史的相关介绍中，存在着不少似是而非的问题。1993年9月15—18日，中国旅游协会旅游文

---

① 据崂山区统计局《2012年崂山区国民经济和社会发展统计公报》《2013年崂山区国民经济和社会发展统计公报》，2012年崂山区接待海内外游客995万人次，其中，国内游客863.5万人次，入境游客131.5万人次；2013年接待海内外游客1147万人次，其中，国内游客1119万人次，入境游客28万人次。分别见崂山区委区政府门户网站"崂山统计局"，http://tjj.laoshan.gov.cn/n206250/n500254/index.html，2013年2月5日、2014年2月21日。到了2017年，崂山区全年旅游接待人数达到1680万人次，见《2017年崂山区国民经济和社会发展统计公报》，崂统〔2018〕6号，http://www.laoshan.gov.cn/n206250/upload/180224090240818770/180224090240795134.pdf，2018年2月24日。又据2018年5月29日公布的《青岛市全域旅游规划纲要（2018—2021年）》统计，2017年，青岛市全年接待游客总人数8808万人次，而2021年的目标则是接待海内外游客1.2亿人次。这说明来青岛的游客在逐年增加，每年至少有上千万人到崂山观光旅游。

学专业委员会（中国旅游文学研究会）第六届年会暨1993青岛国际旅游文化研讨会在青岛市召开，会议由青岛大学文学院具体承办。笔者当时提交的论文是《崂山道教及其在中国道教史上的地位》（后刊于《东方论坛》1995年第3期），这是我探讨崂山道教文化最早的一篇文章。自此之后的20多年来，我本人断断续续写了一些有关崂山道教、崂山志或崂山文化的文章，也尽可能收集了与崂山文化有关的典籍。其间，还在青岛市崂山文化研究会负责过宗教文化专业委员会的工作。研究会出版的《崂山研究》第一辑（中国海洋大学出版社2006年版）、第二辑（中国海洋大学出版社2008年版）所收的部分论文，也是在上述认识的指导下，组织部分师友所做的一点工作。

《崂山道教与〈崂山志〉研究》（中国社会科学出版社2011年版），是我们出版的第一部专著。在完成此书的同时，我们逐渐形成了选择典型的专题和典籍对崂山文化进行系统整理、研究的思路，拟定了《崂山文化研究丛书》（以下简称《丛书》，包括40余部著作）的研究书目，计划分四到五辑陆续出版。《丛书》第一辑由人民出版社于2015年6月出版，包括《崂山道教佛教研究》《崂山文化名人考略》《崂山志校注》《劳山集校注》《周至元诗集校注》《崂山游记精选评注》《崂山诗词精选评注》七部著作近200万字。这七部著作出版后，产生了良好的社会反响。《文汇读书周报》《山东社会科学》《东方论坛》《青岛早报》《青岛财经日报》、"大众网·理论之光"、推荐书网等报刊和媒体都刊发了书评，对《丛书》第一辑给予了很高的评价。《丛书》获得了2016年山东省社科普及一等奖，2016年全国社科普及优秀作品奖。青岛市风景管理局则将《丛书》第一辑定为礼品书和下一步崂山文化旅游规划与发展的重要参考丛书。

本书为《丛书》第二辑，在《丛书》第一辑的基础上，选择了六个专题，对崂山文化做了进一步的深入研究，现将六部著作简要介绍如下。

《沈鸿烈研究》，是第一部沈鸿烈研究的专著。全书以沈鸿烈驻守及主政青岛时期的崂山开发和市政建设为重点，在尽可能参考沈鸿烈及他当年同事们的回忆，并在参阅《青岛市实施都市计划方案（初稿）》《青岛市政府行政纪要》等第一手档案材料的基础上，系统探讨了沈鸿烈在青岛十年多的崂山规划与开发、主政期间的施政纲领及在市政规划建设、乡村建设、民生、教育、抗战等方面的贡献，意在还原一座城市与一个人的关系史。同时,对沈鸿烈一生其他阶段的生平事迹,也做了初步系统的梳理,力求比较全面地反映其生平行事和仕宦交游。

《游崂名士研究》,是第一部研究游崂山名士的专著。名士的游赏活动是山水文化的重要组成部分,对于提升自然山水的知名度具有无可替代的作用,游历崂山的名士也不例外。本书选取郑玄、法显、李白、丘处机、高弘图、憨山、黄宗昌、顾炎武、王士禛、高凤翰、蒲松龄、胡峄阳、匡源、康有为、周志元从汉代至20世纪60年代的15位游崂名士,对他们的活动踪迹及与崂山的关系做了深入的考察,通过历史事实的生动还原,揭示了作为海上名山的崂山,如何在名士的游赏活动和生花妙笔中,展现出更令人神往的人文魅力,获得了"山因人而重,文因山而传",名士、名文与名山相得益彰的传播效应,对崂山文化的升华起到了非常重要的作用。

《即墨黄氏家族文化研究》,是第一部系统研究黄氏家族文化的专著。在即墨"周黄蓝郭杨"五大家族中,黄氏家族持续时间较长、代表性人物较多、影响力也最为深远。因地域关系,黄家几代人的命运和生活都与崂山发生了密切的联系。本书在对黄氏家族的家族历史、家族名人、家风家教、家族文学等进行系统梳理的基础上,重点对黄氏族人,尤其是黄宗昌父子和黄肇颚与崂山的关系作了深入探讨。不仅有助于更好地了解明清时期山东文化家族的发展文化,对传承崂山文化及发掘崂山旅游文化资源,也有重要的现实意义。

《即墨蓝氏家族文化研究》,是第一部系统研究蓝氏家族文化的专著。即墨蓝氏家族自蒙元时期以军功起家,至明清时期,人才辈出,逐渐成为山东知名的文化世家。本书从家族概说、仕宦佳绩、艺文著述、孝行义举、家族教育、崂山情结等方面,探讨蓝氏家族重农兴商的治家原则、"为官一任,造福一方"的从政理念、"诗书继世,孝义传家"的家风;并对蓝氏建于崂山的祖坟和华阳书院、蓝氏族人的崂山之游和崂山之咏做了详细的考证和分析,揭示了蓝章、蓝田、蓝润、蓝启肃等蓝氏名人与崂山的诸多因缘及其对崂山人文美锦上添花的历史事实。

《崂山道教题刻研究》,是第一部系统研究崂山道教题刻的专著,以崂山道教人物事迹题刻、诗词题刻、碑记与庙记题刻为研究对象,从历史、文学、文献、训诂等多学科入手,对崂山道教题刻的产生背景、题刻作者及生平、题刻内容及相关的道教术语、诗词典故、疑难字句、史事、掌故及题刻的艺术特征和文化意义等，做了详细考证和解说，对其中的疑难文字及前人成果中的错谬，加以辨识与正误。有助于读者深入了解崂山历史文化的底蕴，对崂山题刻的挖掘、保存和传承具有重要的价值。

《崂山民间故事研究》，是第一部系统研究崂山民间故事的专著。崂山民间流传的人物故事和风物故事集中体现了当地民众对神话、历史、自然地理乃至社会生活诸多方面的原生态理解，其集体性、口头性、变异性、传承性等特点鲜明。"异类婚恋""兄弟分家""问神仙"等世界民间故事主题在崂山地区的流传，反映出中外文化的交流及异同。某些众所周知的朴野乡谈，实际上植根于中国古代相关典籍之中，既昭示了传统典籍的魅力，也是崂山地区文化底蕴深厚的明证。本书在立足民间故事、反映崂山特色的同时，力图以故事文本为枢纽，建立起沟通古今、中西、雅俗的桥梁。

上述六部著作，《沈鸿烈研究》《游崂名士研究》立足政治文化名人，《即墨黄氏家族文化研究》《即墨蓝氏家族文化研究》以家族文化为中心，《崂山道教题刻研究》和《崂山民间故事研究》分别从道教和民间故事入手，在《丛书》第一辑研究的基础上，对崂山文化进行了系统、深入的专题研究，所使用的地方志、档案及家族文献资料，多为以往论著重视不够或未曾系统关注，因而也是各自论题系统性专门研究的首部专著，都具有鲜明的开拓性和创新性。是为《崂山文化研究丛书》第二辑。

我们的研究工作，获得了山东省和青岛市社科规划办的立项支持。中国海洋大学中国传统文化研究中心、青岛大学国学研究院将本辑六部著作列为规划项目，第二辑的部分出版费来自我个人的校拨科研启动费。青岛市崂山风景名胜区管理局崂山旅游集团有限公司，也为本辑的出版提供了部分资助。我谨代表课题组全体成员，在此对上述单位和机构的扶持表示衷心的感谢！

中国社会科学出版社的宫京蕾老师，是一位优秀的编辑。我们曾有过多次合作，我个人的多部著作，都是宫老师任责任编辑。本辑的出版，再次得到宫老师的支持。她严谨高效的工作，为本辑的质量提供了重要的保证。我们在此表达崇高的敬意，愿学术的友谊长存！

丛书的研究工作将在中国海洋大学传统文化研究中心和青岛古典文学

研究会的共同努力下继续推进，争取在以后几年里陆续完成预定计划中的其他工作。这些工作也许不在各高校的考评范围之内，但能够发掘崂山的人文魅力，为青岛这个年轻城市的文化建设尽一点绵薄之力，我们仍会深感欣慰。

刘怀荣

2019年2月22日

于中国海洋大学

前　言

　　山东是中华文明的发祥地之一，也是儒家文化的发源地，历来就有重视文化和教育的传统。明清时期，山东各地涌现出为数不少的仕宦望族。比如临朐冯氏家族、诸城刘氏家族、日照丁氏家族、无棣吴氏家族、滨州杜氏家族、福山王氏家族等等。至于曲阜孔氏家族、邹城孟氏家族，由于有着圣人的光环，更是历代长盛不衰。同期，青岛即墨也出现了"周黄蓝郭杨"五大家族。

　　这些仕宦大族大多是农耕起家，家族成员经过科举考试取得功名，从而踏上仕途。由于家族庞大，具备一定的经济实力和政治地位，加上与中央及地方各级官吏盘根错节的关系，对地方政治、经济、文化及地方事务都产生了很大的影响。这些家族里的佼佼者，大多通过科举入仕，所以对家族文化传承和后辈教育都极为重视。可以说，这部分人既是传统文化的积极传承者，也是坚定的实践者。

　　就即墨黄氏家族而言，其家族成员大都熟谙儒家典籍，重视收集、整理文化资料，尤其是家族成员的作品。如从第十五世黄守平开始，历经四代人、一百二十八年，最终撰成了五十多万字的《黄氏家乘》，成为研究明清历史的珍贵文献。多数家族成员在从政的同时，热衷于文学活动，尤其是诗歌创作。2010年以来，黄氏后人在黄守平所编《黄氏诗抄》的基础上，续编成《明清即墨黄氏诗抄》，共收录黄氏从第六世到第十九世90余人诗作4500余首。这些诗作题材丰富、形式多样，既有对亲人的缅怀、对时政的隐晦批评，也有对百姓艰难生活的记录，总体基调是积极进取的。黄氏家族还是社会慈善的积极支持者，在饥荒及战乱年月，总是出钱出力，尽一己之力，帮助家乡父老渡过难关，用切实的善举践行儒家的仁义理想。

　　由于即墨靠近崂山，黄氏家族成员的生活、文学创作及社会活动都与崂山发生了密切的联系。如第八世黄宗昌及其子黄坦完成了第一部《崂山志》，填补了崂山山志的空白，也是青岛文化的重要典籍。第十七世黄肇颚在黄宗昌父子《崂山志》的基础上，编纂完成了《崂山续志》。这部著作记述了崂山的历史变迁、风景名胜、地理物产、宫观建置、民风民俗、金石碑文、人物传说及歌咏崂山的历代诗文等，在历史文献、文学、民俗学、旅游地理学等方面具有非常重要的价值，在传播崂山文化及进一步发掘青岛文化资源等方面，也具有十分重要的意义。

在诗文创作方面，黄氏家族从第七世黄锡善开始，到第十九世黄翀显，每代都有数量不等的与崂山有关的诗词文章留存，为崂山增添了绚丽的文化光彩。而崂山的部分建筑也与黄氏族人关系密切，如崂山现存唯一的佛寺——华严寺，初名"华严庵"，就是黄宗昌、黄坦父子所建。

本书从家族概述、政声善举、文化成就及文学创作等方面，对黄氏家族文化所做的研究，不仅有助于了解黄氏家族及中国文化家族的发展历史，对于明清时代山东社会、历史和文化的研究，以及青岛和崂山文化传承、文化建设、文化旅游等，也具有重要的学术和现实价值。

目 录

第一章 黄氏家族概述 ……………………………………… (1)
  第一节 黄氏家族的发展历程 ……………………………… (1)
  第二节 黄氏家族的家风 …………………………………… (3)
  第三节 黄氏家族的人才 …………………………………… (13)
  第四节 黄氏家族的文化成就 ……………………………… (22)
    一 黄氏家族的著述 ……………………………………… (22)
    二 《黄氏家乘》 ………………………………………… (35)
    三 黄氏族人的其他成就 ………………………………… (56)

第二章 泽被生民的政声 …………………………………… (61)
  第一节 洁身自好，高义美行 ……………………………… (61)
    一 艰难曲折的举业之路 ………………………………… (62)
    二 洁身自好的傲岸风骨 ………………………………… (63)
  第二节 守边廿载，两受顾命 ……………………………… (66)
    一 造福一方的地方良吏 ………………………………… (66)
    二 运筹帷幄的边关统帅 ………………………………… (68)
    三 两受顾命的国之柱石 ………………………………… (72)
  第三节 爱民如子，直言敢谏 ……………………………… (75)
    一 清刚不染的高尚气节 ………………………………… (75)
    二 忠正直言的英勇气概 ………………………………… (77)
    三 劳心竭力的幕后功臣 ………………………………… (80)
  第四节 秉公执法，为民做主 ……………………………… (82)
    一 孝义两全的高贵品性 ………………………………… (83)
    二 清正爱民的施政手段 ………………………………… (85)

第三章　为人称道的善举 (89)
第一节　和顺之堂，孝慈为本 (90)
第二节　君子守信，宽以待人 (94)
第三节　积善尚义，赈饥济困 (97)

第四章　黄宗昌父子与崂山 (102)
第一节　黄宗昌父子生平述略 (102)
一　黄宗昌生平 (103)
二　黄坦生平 (106)
三　黄氏父子对崂山的歌咏 (110)
第二节　黄宗昌父子的崂山交游 (111)
一　黄宗昌在崂山的两个阶段 (111)
二　高弘图 (113)
三　张允抡 (118)
四　憨山大师和慈霑上人 (120)
五　黄坦与宋继澄父子 (124)

第五章　黄肇颚与崂山 (129)
第一节　黄肇颚的生平与学识 (129)
第二节　《崂山艺文志》写作背景与结构体例 (140)
一　写作背景 (141)
二　纲目结构 (144)
三　体例缺失 (148)
第三节　《崂山艺文志》的价值 (157)
一　史学价值 (157)
二　文学价值 (168)
三　旅游地理学价值 (169)
第四节　黄肇颚的崂山叙写 (174)
一　人文思考与现实关怀 (174)
二　出世奇思和小说笔法 (178)
三　景观描摹的家族印记 (179)

第六章　黄氏家族与崂山建筑 (185)
第一节　黄氏家族与上下书院 (185)
第二节　黄宗昌父子与玉蕊楼 (186)

第三节　黄氏家族与上庄别墅 …………………………………（188）
　　第四节　黄氏家族与镜岩楼 ……………………………………（192）
　　第五节　黄宗昌父子与华严寺 …………………………………（193）
第七章　其他黄氏族人的崂山歌咏 ……………………………………（199）
　　第一节　黄氏族人歌咏崂山的诗歌 ……………………………（199）
　　　　一　山水名胜与闲适之美 …………………………………（200）
　　　　二　宫观、寺庵与交游赠答 ………………………………（204）
　　第二节　黄氏族人的崂山游记碑文 ……………………………（208）
　　　　一　情景交融与家族印记 …………………………………（209）
　　　　二　即事寄慨的说理立论 …………………………………（211）
　　第三节　黄氏族人与崂山杂说 …………………………………（214）
后记 ………………………………………………………………………（217）

第一章

黄氏家族概述

明朝初年的移民大潮和海防要塞鳌山卫的设立,使即墨人口大增,由此带来了经济的发展和文化的繁荣。因此,明清时期即墨涌现出"周黄蓝郭杨"五大文化世家,黄氏家族即其中之一。黄氏家族家世业农,由微而著,在六百余年的发展中,形成了"忠厚传家,诗书继世"的家风,培养了以黄作孚、黄嘉善、黄宗昌等为代表的一批贤能之士,在政事、德行、文学、艺术等方面皆有突出的表现。本章即从家族史、家风、人才、学术及文学成就等方面,对黄氏家族作一总体介绍。

第一节 黄氏家族的发展历程

明永乐二年(1404),即墨黄氏(城里族)的始迁祖由益都县(今山东省青州市谭坊镇吉林村)奉旨迁徙到即墨城东关。

黄家西流族的《黄氏家训拾遗集》在《北茔迁葬序》中记载:"吾门黄氏自青州来,始祖讳得,生子五,长子景昇,其次景让、景义、景正、景端,虽分东关、西关、城里、巉山等处,却为兄弟亲派。始祖、二世祖、三世祖俱葬于南贡老茔,迤后众派繁多,各立茔兆。"① 据此可知,黄得是《即墨黄氏族谱(西流族)》中的一世祖,"景昇"是《即墨黄氏族谱(城里族)》中的一世祖。这一材料还有另一记载可为佐证。清光绪十六年(1890),即墨田横镇巉山村的《黄氏祖谱》的《序》中称:"吾黄氏居墨者约十一族,其支繁而派衍者,曰:城里族、西关族、西流族、埠南族、荆沟族及巉山族。均称自明永乐年间迁墨,而始祖之讳多以

---

① 黄济显:《即墨黄氏述略》,《即墨谱牒》2012年第2期。

'景'字排,其为同姓而更同宗当无可疑。"可见,即墨黄氏在明朝永乐年间迁徙到即墨是基本可以肯定的,只是其始迁祖是"景"字辈还是上一辈"得",还需要进一步考察。

黄济显先生也得出了大致相同的结论:"现居住在即墨的黄姓祖源有二,一是大部分于明永乐初年奉旨由青州移民而来;二是明初鳌山卫的军户随军而来。……经过综合调查分析,得出如下推论:即墨黄氏大多是明永乐初年奉旨由青州迁来的。他们应该是原青州吉林村的一个近支家族。而吉林村原处于海边的荒凉地带,村中各姓族谱均记载于明洪武年间从山西洪洞县大槐树迁来。黄氏应是明洪武年间由山西洪洞县大槐树迁到棘林村后,又于明永乐年间奉旨迁到即墨。即墨还有几个村庄的黄氏是在明初建鳌山卫时从云南迁来的军户。"①

黄氏家族跟很多望族一样,经过几代人持之以恒地不懈努力,通过科举改变了家族命运,由普通家族逐渐上升为地方望族。黄氏(城里族)一世祖黄景昇,虽是以农业为生,但比较重视教育,从第三世黄㲄开始,到第四世黄昭均为庠生,家族开始具备了一定的文化素养。

明弘治年间至嘉靖年间,黄氏家族耕作之余开始从事商业活动,家境日渐殷实,为家族的兴旺奠定了良好的经济基础。其代表人物为五世祖黄正。黄正,字用中,号东村,尊称寿官,列为邑里"乡饮大宾"②。清《即墨县志》记载说他"世业农,性仁厚,重诺然。"一定的物质基础和宽厚、守信的优良家族传统相结合,使家族具备了良好的发展基础。

从第六世到第八世,涌现出黄作孚、黄嘉善、黄宗昌、黄宗庠四位进士,家族进入了第一个兴盛期。其中黄嘉善官至太子太保、兵部尚书,黄宗昌官至御史,他们叔侄使黄氏家族达到了第一个兴盛期的巅峰。第九世黄培历任锦衣卫都指挥使、九门提督、金吾将军、上护军。清初归乡后,因《含章馆诗集》文字狱案,被判绞刑,黄家也因此元气大伤。

从第十世始,黄培之侄黄贞麟一门四进士,黄氏家族进入第二个兴盛期。黄贞麟名列《清史稿》。至清朝后期,国家内忧外患,黄氏家业也日

---

① 黄济显:《即墨黄氏祖源考》,黄姓文化的博客:http://blog.sina.com.cn/s/blog_64557c6c0100gqhu.html,2010年2月2日。

② 乡饮大宾:又称乡饮宾。乡饮酒礼是古代庆祝丰收尊老敬老的宴乐活动,一般选德高望重的长者数人为乡饮宾,与当地官吏共同主持。教亲睦族、止恶扬善是其主要作用。在古代社会,被选为乡饮大宾是一项殊荣,很受重视。

趋衰落，但忠厚传家、诗书继世的家风犹存。十四世黄如瑀（1762—1821）先后任潍阳书院、青州云门书院院长八年，任青州府学教授等职，前后授徒二十年；十五世黄守平一生执教，知识渊博，著述颇丰，在《清史稿·文苑》中有传；黄念昀（1801—1875），清同治年间，主编《即墨县志》，出任崂山书院院长十七年之久；黄肇颙（1821—1901）一生执教，晚年任崂山书院院长。黄肇颚（1827—1900）撰写的《崂山艺文志》（共二十四卷）为后人留下珍贵的崂山史料；黄象辕（1864—1921）亦是执教一生，他的《黄象辕日记》（共三十四本），也很有史料价值。

第二节　黄氏家族的家风

家风是一个家族世代恪守家训、家规而形成的家族文化的具体体现，也是家族成员立身行事的准则和价值观确立的基础。《大学》中说："一家仁，一国兴仁；一家让，一国兴让"，一个家族尤其是大家族的家风，不仅对家族成员有影响，甚至在一定程度上对当地社会风气也具有引导和示范作用。明清时期，即墨黄氏家族世代传承的家风，主要包括如下四个方面的内容。

一是重视教育，代代相传。黄氏家族虽然起自寒微，以务农耕读起家，但一直非常重视子孙的教育，为了使他们成才，采取了很多行之有效的措施。

首先，创办书院、家塾，重点培养家族子弟。其中比较有名的是下书院、上书院、玉蕊楼、华萼馆及漱芳书塾等。

下书院位于崂山石门山西麓，明嘉靖年间黄作孚、黄作圣创办，黄嘉善及其胞妹就在这里读书。到了黄嘉善这一代，更加重视书院的建设，就在原址东上三里许石门山主峰下再造房舍，这就是上书院。后世的黄氏子弟多就读于此，白天在上书院读书，夜晚回下书院休息。清代乾隆年间（1736—1795），上书院渐圮。下书院由仙家寨余姓人经管，今已繁衍成村落，以下书院为村名。当年，在此读书的黄嘉善胞妹于万历（1573—1620）初染病暴卒，葬于下书院南隅，其坟墓人称"处女坟"。现上书院、下书院、处女坟均无遗迹，地名则沿用至今。

玉蕊楼。万历四十五年（1617）黄宗昌建，位于不其山（铁骑山）之东，康成书院南一里有余。黄宗昌弃官归里后，在康成书院南侧筑此楼，在此隐居、著述。张允抡在明亡后不愿出仕，在玉蕊楼与黄宗昌等文人诗酒唱和，引为知己。玉蕊楼建筑敞朗，环境幽雅，距县城较近，黄氏子弟多由下书院移至此处就读。黄宗崇、黄垍、黄贞麟、黄贞晋、黄贞泰都曾在此读书。

华萼馆（又称上庄书院）。康熙十八年（1679）黄贞麟修建，位于鹤山东南麓、快山堂之西。黄家"中"字辈如黄大中、黄美中、黄鸿中等多在此学习，也有一些本族和外姓子弟慕名前来。

漱芳书塾，黄守平建，位于即墨城东西大街路南的葆光堂。"黄守平，……以养疴废举子业，抱先世遗经，课诸子侄，多成立。族人姻党，皆奉为经师。……后辈见之，辄惮如严师。"① 从黄守平开始，其后的几代人都在这里设馆教书，前后百余年。

这些书院或家塾不仅为黄氏家族子弟们从小接受教育提供了便利，也使家族的家学、家风得以代代相传。应当指出的是，黄氏家族所建的书院书馆，不止这几处，只是缺少文字记载。但仅从以上几处书院，也足以看出黄氏家族重视教育的优良传统。

其次，聘请有学识的人担任教师。如黄宗昌在玉蕊楼聘请的张允抡，是崇祯七年（1634）进士，曾任饶州知府。他在玉蕊楼十年，黄贞晋、黄贞泰都是他的学生。黄贞麟在华萼馆聘请的赵其昌，才高学博德厚，文风峭拔，他到华萼馆任教后，一改沿袭明朝文风的陋习，引领即墨文坛风尚。他的学生周祚显、黄鸿中皆中进士，位重名显。赵其昌于康熙十八年（1679）考中进士后，辞别黄氏塾馆赴县令任。黄氏族人黄守平是道光十八年（1838）贡生，黄念昀是道光二十一年（1841）举人，黄肇颐是咸丰二年（1852）举人，三人都曾在漱芳书塾任教，黄念昀还担任"崂山书院"院长十七年。

再次，倡导刻苦攻读的学风，并创建了"月课"的新形式，奖惩结合。黄氏家族有很多从小就刻苦攻读的子弟。黄鸿中"生沉潜，而貌若

---

① 江方衔：《乡饮公传》，《山东文献集成》第一辑第18册《黄氏家乘》，山东大学出版社2006年版，第306页。

椎鲁。初就傅，授数行书，日夕佔毕，硈硈不成诵，两兄皆笑之，以为不慧。"① 黄鸿中天生安静，貌似愚钝。刚开始上学读书时，老师教的数行字，他整整一天都背不下来。两位兄长笑他，认为他笨。后来黄鸿中找到了方法，他把老师教的句子在纸上反复默写，理解其中的含义，这样很快就背下来了。大家都很惊讶，认为他聪明。他心无旁骛，一心读书，别人在院子里玩游戏的时候，他一个人躲在书房读书。但如果有人拿着书来向他请教问题，他"倒屣迎之，赏奇摘谬，娓娓终日无倦容，用是执经问字者，杂逯户外。"② 尽管这样，他参加科举考试十余次，都未考中。有人劝他放弃，不要跟命争，他"笑而不答，而攻苦日甚。"③ 天道酬勤，他于康熙五十年（1711）秋中举，并取得全省第四名的好成绩，时年五十二岁。又经过七年寒窗苦读，康熙五十七年（1718）终于中了进士，"文誉噪一时"，④ 开始了官场生涯。

黄鸿中的堂弟黄体中，"五岁授毛诗，日数千言。九岁临右军十七帖，辄工。十八补博士弟子员，是时仲宣学士，方以名宿主文坛，渔人执经问业，为家塾冠。……雅好经籍，于书无不窥。"⑤ 仲宣为黄鸿中的字，黄体中号镜海渔人，这里的"渔人"即"镜海渔人"的省称。黄体中自幼学诗、习书，又得到黄鸿中的指点，因此，十八岁就补博士弟子员，成为黄鸿中之后，又一位学识渊博的黄氏族人。

月课是从黄宗臣开始创立的。创立的原因是要让后代们知道"吾家所由兴"，知道黄氏家族是通过科举起家的，继而认识到读书的重要性。黄宗臣是这样对子孙们讲的："尔知吾家所由兴乎？吾家自青州徙居墨，至于今且十世。惟我伯祖高平公，奋迹中叶，始大其门。盖黄氏读书发迹之祖也！嗣是科第绵延，踵伯祖而兴者，二世之中凡五捷，虽出处显晦不同，要其忧勤自立，期无遏佚，前光以开，大厥后者，其志趣则一也，尔小子可荒坠厥绪乎？"月课的形式是"月一课焉，劝其勤，警其惰，第其

---

① 孙士斗：《学士黄公传》，《山东文献集成》第一辑第18册《黄氏家乘》，山东大学出版社2006年版，第264页。

② 同上书，第265页。

③ 同上。

④ 同上。

⑤ 宋弼：《镜海渔人传》，《山东文献集成》第一辑第18册《黄氏家乘》，山东大学出版社2006年版，第275页。

先后，而赏罚之。"每月聚集一次，应该类似于今天学校里的月考，并且还要排先后顺序，有奖有罚。结果是"一时诸子弟胥奋然兴起，无敢后焉者。"月课这种形式一直坚持到黄宗臣去世，"从学者失所向往，而月讲乃缺焉，不讲矣。"直到十二年后，黄贞麟解绶归里，"取囊日规条一一奉行之，无有更张，且约每岁春秋之仲为大会，经书七艺赏罚后先，一如前议，遵旧制也。"① 虽然规条没有改动，但是黄贞麟还是把月课向前推进了一步，那就是把写得好的文章集结成册，一方面便于让其他人学习，另一方面也可以更好地留存后世。

  黄氏家族不但重视自己后代的培养，还把这样的好传统带到了外地。黄立世在广东保昌做知县时，修葺梅关书院，把县里好学的孩子都聚集起来，有时还亲自授课。对贫困的孩子，他不仅掏钱资助，还为他们批改文章，以示鼓励。②

  二是宽厚守信，清正廉洁。黄氏家族成员不仅有宽厚守信的品质，为官者也大都有清廉的美名。

  第五世黄正，虽然是一个普通的农民，但是"性仁厚，重然诺，于物能容，常使人有余地以自全也。"③ 有一年，一位客商来买他的芝麻，价格讲好后没有付款，只是说过几天来取。结果客商因为其他事情耽误了行程，一个多月都没有顾上这个事。在这期间，芝麻不断涨价。客商以为黄正肯定不能按原先讲好的价格卖给他了，就没有再来。第二年春，芝麻的价格翻倍了，黄正一直等不到那个客商。有人说，价格都这样了，你何不按市价卖了，为什么还要等着那人呢？黄正回答："吾所以不出此入市者，与客期也，岂不知贵出贱入，市道若尔哉？顾吾不欲取值于粟，欲取值于心耳。"④ 意思是说，我知道在商场上就应该贱买贵卖，但是我已经跟客商说好了，我不看重卖芝麻挣的钱，看重的是对客商的承诺。后来，黄正要按原价把芝麻卖给那个客商，客商于心不忍，黄正却说："若尔岂

---

 ① 本段所引文字，均见黄坦：《家塾月课后序》，《山东文献集成》第一辑第18册《黄氏家乘》，山东大学出版社2006年版，第423—424页。

 ② 即墨市政协教科文体卫与文史委员会编：《即墨黄氏述略》，山东省内部资料性出版物准印证2009年青第019号，第380页。以下凡引本书，只标书名和页码。

 ③ 宋琏：《明赠光禄大夫太子太保兵部尚书黄公传》，《山东文献集成》第一辑第18册《黄氏家乘》，山东大学出版社2006年版，第7页。

 ④ 同上书，第8页。

金重于言哉！……凡物之不慊于心者，终弗享也，且夫多寡之数，分定之矣！分定而求益，是求于分之外者也，吾不知其所终矣！"① 黄正的话简单朴素，却包含着人间正气与真理。他认为，人有多少福报，命中是有定数的，追求额外的享受，未必是好事。

黄宗昌还没有升御史的时候，曾经做过雄县的县令，有个富人仗着有钱杀了人，按罪当诛。那人打听到黄宗扬将要路过这里，就让人拿着重金在路边等待，想通过他打通黄宗昌的关系。"仆人惑于利，为先容。叱曰：'吾所谓自立，若犹不知耶？'其人惧弗济，排闼入，伏而进金，孝廉和颜色拒之曰：'……吾终不敢以利故，乱吾兄之法耳。'"② 仆人看到利益，动了心，却遭到黄宗扬的呵斥。一句不敢"以利乱法"表明了黄宗扬的立场和操守。

黄大中也是一位廉洁的典范。有一次，他去福建广东一带办事，广东一个大官是他父亲的朋友，看到他非常高兴，并对他说："我给你安排点事干，这样，你回去的路费就有了，别人也说不出什么来。"黄大中表示了谢意，却严肃地回绝："长者以故人之谊，使得沐余润，意至厚，不敢忘。顾小子幼从家大人于官署，物之非分者，未尝秋毫染也。今之役，虑无以报命家大人，且恐为盛德累也。"③ 意思是说，尊敬的长辈啊，您因为是家父的朋友才这样热情地接待我，您的情谊我不敢相忘，但是我从小追随在外做官的家父，非分之物，从不敢私取一分一毫。今天如果我接受了您的好意，不但没有办法向家父交代，而且也害怕有损您的盛德。那个大官非常感动，并把这件事告诉了黄大中的父亲，黄大中的父亲听后，掩饰不住内心的喜悦说："这正是我所期望的啊！"

后来黄大中作了浙江武康的知县，政绩突出，他的老师听后非常高兴，跟人说："吾丁巳分校所得士，多为显官，窘急时，亦或借其力，然气谊之孚，未有如元徽者，彼无一钱及我，我固心重之也，正气在斯，庶为吾道光乎？"④ "元徽"是黄大中的字，这段话的意思是说，我的学生当

---

① 宋琏：《明赠光禄大夫太子太保兵部尚书黄公传》，《山东文献集成》第一辑第18册《黄氏家乘》，山东大学出版社2006年版，第9页。

② 佚名：《黄孝廉传》，同上书，第105页。

③ 周毓真、衷岂氏：《武康君传》，《山东文献集成》第一辑第18册《黄氏家乘》，山东大学出版社2006年版，第255—256页。

④ 同上书，第256页。

大官的很多，有的还给过我一些帮助，但要说气节能让大家折服的，没有人能比得上黄大中。他虽然没有给过我一文钱，但是我很看重他。渐渐的，黄大中的廉明被越来越多的人知道，甚至旁边郡县的人有诉讼，也要到他这里来受理，就是因为相信他。"邑有衿而富者，以人命故，罹于狱，非其罪也，惧不免于累，橐千金以进。或曰是其理本直，受而出之不为枉。君曰：'直则直耳，金胡为者，以金而直，吾心之枉，不既多乎？清白之谓何？其以是玷也。'斥使去。"① 当时武康县有个富人，因为人命官司进了监狱，其实他没有罪，但他担心黄大中误判，就差人拿了千两黄金要送给黄大中。有人对黄大中说，他本来就没有罪，你收下他的钱，把他放了，顺理成章，也没有枉法之嫌。但黄大中却在金钱与清廉之间，选择了后者。也正因为他的清白，在百姓间获得了极高的声誉。"卧病时庙而祝者，日千人。"② 在他积劳成疾、病重的一个多月里，武康的百姓每天有一千多人自愿到庙里求神，祈祷他早日康复。

黄氏家族的另一位族人黄立世，在广东历任四县知县，皆以廉能著称，自总督以下都很器重他。他的母亲去世后，他囊空如洗，遥望万里之外的家乡，忧心似焚却一筹莫展。后来是他府中的人为他筹集了一些钱，他才能归以奔丧。很多人听说后，很是不忍，纷纷上门送钱，黄立世辞谢不受，父老乡亲送他到很远的地方，挥泪而别。③

三是父慈子孝，兄友弟恭。儒家文化非常重视家庭伦理，黄氏家族成员大多具有孝德，而且家庭成员之间也多能各守礼数，互相扶持。

黄立世（1727—1786），字卓峰，号柱山。乾隆二十二年（1757），他奉旨赴广东任知县。他的兄长黄垂世年龄大了无依无靠，身体还不好。立世就带着他这位老哥哥前去赴任。垂世生病的时候，立世白天工作，晚上回来亲自给他煎药，还坐在病床前为他按摩，增减衣被，问寒问暖，甚至夜不成寐、衣不解带长达一年多。立世的儿子黄如琚站在一边想代替父亲，立世坚决不许。垂世感动地说："孝子事父母也不过如此。"④ 黄立世写了十多首诗，反映兄弟俩的深情厚谊。如组诗《送家兄旋里》：

---

① 周毓真、衷岂氏：《武康君传》，《山东文献集成》第一辑第18册《黄氏家乘》，山东大学出版社2006年版，第253页。
② 同上书，第257页。
③ 《即墨黄氏述略》，第380页。
④ 同上。

行李兹已戒，仆夫凌晨告。别去是言归，北望头不掉。孤城入新秋，风色已寒峭。二劳在天际，路远不可眺。海潮知客心，逆浪阻行擢。惆怅鹡鸰原，迟回杨柳道。客梦更重添，永夜几颠倒。

　　客梦亦何劳，远别海之湄。天畔一行雁，参差南北飞。尊前起长叹，忽忽从此辞。海水逐鸣榔，征帆且迟迟。征帆非不迟，帆去影难追。为问梅岭花，春风开几枝。花开究何为，徒然系客思。弟兄竟分手，恻然令人悲。

　　春日犹子来，秋日兄旋去。去去不敢留，高堂梦已屡。薄宦走天涯，谁为省朝暮。家贫仗老母，日日煎百虑。兄归慈颜喜，我怀勿遽诉。南海连北海，魂梦不可渡。客心无所薄，远挂江天树。

　　粤中一年余，兄忽撄多病。颐养岂无方，要在识其性。今日荡舟行，帆挂秋风硬。秋深到里门，闲中足游咏。勿为百忧牵，寸衷还自定。嗟我在炎州，清贫颇相称。迂拙本初服，行止还僻径。兄行须自爱，休做天南梦。

　　这组诗作于黄垂世因病要离开广东时。"二劳在天际，路远不可眺。"家乡在天边，远得看不见。在交通不便的时代，广东到山东，的确是远得无法想象。不愿分离，可"兄归慈颜喜"，兄长回去了，老母亲会高兴的。简单的几句话把作者的矛盾心理很细腻地表达了出来。

　　黄宗扬的父亲在任上去世，他前去奔丧。当他到达时，他的长兄黄宗辑还没有到，家里人请他处理父亲留下的一些东西和财产，他坚辞不授，一定要等长兄来拿主意。宗辑到达后，邀请他一起处理财物，他说："家无二政，不敢昧。从兄之义，使后人谓非理之渐，自我始者，守律惟谨。"① 一家无二主，我可不敢冒犯长兄的权威啊！宗辑去世时，留下丰厚的遗产和尚在襁褓中的孩子，并把家中内外大小事务都托付给黄宗扬。为了给长兄管好家产，他"命其子堉曰：'汝伯父之货贿器用，井庐园廛，其各为一薄，悉载焉，出纳惟明也。岁而计之，勿使尺布一钱，重吾不谨，俟儿成付之，以告地下耳。'乡人以孝廉诚信，悉忘其兄之所以丰

---

① 佚名：《黄孝廉传》，《山东文献集成》第一辑第18册《黄氏家乘》，山东大学出版社2006年版，第104—105页。

者，而孺子以安。"① 宗辑家的田产、货物、日常用物，都一一登记在册，往来账目也都有记录，不私自动用兄长家的一尺布一文钱，专等侄儿长大成人后，再把家产交到他的手里，这样，才能对得起地下的兄长。乡亲们都看到了他的忠厚守信，争相传颂他的事迹。

有弟对兄的敬重，就有兄对弟的爱护。黄贞巽和弟弟黄贞乾都是廪贡，将被京城吏部授予官职。官职有两个：一是京官，一是地方官。临行前，父亲告诫他们，要以长幼次序分任官职。但是，黄贞巽把相对较好的京官留给了弟弟，自己去山东商河县当了个小小的教谕。父亲知道后高兴地说："此人情所难，真可谓友于矣！"②

在黄氏家族里，兄弟相扶的例子举不胜举。黄大中因为清廉，"卒之日，囊无余资，诸弟易产持金至，乃得归其丧。"③ 就是变卖家产，也要让兄长魂归故里，这是何等的兄弟之情！

孝顺父母最典型的例子，莫过于割股疗亲了。黄理中"事父母以孝闻，太恭人以高年得危疾，医者曰：'必亲丁肉入药剂，病可愈。'有顷，不见公。迹之，自书舍持肉片归。验之，血殷殷已帛束左臂，面失正色矣。公昆季俱纯孝，终太恭人身，未敢言割臂事。"④

黄鸿中对岳父母的情义，也足以令人感动。鸿中原配夫人的父母相继过世，留下一个残疾的儿子，没有能力安葬父母，削发做了和尚，把父母的棺材寄存在旅社里。黄鸿中不远千里，派人把老人的棺材取回来，安葬于即墨，并把那个残疾的小舅子也接了过来，给他田产，并为他娶了媳妇，嘱咐他经常为父母扫扫墓。在他做这些事的时候，"戴恭人已前卒，公再娶且十余年矣。"⑤ 他的原配夫人早已过世，他又娶新妇已经十多年了。

黄体中也是一位孝顺的典型。他"弱冠失恃，事继母以孝闻。"从小没了亲娘，对继母很孝顺。"继母张，夙患风病，食饮不时，每间日大作，作即语言失次，起居无常度，渔人偕室人曲事惟谨，一切器用服物，

---

① 佚名：《黄孝廉传》，《山东文献集成》第一辑第18册《黄氏家乘》，山东大学出版社2006年版，第106—107页。
② 黄叔琳：《慎斋黄公传》，同上书，第245页。
③ 周毓真、衷岂氏：《武康君传》，同上书，第256页。
④ 孙士斗：《黄涿州传》，同上书，第271页。
⑤ 周毓真、衷岂氏：《学士黄公传》，同上书，第269页。

玩好之具，无不先意承志，惟所欲是图。"继母张氏，早年患有风病，每天吃饭不定时，隔几天就发作一次，发作的时候语无伦次，起居失常。体中和夫人小心谨慎地伺候着，每天吃什么、用什么，都按继母的意思来。凡是继母想要的东西，他都想尽办法给弄过来。"其后张殁，季且遘恶疾，渔人亲调药饵，每与之同案食不避，见者难之。"后来继母去世了，继母所生之子（体中的四弟）又得了痛苦难治、令人厌恶的疾病，体中亲自调制药物，每天跟四弟同桌吃饭，并不避讳，看到的人都觉得太难为他了。"封公（体中父亲）寿逾八旬，仲叔皆出继为人后，而季复病，赖以晨昏者，渔人一人耳。渔人抱宿恙，扶杖以定省，日再三至，不言瘁，惧封公忧其疾也。其步履不逮封公远甚，然每疾趋封公前或颠蹶，则回顾封公故为强健状，虑封公见其老也。"体中父亲八十多岁的时候，两个儿子过继出去了，一个儿子还有病，能早晚在床前尽孝的就只有他一人。但这时的体中也已年近古稀，身体也一天不如一天。但他就是拄着拐杖也要每天问候父亲三遍，在父亲面前从不提他自己的病，怕老人担心。"丙寅冬，封公捐馆舍，渔人哀毁之余，病愈益甚。是时仲与季皆前卒，叔子远官粤海，未能旦夕至。渔人陨涕曰：'七十孤儿，大襄未可延，吾不能多俟时日矣！'遂力疾营葬事，葬八月，渔人果弃世。"①"丙寅"为乾隆十一年（1746），这一年冬天，老父亲去世了，体中伤心之余，病也越来越重了。这个时候，两个弟弟已经不在人世，最小的弟弟在广东做官，一时半会赶不回来。体中流着泪说，我是个七十岁的孤儿，怕也活不了几天了。所以他挣扎着料理了父亲的后事，没几个月，他也离开了人世。

四是乐善好施，周贫恤弱。仗义疏财、扶贫济弱是千百年来山东人一直保持的良好传统，这一传统在黄氏家族成员身上也有很好的体现。黄氏家族在明清时期是即墨的大户，拥有一定的财富，且深受儒家思想影响，他们既有忠君报国的情怀，又愿意为社会尤其是为家乡广行善事。在回报社会的同时，为自己和家族赢得了美誉。其中，最为典型的是，几乎在每一次饥荒来临时，黄氏家族成员都会出钱出粮，救济难民。

黄熙世"笃于内行，早孤，两弟宏世、鸣世幼，抚以成立，皆卓然

---

① 宋弼：《镜海渔人传》，《山东文献集成》第一辑第18册《黄氏家乘》，山东大学出版社2006年版，第275页。

克振其家。"① 黄熙世即便是在家里，言行也很谨慎。父母早逝，他把两个弟弟抚养成人，并分别给他们娶妻安家。有个朋友很穷，生活有困难，他把自己的田地送给朋友，分文不取。康熙五十八年（1719），即墨从六月到七月大雨连绵不断，很多人家地里的禾黍豆苗都被淹烂了，有的甚至颗粒无收。黄熙世倡议赈灾，并带头搭设粥棚。一些老弱病残，他干脆接到家里，供应一日三餐，这样的人有二百多个。有人因生活没有着落，卖身做了他家的仆人，但到了庄稼成熟的时候，他撕毁卖身的契约，放这些人回家，乡民们深受感动。

类似的事情在黄氏家族里举不胜举。如黄贞巽，饥荒年间，乡民们要把田地质押给他，然后四处逃荒。黄贞巽知道土地对于农家的重要性，也理解他们的处境，于是出钱买下他们的田地，却把契约烧掉，这些乡民因此得以存活。时人称他"有范文正之遗风焉。"②

还有的黄氏族人在接济他人时，甚至不考虑自己的财力能否承受。黄大中就是这样的典型。"有急难则慷慨赴之，义形于色，不自度其力之能与否也。壬午，墨城毁于水，次年秋有海寇警，长吏集轩冕而议之，皆有难色，君独先输为众倡，又日坐城头，鸠勤惰，晨而往，尽酉而退，越两月，城以之完。"③"壬午"为康熙四十一年（1702），大水冲毁了即墨城墙，屋漏偏逢连夜雨，第二年秋天又时常有海寇来犯。县里的官吏召集乡绅们商量修复的事情，大家面露难色，都不愿意说话。关键时刻黄大中带头捐款捐物，还每天坐在城头义务监工。就这样早出晚归坚持了两个多月，城墙终于修好。"甲申，岁大祲，死者枕籍于路环，上庄数十里尤甚，君闻而悲之曰'是自我祖父来世与邻居者也，填沟壑而莫之恤，先灵有余痛矣！'约诸弟尽出所有赈之，虽家人嗷嗷，以饥馁告，不暇顾，盖其诚心任事，而以济物为急，类如此。"④"甲申"为康熙四十三年（1704），即墨遇到大灾，饿殍遍地，上庄一带尤其严重。黄大中听到看到这些，非常伤心，他说，这些饿死的乡亲都是我祖父阴间的邻居啊！就

---

① 佚名《黄庶咸传》：《山东文献集成》第一辑第 18 册《黄氏家乘》，山东大学出版社 2006 年版，第 279 页。

② 同上。

③ 周毓真、袁岂氏：《武康君传》，《山东文献集成》第一辑第 18 册《黄氏家乘》，山东大学出版社 2006 年版，第 254—255 页。

④ 同上书，第 255 页。

这样随便填在沟壑里，我的祖父也会伤心的。他组织人员掩埋尸体，并与弟弟们商议，拿出家中所有粮食，赈济灾民。他忙于照顾灾民，家里人没有吃的前来告急，他也无暇顾及。

家风是一个家族世代延续的内在动力，也是一个民族精神风貌的缩影。黄氏家族的优良家风，不仅在培养黄氏族人的过程中起着巨大的作用，也包含着许多传统文化中的精华，是中华传统文化的重要组成部分，值得我们挖掘、总结并发扬光大。

第三节 黄氏家族的人才

初创于隋开皇七年（587），终止于清光绪三十一年（1905）的科举制度，是隋以后历代设科考试、选拔官员的主要途径。在一千三百余年的科考历程中，由于资料的缺失，即墨所能见到最早的中试者，是金代的孙仁鉴和孙仁杰兄弟俩。到明清两代，即墨的中试者就比较详明了。明清两代，包括武进士在内，即墨共出了 70 名进士。其中，明代 20 名，清代 50 名。明代最好的等次是二甲，共有 4 人。清代文进士最好的等次也是二甲，共 7 人。其中，黄贞麟的名次是第 10 名，在乡里仅次于另一位进士（第 6 名）。从明代嘉靖年间（1522—1566）的黄作孚开始，到清光绪二十九年（1903），在这三百多年中，黄氏家族共出过进士 8 人、举人 34 人、贡生 44 人，其中 65 人有诗集或诗稿流传后世。黄嘉善之孙黄培是清初轰动一时的"黄培诗案"的主角。作为一个文化世家，无论是持续性还是影响力，在整个青岛地区的文化望族中都不容小觑。

第六世黄作孚（1516—1586），字汝从，号切斋，黄正长子，明嘉靖二十五年（1546）举人，三十二年（1553）三甲第 158 名进士，是家族第一位进士。例授文林郎，任山西高平知县。黄作孚著有《切斋诗集》《抱拙斋集》等，他既是黄氏最早进入仕途的人，也是黄氏家族文学的先驱。在做兵部观政①时，奸相严嵩当权，利用权贵，网罗爪牙，归附者如蝇蚋。黄作孚一身正气，洁身自好，不依附权贵。他曾诵读忠臣杨继盛弹

---

① 观政：明代中央政府培养行政人才的重要举措，即士子进士及第后并不立即授官，而是被派遣至六部九卿等衙门实习政事，这就是明代进士观政制度。此制度肇始于洪武十八年（1385），贯穿整个明朝。

劾严嵩的奏章，非常感慨地说："椒山（杨继盛字椒山）吾师乎，岂不诚大丈夫哉！"①。严嵩多次拉拢他，都被他断然拒绝。任高平知县时，他"伦谊平居，冲寂自好，不辞焦劳，有就厥功，临政宽缓，任人不疑"（《高平县志》）。后来遭到严嵩党羽陷害，卸任回乡。

回乡后的黄作孚乐善好施，誉满乡里。1583—1584年，即墨大灾，颗粒不收，老百姓饿殍遍野，黄作孚拿出存粮，广设粥棚，使千人免于饿死。《即墨县志》载："后分宜（指严嵩）败，不复出，居家与乡人讲求古礼，墨邑文物与有振起之力。"邑人进士周如砥称他"正人在朝朝重，在野野重。"② 对于子侄辈的教育，黄作孚一刻也没有放松。他在崂山脚下与其弟黄作圣建立书院，一心教育子弟，振兴墨邑文化。黄作孚去世后，被推举到名宦、乡贤二祠享祀。

第七世黄嘉善（1549—1624），字惟尚，号梓山，黄作圣长子。明万历四年（1576）举人，万历五年（1577）三甲第24名进士。初授河南叶县知县，历任大同府知府、宁夏巡抚、三边（陕西、甘肃、宁夏）总督等职。官至太子太保、兵部尚书，是黄氏仕途中的佼佼者。他曾任宁夏巡抚十年，离任时百姓掩泪相送，并立祠祀之，匾额曰"十年遗爱"。明朝文学家书法家王稚登为他抚夏十年作诗曰："灵武妖氛扫未清，十年狐鼠尚纵横。中丞仗钺新开府，骄虏新茹莫近城。帐下几人能草檄，秋来无处不屯兵。君王欲识边臣苦，一夜清霜绕鬓生。"万历四十六年（1618），后金攻陷抚顺，国难当头，朝廷急招嘉善，他不顾七十岁的高龄，慷慨赴难，任兵部尚书，共议兵事。万历四十八年（1620），神宗、光宗相继殡天，黄嘉善两受顾命于枢府，为朝廷重臣。九月熹宗即位，主少国疑，内忧外患，危机交加，黄嘉善执掌兵权，积日劳累，终不能支，再三乞归，乃始赐归。天启四年（1624），因黄嘉善边功卓著，加柱国少保，特进光禄大夫，赐铁券。文曰："奉天翊运，推诚守正，文臣少保，兵部尚书黄嘉善。"黄嘉善"历边疆二十年，入枢府两受顾命"（清同治《即墨县志》），为捍卫国家西北边陲和维护国家的安定，作出了巨大的贡献，也使黄氏家族达到了第一个兴盛期的巅峰。著有《抚夏奏议》《见山楼诗集》等。

---

① 周如砥：《黄讱翁先生传》，《山东文献集成》第一辑第18册《黄氏家乘》，山东大学出版社2006年版，第26页。

② 同上书，第29页。

第八世黄宗昌（1588—1646），字长倩，号鹤岭，为黄作孚之孙，黄师善之子，黄嘉善之侄，明万历四十三年（1615）举人，天启二年（1622）三甲第 47 名进士。历任河北雄县知县、清苑县知县、山西道监察御史，奉旨巡按湖广。黄宗昌严格践行家族"忠厚传家、诗书继世"的优良传统，生前死后声誉极高。

黄宗昌晚年所做的另一件大事是撰写《崂山志》，他翻山越岭，考证崂山风貌，草就首部《崂山志》。顾炎武在《崂山志序》中写道："故御史黄君居此山之下，作《崂山志》，未成，其长君朗生修而成之，属余为序。黄君在先朝，抗疏言事，有古人节概，其言盖非夸者。"① 顺治三年（1646），黄宗昌怀着对大明王朝的无限怀念郁郁而终。著有《於斯堂诗集》《恒山游草》等。

第八世另一位族人黄宗庠（1599—1653），字我周，号仪庭，黄嘉善第三子。明崇祯九年（1636）举人，十六年（1643）三甲第 161 名进士，通政司观政实习，明亡不仕。为人庄重严肃，有社会威望。清兵攻占北京后，他在崂山西麓建筑镜岩楼别墅，"读陶诗，学颜楷"（清同治版《即墨县志·孝义篇》），自号"镜岩居士"。爱好诗文，尤其擅长书法。其书法《千字文》尚存于世。著有《镜岩楼诗集》等。

第九世黄培（1604—1669），字孟坚，号封岳，因祖父黄嘉善三边大捷荫锦衣卫指挥佥事，后任锦衣卫都指挥使、九门提督、金吾将军、上护军。黄培十六岁时就位列朝班，他发言不苟，处事知大体，明代书画家董其昌作有《孟坚道丈像赞》，说他"肘佩黄金印，胸藏白玉壶。请看麟阁画，有此璧人无？"② 黄培性格刚烈，当锦衣卫时，曾因刚正不阿、敢于直谏，遭受廷杖，即便如此也始终不改，深得明廷器重，并利用自己的职位，救过忠臣黄道周、熊开元、姜埰等人。

黄培谨记黄家家训"忠厚传家，诗书继世"，在朝为官 17 年，直到 1644 年，清军入关占据北京，黄培不堪忍辱，辞官归乡。亡国之恨，易服之耻，剃发之辱，让他痛不欲生，他蓄发留须，宽袍大袖，不换清朝服饰。那时清朝的剃发令已经颁布，并极为严厉，但黄培依然我行我素。在沧海巨峰之间、松涛溪水之下，他将所有的苦闷、困顿及悲伤诉诸笔端，

---

① 苑秀丽、刘怀荣：《崂山志校注》，人民出版社 2015 年 7 月版，第 16 页。
② 董其昌：《孟坚道丈像赞》，《山东文献集成》第一辑第 19 册《黄氏家乘》，山东大学出版社 2006 年版，第 578 页。

化成诗章,"国家不幸诗家幸,赋到沧桑句便工",终于汇成字字泣血、句句凄婉的《含章馆诗集》。由此也引发了清朝北方最大的文字狱案——《含章馆诗集》案。告黄培的是黄家家仆黄宽之孙黄元衡。黄元衡本姓姜,顺治六年(1649)考中进士。为了归宗还姓,私自解除了与黄家的主仆名分。双方由此结怨,从一系列的小摩擦,矛盾日渐升级,最后姜元衡向官府控告黄家私下刻印并收藏有"悖逆"的诗文书籍等,还把与黄家有过私交的思想家顾炎武也一同告发。康熙连下六道御旨严加审问,共缉拿二百一十七人,包括黄坦、黄贞麟等黄家十四人。黄培为避免牵连亲友,一人揽过了所有罪名。黄培本就有为明朝殉国的志愿,莱阳诗人宋琬在给黄培的墓志铭中写道:"公不深辩,而即于死,死之日,犹作诗以明志。"① 康熙八年(1669),黄培在济南被处绞刑,时年六十六岁。经此重挫,黄氏家族并没有退缩消沉,他们继续秉持"忠厚传家,诗书继世"的家训,潜心兴教办学,培养子女。

第十世黄贞麟始,一门四进士,黄氏家族再度振作,出现了第二个兴盛期。黄贞麟(1630—1695),字方振,号振侯,黄墿之子,黄培之侄。清顺治十五年(1658)二甲第10名进士。少年历经艰难,励志苦学,二十六岁中进士后授凤阳府推官。先后审断过海盗、逋贼、抢劫及邪教惑众等大案,涉及五六个省一千多人。他公正细心,总能把真正的罪犯缉拿归案。他任盐山知县时,鼓励耕织,修筑文庙,编撰县志,革去很多旧税,老百姓得到实惠。因为官清廉,政绩显著,被推举为天下循良第一,升任户部山西清吏司主事,《清史稿》有传。黄贞麟特别重视教育,早在做推官时就注重地方教育。他选拔人才,独具慧眼,他的门生中大多才华出众,比较有名的有文渊阁大学士桐城张英,康熙十八年(1679)状元归允肃等。归里后,"以诗书道德教子孙,以端严方正立坊表"(大学士张英语)。他聘请青州进士赵其昌为师,教其子侄,墨城好学子弟慕名前来求学。在黄贞麟的教育之下,他的七个儿子中,考取了二名进士、三名举人。其二十一名孙辈中,考取了一名进士、五名举人,余者多为监生、贡生。学而优则仕,三代人中有十四人担任朝廷命官,政绩显赫,名垂青史。黄贞麟的事迹载于《清史稿》《大清一统志》《山东通志》《莱州府

---

① 宋琬:《诰授怀远将军轻车都尉原荫世袭锦衣卫指挥佥事钦差提督街道锦衣卫管卫士都指挥使封岳黄公墓志铭》,《山东文献集成》第一辑第19册《黄氏家乘》,山东大学出版社2006年版,第11页。

志》《凤阳府志》《即墨县志》《盐山县志》等处。著有《快山堂诗集》《豫章游草》《燕台诗集》《璚屏轩文集》等。

第十一世黄鸿中（1660—1727），字仲宣，号海群，黄贞麟第三子。清康熙五十七年（1718）二甲第37名进士。历任翰林院编修、国子监司业、山西正主考、提督湖南学政、都察院左副都御史。一生嗜书如命，勤奋不息，大器晚成。著有《华萼馆文集》《华萼馆诗集》《两朝恩荣录》《登庸日钵》《燕游日记》《湖南日记》《容堂文集》等。

第十一世黄敬中（1665—?），字叔直，号山淙，黄贞麟第六子。清康熙三十二年（1693）举人，四十八年（1709）三甲第193名进士，历任龙门知县、河南禹州知州、南阳府知府。洁己爱民，宽猛兼济。著有《山淙文稿》、《松园诗稿》（又作《松园诗集》或《松园诗草》）、《葆光堂文集》等。

第十二世黄焘世（1691—?），字云若，号蓬山，黄位中长子。清康熙五十二年（1713）三甲第15名进士。大理寺评事。文章超然不群，著有《蓬山文集》《藤台诗草》等。

为了更好地说明问题，现把黄氏家族进士、举人及未中举但入仕者列表1-1至表1-3。

表1-1　　　　　　　　黄氏家族进士名录

进士姓名	字、号	中进士年龄	中进士时间	时任职务
黄作孚	汝从、切斋	38	嘉靖三十二年陈谨榜	高平知县
黄嘉善	惟尚、梓山	29	万历五年沈懋学榜	兵部尚书、上柱国太保
黄宗昌	长倩、鹤岭	36	天启二年文震孟榜	山西道监察御史
黄宗庠	我周、仪庭	45	崇祯十六年杨廷鉴榜	待考
黄贞麟	方振、振侯	26	顺治十二年史大成榜	户部郎中
黄鸿中	仲宣、海群	59	康熙五十七年汪应铨榜	侍读学士、左副都御史
黄敬中	叔直、山淙	45	康熙四十八年赵熊诏榜	南阳知府
黄焘世	云若、蓬山	23	康熙五十二年王敬铭榜	大理寺右评事

表1-2　　　　　　　　黄氏家族举人名录

姓名	中举年龄	中举时间	时任职务
黄作孚	31	嘉靖二十五年	高平知县
黄嘉善	28	万历四年	兵部尚书，上柱国太保

续表

姓名	中举年龄	中举时间	时任职务
黄宗昌	29	万历四十三年	山西道监察御史
黄宗扬	25	万历四十年	推官
黄宗灏	37	万历三十七年武举	待考
黄宗庠	38	崇祯十年	待考
黄宗臣	32	崇祯十三年	待考
黄垍	35	康熙二年	待考
黄贞麟	25	顺治十一年	户部郎中
黄大中	29	康熙十六年	武康知县
黄彦中	待考	康熙三十五年	武定州学政
黄鸿中	52	康熙五十年	侍读学士，左副都御史
黄理中	62	雍正元年	涿州知州
黄敬中	29	康熙三十二年	南阳知府
黄克中	47	雍正元年	利津县教谕
黄奭中	32	康熙五十九年	黄陂知县
黄靖世	25	康熙五十二年	宁洋县知县
黄焘世	21	康熙五十年	大理寺右评事
黄仁世	待考	雍正十年	长宁县知县
黄芳世	48	乾隆六年	京山县知县
黄垂世	30	乾隆三年	拣选知县（可能未任）
黄立世	27	乾隆十八年	潮阳知县
黄玉瑚	41	乾隆三十六年	溧阳知县
黄如玛	37	嘉庆三年	黄县教谕
黄榛	34	乾隆十五年	拣选知县（可能任）
黄守绪	34	嘉庆九年	拣选知县（可能任）
黄寿豹	待考	道光二十三年	直隶州知州
黄念昀	40	道光二十年	钦加知府衔赏戴花翎（未任）
黄念综	待考	同治三年武举	待考
黄承腾	23	咸丰八年	长山县教谕
黄肇颉	32	咸丰二年	历城教谕
黄肇簧	待考	光绪二年	待考
黄象轸	35	光绪元年	德州学正
黄象毅	32	光绪十四年	候选教谕（未任）

表 1-3　　　　黄氏家族未中举者任职名录（仅列七品以上）

姓名	科别	历任
黄宗瑗	荫封	刑部郎中
黄 奎	贡生	正定府同知
黄 培	荫封	锦衣卫都指挥使、金吾将军、九门提督
黄 坦	贡生	浦江知县
黄贞固	贡生	西城，中城兵马司指挥
黄贞乾	贡生	内阁中书舍人
黄贞泰	贡生	镇江知府
黄统中	贡生	万州知州
黄致中	贡生	刑部员外郎
黄绳中	贡生	揭阳知县
黄道中	贡生	嵊县知县
黄簪世	贡生	顺天府粮马厅通判
黄相世	贡生	胶州营城守把总
黄保世	贡生	蓝田县知县
黄如璐	贡生	定远县知县
黄守洪	贡生	云骑尉
黄君复	贡生	奉政大夫（具体职务不明）
黄肇芝	贡生	文林郎、警察厅警正
黄广胜	贡生	武德骑尉
黄象冕	贡生	即用知县
黄象鹤	贡生	无为州州同

除此之外，还有受到各种赠封的共 31 人（表 1-4）。

表 1-4　　　　　　受到各种赠封者名录

姓名	获赠封号	因何人获赠
黄 昭	诰赠①光禄大夫、太子太保、兵部尚书	曾孙黄嘉善

---

① 诰赠：明清对五品以上官员的曾祖父母、祖父母、父母及妻室之殁者，以皇帝的诰命追赠封号。

续表

姓名	获赠封号	因何人获赠
黄　正	累赠①光禄大夫、太子太保、兵部尚书	孙黄嘉善
黄作圣	累赠光禄大夫、太子太保、兵部尚书	子黄嘉善
黄师善	累赠文林郎、雄县知县、山西道监察御史	子黄宗昌
黄宗宪	诰赠怀远将军、锦衣卫管卫事、都指挥同知、进阶轻车都尉	子黄培
黄宗辑	诰赠奉政大夫、正定府同知	子黄奎
黄　坪	敕赠②文林郎、内阁中书舍人	子黄贞乾
黄　坦	诰赠奉政大夫、镇江府同知	子黄贞泰
黄　墿	诰赠奉直大夫、户部山西清史司主事	子黄贞麟
黄贞颐	貤赠③文林郎、淳安县知县	孙黄簪世
黄贞巽	貤赠奉直大夫、宾州知州	子黄统中
黄贞乾	诰赠奉直大夫	嗣子黄统中
黄贞修	貤赠修职郎、利津县教谕	子黄克中
黄贞叙	敕赠文林郎、嵊县知县	子黄道中
黄贞麟	累赠中宪大夫、翰林院侍讲侍读学士	子黄鸿中
黄致中	敕赠承德郎、京山县知县	子黄芳世
黄奭中	敕赠文林郎、保昌县知县	子黄立世
黄理中	晋封④奉直大夫	子黄庶世
黄和中	敕赠文林郎、淳安县知县	子黄簪世
黄昂中	貤赠文林郎、溧阳县知县	孙黄玉瑚
黄美中	敕赠文林郎、宁阳县知县	子黄靖世
黄位中	敕赠承德郎、大理寺右评事	子黄焘世
黄英世	敕赠文林郎、溧阳县知县	子黄玉瑚
黄缵世	貤赠修职佐郎、招远县训导	子黄如琯
黄熙世	敕赠文林郎、定远县知县	子黄如璐

---

①　累赠：古代朝廷加封荣誉性的官职往往用"赠"这个字，如果是多次受封（当然一次比一次官阶高），称为累赠。生者为封，死者为赠。

②　敕赠：敕是帝王的诏书、命令的意思。赠，对相当级别官员已去世的父母或祖父母的虚衔封号。对在世的，称为"封"，对其本人则称为"授"。

③　貤赠：置官赠爵。清制，文武官员以自己所应得的爵位名号，呈请改授与亲族尊长，称为"貤封"；若其人已死，则称为"貤赠"。

④　晋封：清朝的制度，因子孙或丈夫受封做官而获得的第二次封典。

第一章　黄氏家族概述　21

续表

姓名	获赠封号	因何人获赠
黄玉衡	貤赠奉直大夫、知州衔清河县知县	孙黄寿豸
黄如琚	貤赠修职郎、黄县教谕	弟黄如瑀
黄凤翔	赠奉政大夫、陕西鄜州直隶州知州	婿周铭旗
黄　崶	诰赠奉直大夫、知州衔清河县知县	子黄寿豸
黄成濬	貤赠修职郎、观城县教谕	子黄肇煃
黄念晟	貤赠修职郎、濮州学正	子黄肇

受到恩荫①的共 10 人（表 1-5）。

表 1-5　　　　　　　　受到各种恩荫者名录

姓名	恩荫职务	例授职务
黄宗宪	万历甲辰荫官生	例授明威将军、上骑都尉。
黄宗瑗	万历乙巳荫官生	例官太常寺典薄太僕寺丞、刑部主事、升刑部云南司郎中、恤刑江北。例授奉议大夫、修正庶尹。
黄宗庠	万历辛亥荫官生	
黄宗臣	泰昌庚申恩荫中书舍人	例授从仕郎。
黄宗载	天启辛酉荫世袭锦衣卫正千户，甲子就原荫加一级	例授武德将军、骁骑尉。
黄　培	万历辛亥荫官生，世袭锦衣卫指挥佥事	历任南镇抚司、管司事金事、锦衣卫堂上金书、管卫事指挥同知。诰授怀远将军、勋级轻车都尉、钦差提督街道、锦衣卫都指挥金事、升指挥使、都指挥同知、提督九门、锦衣卫管卫事都指挥使。例授金吾将军、勋级上护军。
黄　垍	世袭锦衣卫指挥佥事	例授明威将军、上骑都尉、天津卫指挥金事。
黄　壎	天启甲子荫官生	
黄　壈	天启丙寅荫官生	
黄贞明	荫世袭锦衣卫指挥金事	例授明威将军、上骑都尉。

以上可以看出，黄氏家族在明清两代可谓人才济济，这与整个家族忠

---

① 恩荫又可称为任子、门荫、荫补、世赏，指因上辈有功而给予下辈入学任官的待遇，是中国上古时代世袭制的一种变相。狭义的"恩荫"特指宋代以后出现的一种独特的门荫制度，称之为"推恩荫补"，宋时被简称为"恩荫"。明初沿袭元朝任子制，文官七品以上皆得荫一子以世受俸禄，称之荫生。清制，文职京官四品以上，外官三品以上，武职二品以上，俱准送一子入监读书，称恩荫。此外，因遇庆典而给予入监待遇的，亦属恩荫。

厚的家风及对教育的高度重视是分不开的。

第四节　黄氏家族的文化成就

黄氏家族重视教育、诗书传家，明清时期在文学、书画及史学等学术领域著述颇丰，对当地的文化发展产生了深远的影响。本节主要以黄氏家族著述、黄宗庠《千字文》及黄守平辑纂的《黄氏家乘》为主，兼及黄氏家族其他族人的成就，对黄氏家族作一简要介绍。

一　黄氏家族的著述

黄氏家族非常重视后代的教育，明清时期几乎每一代人都有数人有著作问世，为后人留下了十分宝贵的文化遗产。"据不完全统计，黄氏家族完成的著作共128部，计208卷。它们或存于各级档案馆、图书馆、博物馆，或收藏于民间，或流失。"① 据笔者统计，有史料记载并保存文集名称的有88人，见表1-6。

表1-6　　　　　　　　　黄氏族人著作名录②

序号	姓名	著作
1	黄作孚	《讱斋诗集》《抱拙斋集》各一卷
2	黄嘉善	《见山楼诗集》一卷、抚夏奏议八卷、总督奏议四卷、大司马奏议一卷
3	黄宗瑗	《慎独斋诗草》一卷
4	黄宗辅	《质木斋诗集》一卷
5	黄宗昌	《於斯堂诗集》一卷、奏疏三卷、《崂山志》二卷、《恒山游草》一卷
6	黄宗扬	《鸿集亭诗集》一卷
7	黄宗庠	《镜岩楼诗集》一卷
8	黄宗臣	《光德堂文集》一卷、《澹心斋诗集》一卷、《四警编》四卷
9	黄宗崇	《宝砚楼时艺》一卷、《石语亭诗集》一卷、《石语亭文集》一卷
10	黄培	《含章馆诗集》一卷、奏章一卷、《含章馆焚余集》一卷
11	黄坦	《紫雪轩诗集》一卷、《秋水居诗余》二卷

---

① 《即墨黄氏述略》"即墨市文史资料专辑"，第144页。
② 本表主要据《黄氏家乘》《即墨黄氏述略》的相关记载制作。

续表

序号	姓名	著作
12	黄堣	《栗里诗草》一卷
13	黄壎	《友晋轩诗集》一卷、《友晋轩诗余》一卷
14	黄壈	《修竹山房诗集》一卷
15	黄垍	《夕霏亭诗集》一卷、《白鹤峪文集》十八卷、《夕霏亭时文稿》一卷、《露华亭诗余》一卷、《露华亭词余》一卷、《书法辑略》数十卷、《草法辑略》一卷、《拂石居谈余》一卷、《法书辩体》一卷、《滕园暇笔》一卷
16	黄贞麟	《快山堂诗集》《豫章游草》《燕台诗集》《璚屏轩文集》《纪年》各一卷
17	黄贞观	《永德堂诗集》一卷
18	黄贞固	《尺亭闻见录》一卷
19	黄大中	《璚屏轩诗集》一卷
20	黄美中	《竹凉亭诗集》一卷
21	黄鸿中	《华萼馆诗集》《华萼馆文集》《两朝恩荣录》《登庸日钵》《燕游日记》《湖南日记》《容堂文集》《容堂制艺》各一卷
22	黄理中	《来鹤亭诗集》一卷
23	黄敬中	《葆光堂文集》《松园诗集》各一卷
24	黄克中	《涵清馆诗集》一卷
25	黄致中	《北海集》一卷
26	黄体中	《来山阁诗集》《山水音》各一卷
27	黄统中	《即墨人物考》一卷
28	黄济世	《一峰草堂诗集》一卷
29	黄靖世	《遂此居诗集》一卷
30	黄偕世	《有容堂诗草》一卷
31	黄焘世	《蓬山文集》《藤台诗草》各一卷
32	黄振世	《雨后海棠半落颜色轻淡另是一种风流也续咏之》诗一首
33	黄芳世	《敦复堂诗集》《偶存集》各一卷
34	黄簪世	《庆远堂诗草》一卷
35	黄宏世	《雪舫诗稿》一卷
36	黄晟世	《于甞堂诗集》《易说》各一卷
37	黄恩世	《有此屋诗集》《南游草》各一卷
38	黄立世	《遂初文集》《诗余杂著》《四中阁诗稿》《桐华轩文集》《四中阁诗余》《柱山诗话》《詹詹录》《散花传奇》各一卷
39	黄玉书	《一水山房诗集》《音韵贯》各一卷
40	黄玉瑚	《白石山房诗稿》二卷

续表

序号	姓名	著作
41	黄玉衡	《二水山房诗稿》一卷
42	黄如珂	《柿叶书屋诗集》一卷
43	黄如钧	《庐阜诗草集》一卷
44	黄如淦	《学诗草》一卷
45	黄如璨	《北渚诗草》一卷
46	黄如玢	《也可居诗草》一卷
47	黄如珣	《山村诗草》一卷
48	黄如沇	《溟南草》一卷
49	黄如瑊	《便可居诗集》一卷
50	黄如玖	《芥圃诗草》一卷
51	黄如瑀	《敦雅堂诗草》《敦雅堂遗稿》各一卷
52	黄如鉴	《鸡谈》三卷
53	黄如琯	《劳劳亭诗草》一卷
54	黄 岩	《崂海居诗草》一卷
55	黄 鼐	《滤月轩诗集》一卷
56	黄芳世	《偶存集》一卷
57	黄恩世	《南游草》一卷
58	黄 榛	《漪园文存》一卷
59	黄 植	《周易浅说》《学庸记疑》《论语会说》《孟子析疑》《水湄草堂集》《日知录》《易经讲义》《诗经参考》各一卷
60	黄寿豹	《红薇馆文稿》《新种竹室诗稿》《木樨精舍法书》《翰香堂碑贴考》各一卷
61	黄守缃	《箱山诗稿》一卷
62	黄守常	《四书全义》《禹贡会说》各一卷
63	黄守怡	《雲槐轩诗草》一卷
64	黄守愨	《柏庐家训注解》《二十四孝四言编》《临池管窥》《晴雪梅花轩诗草》各一卷
65	黄守恪	《虚斋日记》一卷
66	黄守宸	《十亩园诗草》一卷
67	黄守思	《石圃诗草》一卷
68	黄守和	《四书会考》二十四卷、《周易集解》十卷、《劳山诗乘》十六卷、《梦华新录》十二卷、《紫藤居诗草》二卷、《北游草》一卷
69	黄守平	《易象集解》十卷、《千字鉴略》一卷、《黄氏家乘》二十卷、《漱芳园诗草》一卷

第一章　黄氏家族概述　　25

续表

序号	姓名	著作
70	黄守颖	《墨缘斋金石徵》《墨缘斋尺牍》《墨缘斋诗稿》各一卷
71	黄震孟	《松石居诗稿》一卷
72	黄承腠	《泉源小识》《如不及斋随笔》各一卷
73	黄凤仪	《读史约编》一卷
74	黄凤文	《篆叶山房诗稿》一卷
75	黄念瀛	《平仄千字文》《紫云山房诗草》各一卷
76	黄念昀	《述草诗稿》一卷
77	黄念聶	《裴庄诗稿》
78	黄肇彤	《四字鉴略》一卷
79	黄肇频	《县志稿》《吾庐吟草》各一卷
80	黄肇煃	《劝孝歌演说》一卷
81	黄肇頣	《长康庐文草》《长康庐诗草》各一卷
82	黄肇颚	《崂山艺文志》《崂山诗集》《侍颜楼诗草》各一卷
83	黄象岱	《杏院诗草》一卷
84	黄象郡	《诗经韵义述》《师拙丛钞》《师拙杂俎》各一卷
85	黄象轸	《曼陀罗华馆吟草》一卷
86	黄象辕	《易解》《大学微旨》《中庸阐义》《即墨乡土志》《日记》《柏子菴文稿》各一卷
87	黄象昻	《抱拙斋诗草》一卷
88	黄象冕	《尚綑斋》及《北归杂咏诗草》一卷

从表1-6可以看出，黄氏家族从第六世黄作孚开始，到第十八世黄象冕等，可以说每代都有数量不等的著作，文化世家名不虚传。其存世著作中，又以文学著作居多，主要以诗、文两种文体为主。文有疏、序、记、铭、书、说、引、告文、墓志等十余种。其中，疏占了很大的比例。

疏是古代臣下向皇帝条陈自己对某事的意见的一种文体，也称"奏疏"或"奏议"。所以黄氏家族的疏主要是官位较高的人写的，流传下来的有黄嘉善的《恭谢天恩疏》等三十篇[①]，黄宗昌的《纠矫伪疏》等二

---

① 见《山东文献集成》第一辑第17册《黄氏家乘》，山东大学出版社2006年版，第689—742页。

十六篇①，黄培的《朝审矜情疏》等五篇②，还有黄鸿中的《传宣圣谕疏》一篇③。

序也作"叙"或称"引"，一般列于著作前面（也有列在后面的，称后序）。黄家保存下来的序共35篇，大都属于著作序言，如黄嘉善的《黄氏族谱序》、黄宗臣的《四警编序》、黄宗昌的《崂山志自序》、黄壎的《日知录自序》等。"后序"有一篇，是黄垍的《家塾月课后序》，说明家庭私塾月课的来龙去脉和目的、意义。赠序虽然也有个"序"字，但它跟序属于不同的文体，是我国古代的一种散文文体，一般为送亲友远行或去他乡做官时所作，内容多是一些安慰、勉励的话，如黄垍的《送贞麟姪改授县令序》，或者是为亲友家的老人庆寿所作，如黄肇颐的《寿室人杨孺人六十初度序》。

记是一种散文形式，取材范围极广，可以描绘名山大川的秀丽瑰奇，比如黄宗昌的《浮山记》；可以描绘珍贵的物品，比如黄贞麟的《合卺樽记》；可以记录某种有趣的人或事，比如黄垍的《拂石居记》；可以记录国家重大的事件，比如黄鸿中的《乾清宫侍宴恭记》；可以反映一家族的地理位置及房产情况，比如黄玉瑚的《黄氏楼房记》。这种文体文笔轻松，描写生动，记述翔实，给人以丰富的社会知识和美的感受。还有一种特殊的记，就是碑记，比如黄肇颐的《建修宗祠碑记》。《即墨黄氏家乘》记录黄氏家族留下来的各种记共17篇，《即墨黄氏述略》还记录了另外3篇记，分别是黄作孚的《重修八蜡庙记》、黄垍的《天井山记》、黄鸿中的《邑侯康公入名宦记》。

铭一般是刻在器物上用来警诫自己或者称述功德的文字，但黄氏家族仅存的4篇铭《山居铭》《斗室铭》《簾铭》和《玄牝铭》，均为黄垍作，都是对某一物的描述，借物名志是其共性特点。

其他几种文体流传下来的篇数都很少，比如书只有黄坦的《上王阮亭史氏书》，说只有黄壎的《树德堂玄玉说》、黄玉书的《音韵贯序说》，告文只有黄培的《辞灵告文》、黄肇颐和黄肇颚的《迁葬告文》。引也只

---

① 见《侍御黄公奏章》，即墨市文史资料专辑，山东省内部资料性出版物准印证2010年青第064号，第29—410页。以下凡引本书，只标书名和页码。

② 见《山东文献集成》第一辑第17册《黄氏家乘》，山东大学出版社2006年版，第793—808页。

③ 同上书，第809—810页。

有 5 篇，分别是黄宗臣的《四警编小引》、黄垍的《秋水居石谱歌引》《举业正则小引》《法书辨体小引》、黄鸿中的《家塾月课条约引》等。墓志铭也只有 6 篇。

黄氏族人的诗歌创作数量多，成绩突出。其诗作能得以传世，《黄氏诗抄》居功至伟。乾隆十九年（1754），第十二世黄簪世把黄氏自六世至十一世共 17 人的诗作，以作者为序编辑成册，于乾隆三十一年（1766）由盐官官署刊刻为《黄氏诗抄》（三卷二册）。该书所收作者有明代六人：黄作孚、黄嘉善、黄宗昌、黄宗扬、黄宗庠、黄宗臣；清代十一人：黄宗崇、黄坦、黄壎、黄垍、黄堄、黄埴、黄贞麟、黄贞观、黄鸿中、黄克中、黄体中。清末，黄守平在黄簪世编辑的《黄氏诗抄》的基础上，又新收集了 54 位黄氏族人的诗作，将第六世到第十五世 71 位族人 3997 首诗作，按辈分排列，重新编辑成《黄氏诗续抄》。该书保留了原《黄氏诗抄》刻本中著名学者黄叔琳的序及黄簪世的跋语。全书共六卷，71 人中有 17 人是手抄本及刻本夹杂，新增的 54 人均为手抄本。黄氏家族可以说是"数百年来，风雅相尚，罔不拔帜，词坛称极盛焉。"①

2004 年以来，黄氏后人增修《即墨黄氏族谱》，校点续编《即墨黄氏家乘》（22 卷），出版了《即墨黄氏藏书》（共七种）、《即墨黄氏述略》、《御史黄公奏章》，影印出版了《易象集解》等即墨黄氏著作。2010 年，再次整理、校点《黄氏诗抄》，在黄守平版基础上，新收录了从黄嘉善至黄翀显共 45 位黄氏族人诗作共 511 首，续编成《明清即墨黄氏诗抄》，新收录的 511 首诗作置于卷末，编为卷七。至此，这部著作共收录黄氏从第六世到第十九世共 116 人的诗作 4508 首。

从数量上看，所收诗作每人不同，最多的是第九世黄垍，卷三收录 743 首，卷七收录 158 首，共 901 首。其余超过百篇的还有七人，分别是第七世黄宗辅，107 首；第九世黄培，393 首；黄坦，144 首；黄壎，卷二 204 首，卷七 265 首，共 469 首；第十世黄贞麟，111 首；第十二世黄立世，470 首；第十三世黄玉瑚，175 首。最少的只有一两首，其中有 17 人只有一首。

从形式上看，五七言古诗、律诗、绝句均有，且绝大部分都属于这六

---

① 黄簪世：《黄氏诗抄跋》，《山东文献集成》第一辑第 19 册《黄氏家乘》，山东大学出版社 2006 年版，第 808 页。

种。比较特殊的有五言排律9首，分别是黄培的《赠澄岚妹丈，时避难居墨》《中秋对月》《述怀次即况韵》、黄如瑄的《丹霞赤壁》、黄壎的《赠江南友人》、黄守平的《天井山》、黄念昀的《明霞洞》、黄象辕的《重九访韶九》（二首）；四言古诗24首，分别是黄垍的《短歌行》（二首）、《积雪》、《短歌行》（二首）、《结屋》、《素云》（三首）、《短歌三章》（三首）、《原草》（三首）、《斗如室》（三首）、《咏新竹短歌三章》（三首），黄济世的《量力》《祝鸠》，黄靖世的《自步》。

还有黄宗扬的《山中人》，是一首骚体诗，把一位山中农夫的日常生活描述得详尽、生动，读起来别有一番风味：

> 木青青兮欲发，鸟关关兮鸣春。泉潇潇兮触石，山崟崟兮入云。山中之人兮何为，将采药兮山根。鹿豕游兮道上，虎豹踞兮河滨。石巉岩兮无路，谷谽谺兮少人。斸茯苓兮松下，掘黄精兮石门。入城市兮易酒，聊浑迹兮风尘。卧黄垆兮沉醉，歌慷慨兮销魂。问姓名兮不答，指东山兮嶙峋。日薄暮兮归来，入山径兮黄昏。海月出兮皎皎，篱犬吠兮狺狺。山既高兮水长，将终老兮此村。

黄垍的六言绝句《杂咏》四首：

> 潇洒胸中丘壑，参差面上烟霞。种竹栽花经济，采山钓水人家。（其一）
> 山下数椽茅屋，门前一曲清溪。杨柳桥头酒肆，杏花堤上鱼矶。（其二）
> 精卫不须填海，愚公何必移山。蝴蝶梦中稳睡，鹡鸰枝上高眠。（其三）
> 攘攘蛮争角触，喧喧蚁阵蜂衙。输我山中老叟，小窗醉卧烟霞。（其四）

这一组诗，描写的都是最平常不过的农家日子，看似简单、平淡，但对一个经历过惊涛骇浪的人来讲，这平淡的日子或许正是人生的终极追求。

另有黄垍的两首词，这是全书四千多首诗词作品中仅有的词作。一首是《百字令·送范文荐任宿虹》，一首是《沁园春·简门人范子文茂》。

从内容上看，其四千多首诗作内容、题材均十分丰富。有送别诗，如黄培的《同埁、壖诸弟暨贞麟侄春游惜别》：

> 步屧野云斜，行行到酒家。满园春入柳，环沼绿生葭。萧索怀羁旅，参差叹落花。莫言归去晚，明日即天涯。①

相信对送别这样的事情大家都不陌生。亲朋好友就要分手了，信步来到户外，走走停停，脚步沉重。虽然柳树已发芽，芦苇已悄生，但对即将远去的人们来说，这些美景似乎都不存在，他们能看到的只是地上的落花而已。好一句"莫言归去晚，明日即天涯。"天已黑，夜已沉，但大家都不愿意走，此时此刻，唯愿时光停止，岁月凝滞。明日以后，各奔东西，只有思念不绝如缕。

有感怀诗，如黄壎的《见案头白发一茎，感而成咏》：

> 何处来华发，惊看且自伤。乍辞明镜影，犹带早秋霜。老态从人厌，愁心使尔长。所忧无可诉，不独鬓苍苍。②

这种体验恐怕上点年纪的人都有，刚看到第一根白发时，先是一惊，继而是伤。惊的是难道老了？伤的是豪情还未减，人却早已老。罢罢罢，不照镜子了！但只是自欺欺人而已。人人都不喜欢老，只是日月的愁思悄悄地把白发催了出来。最后一句，是作者要表现的重点内容，我的忧伤、忧虑、忧愁、忧郁……可不仅仅是两鬓的白发，但是，又能跟谁诉说呢？

此外，还有思乡诗、怀古诗、咏物诗、借景抒情诗、托物言志诗等等。黄氏家族是典型的文学世家，前后十几代，代代都有诗人和诗作。同时代的人这样评价黄立世："文章攻劫不遗力，指南舍此当无车。……吾师吾师如是乎？诗成莫道非吾徒。"③ 清代文学家、《四库全书》总纂修官

---

① 《明清即墨黄氏诗抄》，即墨市谱牒研究丛书编委会 2013 年内部出版，山东省内部资料性出版物准印证 2013 年青第 002 号，第 50 页。以下凡引本书，仅标书名和页码。

② 《明清即墨黄氏诗抄》，第 112 页。

③ 《题柱山老夫子校书图歌》，《山东文献集成》第一辑第 19 册《黄氏家乘》，山东大学出版社 2006 年版，第 741—742 页。

纪晓岚为黄如瑃的《敦雅堂诗集》的题词中说："诗未有无养而寿者，俪青妃白，抚唐拟宋，识者讥焉。练江之诗，守尊甫吾柱山同年遗教，篇寡字严，而一归于自得。胜国以来，山左诗人，常为天下冠，视柱山桥梓何如耶？种学求实用，如练江者，养之有素矣，此卷之所以可养欤！"①

黄氏家族是文化世家，更是典型的诗人世家，现据《黄氏诗钞》《黄氏诗续钞》《明清即墨黄氏诗抄》所收录黄氏族人的诗作，将黄氏族人诗歌列表如下（表1-7、表1-8）：

表1-7　　黄氏家族诗人姓名、诗集名称及诗作数量名录

（按凡括号内标卷七者均为《明清即墨黄氏诗抄》新收录诗歌）

世系	姓名	诗集名称	诗作数量
6	黄作孚（1516—1586）	选自《忉斋诗草》	15
7	黄锡善（1549—1614）		2
	黄嘉善（1549—1624）	选自《见山楼诗草》	19、12（卷七）
8	黄宗瑗	著有《慎独斋诗草》	1
	黄宗辅（？—1642）	选自《质木斋诗集》	107
	黄宗昌（1588—1646）	选自《於斯堂诗集》	76
	黄宗扬（1588—1653）	选自《鸿集亭诗草》	20
	黄宗庠（1599—1653）	选自《镜岩楼诗集》	67、22（卷七）
	黄宗臣（？—1659）	选自《澹心斋诗集》	45、32（卷七）
	黄宗崇	选自《石语亭诗草》	26、7（卷七）
9	黄培（1604—1669）	选自《含章馆诗集》《含章馆诗集》焚余	393、125
	黄坦（1608—1689）	选自《紫雪轩诗集》	144
	黄堉（1614—1680）	选自《栗里诗草》	15、7（卷七）
	黄壎	选自《友晋轩诗集》《友晋轩二集》《友晋轩三集》	204、265（卷七）
	黄塪	选自《修竹山房诗草》	21、37（卷七）
	黄坫（1629—？）	选自《夕霏亭诗集》	743、158（卷七）
	黄基（？—1642）		1（卷七）

---

① 纪昀：《题敦雅堂诗集》，《山东文献集成》第一辑第19册《黄氏家乘》，山东大学出版社2006年版，第830页。

第一章　黄氏家族概述

续表

世系	姓名	诗集名称	诗作数量
10	黄贞麟（1630—1695）	选自《快山堂诗集》	111
	黄贞观（1648—1701）	选自《永德堂诗草》	9
	黄贞晋（1645—1713）		1（卷七）
11	黄大中（1649—1705）	选自《璚屏轩诗集》	18
	黄美中（1656—?）	选自《竹凉亭诗集》	15
	黄鸿中（1660—1727）	选自《华尊馆诗草》	83
	黄理中（1662—?）	选自《来鹤亭诗集》	14
	黄彦中		1
	黄敬中（1665—?）	选自《松园诗草》	21
	黄克中	选自《涵清馆诗草》	27
	黄致中	著有《北海集》	11
	黄体中	选自《来山阁诗草》	69、1（卷七）
12	黄济世	选自《一峰草堂诗集》	18
	黄靖世	选自《遂此居诗集》	11
	黄焘世	选自《藤台诗草》	24
	黄振世		1
	黄芳世	选自《偶存集》	33
	黄偕世	著有《庆远堂诗草》	4
	黄宏世		1
	黄簪世		2
	黄晟世	选自《于峕堂诗集》（第七卷所录诗作抄自《范氏家藏》①）	42、1（卷七）
	黄恩世	选自《南游草》（第七卷所录诗作抄自《范氏家藏》②）	33、2（卷七）
	黄立世（1727—1786）	选自《述旧集》、《四中阁诗集》（第七卷所录诗作抄自《范氏家藏》、《即墨黄氏家乘》及蓝中高先生《海庄事迹》③）	470、23（卷七）
	黄清世		1（卷七）
	黄氏（鸿中之女）		1（卷七）
	周氏（立世之妻）		2（卷七）

---

① 《明清即墨黄氏诗抄》，第489页。
② 《明清即墨黄氏诗抄》，第489—490页。
③ 《明清即墨黄氏诗抄》，第490—491页。

续表

世系	姓名	诗集名称	诗作数量
13	黄如琯	著有《劳劳亭诗草》（第七卷所录诗作抄自《范氏家藏》、蓝中高先生《海庄事迹》①）	41、4（卷七）
	黄玉书	著有《一水山房诗集》（第七卷所录诗作抄自《万古崂山千首诗》②）	81、1（卷七）
	黄如珂	著有《柿叶书屋诗集》（第七卷所录诗作抄自《范氏家藏》、蓝中高先生《海庄事迹》③）	83、2（卷七）
	黄如钿		1
	黄如钧	著有《庐阜诗集》	42
	黄玉瑚	著有《白石山房诗存》（第七卷所录诗作抄自《范氏家藏》、周垣文先生《镂金错彩》及蓝中高先生《海庄事迹》④）	175、13（卷七）
	黄如淦		16
	黄如琅		1
	黄玉章		2
	黄如璨		35
	黄如玢	著有《也可居诗草》	15
	黄玉衡		44
	黄如珣	著有《山村诗草》	15
	黄如沆	著有《浿南草》	15
	黄如瓛	著有《便可居诗草》	11
	黄如琚	著有《式古笔法》	1
	黄如玖	著有《芥圃诗草》（第七卷所录诗作抄自周垣文先生《镂金错彩》⑤）	44、1（卷七）
	黄如瑀（1762—1821）	著有《敦雅堂诗稿》（注：黄如瑀的诗文多散失，后幸存部分经其次子凤文汇辑成编曰《敦雅堂诗稿》）	48

---

① 《明清即墨黄氏诗抄》，第493页。
② 《明清即墨黄氏诗抄》，第494页。
③ 《明清即墨黄氏诗抄》，第494页。
④ 《明清即墨黄氏诗抄》，第495—496页。
⑤ 《明清即墨黄氏诗抄》，第497页。

第一章 黄氏家族概述

续表

世系	姓名	诗集名称	诗作数量
14	黄榛	著有《漪园诗集》（第七卷所录诗作抄自蓝中高先生《海庄事迹》①）	28、1（卷七）
	黄植（1721—1791）	著有《水湄草堂诗集》	47、1（卷七）
	黄范	著有《未信轩诗草》	7
	黄栻	著有《芸香书屋诗草》	6
	黄栋	著有《辽游草》	15
	黄桓	著有《课余草》	8
	黄佑		1
	黄桂		3
	黄彬		4
	黄佐		2
	黄岩	著有《崂海居诗草》	22、1（卷七）
	黄鼎		1
	黄菷	著有《滤月轩诗集》	27
	黄椿		1（卷七）
	黄概		1（卷七）
	黄凤文	著有《篆叶山房诗集》	6（卷七）
15	黄守恪	著有《虚斋漫吟》	30
	黄守思	著有《石圃诗草》	34
	黄守宸		8（卷七）
	黄守细（1802—1863）	著有《箱山诗稿》	26（卷七）
	黄守绪		1（卷七）
	黄守和	著有《崂山诗集》16卷、《紫藤居诗草》2卷、《北游草》1卷	26（卷七）
	黄守平（1776—1857）	著有《漱芳园诗草》1卷、辑《黄氏诗抄》6卷。	30（卷七）
16	黄承腰（1836—1897）	著有《源泉小志》《如不及斋笔记》	11（卷七）
	黄承護	（第七卷所录诗作其中一首抄自周垣文先生《镂金错彩》②）	2（卷七）
	黄念瀛	著有《紫云山房诗草》	3（卷七）
	黄念昀（1801—1875）	著作颇丰，仅存世《崂山述游草》1卷	37（卷七）
	黄念甗	著有《裘庄诗稿》	11（卷七）

① 《明清即墨黄氏诗抄》，第497页。
② 《明清即墨黄氏诗抄》，第512页。

续表

世系	姓名	诗集名称	诗作数量
17	黄肇煋	著有《劝孝歌演说》	2（卷七）
	黄肇颐（1821—1901）	著有《长康庐文集》《长康庐诗草》	28（卷七）
	黄肇颚（1827—1900）	著有《侍颜楼诗草》1卷、编辑《崂山诗乘》共8卷	13（卷七）
	黄肇颖	著有《吾庐吟草》	16（卷七）
18	黄象冕	著有《尚絅斋及北归杂咏诗草》1卷（第七卷所录诗作其中一首抄自《景贤书院月课》①）	2（卷七）
	黄象㝷	著有《蜗庐居诗草》	11（卷七）
	黄象辕（1864—1921）		8（卷七）
	黄象毂	（第七卷所录诗作抄自《景贤书院月课》②）	2（卷七）
	黄象鼎	（第七卷所录诗作抄自周垣文先生《镂金错彩》③）	1（卷七）
19	黄翀显		2（卷七）

表1-8 黄氏家族诗人姓名、诗集总数、诗作总数、人均诗作名录

世系	人名	诗人总数	诗集总数	诗作总数	人均诗作
6	黄作孚	1	1	15	15
7	黄锡善、黄嘉善	2	1	33	16.5
8	黄宗瑗、黄宗辅、黄宗昌、黄宗扬、黄宗庠、黄宗臣、黄宗崇	7	7	403	57.6
9	黄培、黄坦、黄堉、黄壏、黄壤、黄垍、黄基	7	9	2113	301.9
10	黄贞麟、黄贞观、黄贞晋	3	2	121	40.3
11	黄大中、黄美中、黄鸿中、黄理中、黄彦中、黄敬中、黄克中、黄致中、黄体中	9	8	260	28.9
12	黄济世、黄靖世、黄焘世、黄振世、黄芳世、黄偕世、黄宏世、黄䉼世、黄晟世、黄恩世、黄立世、黄清世、黄氏（鸿中之女）、周氏（立世之妻）	14	9	669	47.8

① 《明清即墨黄氏诗抄》，第526页。
② 《明清即墨黄氏诗抄》，第529页。
③ 《明清即墨黄氏诗抄》，第529页。

续表

世系	人名	诗人总数	诗集总数	诗作总数	人均诗作
13	黄如琯、黄玉书、黄如珂、黄如钿、黄如钧、黄玉瑚、黄如淦、黄如琅、黄玉章、黄如璨、黄如玢、黄玉衡、黄如珣、黄如沆、黄如瓛、黄如琚、黄如玖、黄如瑀	18	12	691	38.4
14	黄榛、黄植、黄范、黄杙、黄栋、黄桓、黄佑、黄桂、黄彬、黄佐、黄岩、黄鼎、黄鼐、黄椿、黄概、黄凤文	16	9	182	11.4
15	黄守恪、黄守思、黄守宸、黄守绌、黄守绪、黄守和、黄守平	7	7	155	22.1
16	黄承腰、黄承䕶、黄念瀛、黄念昀、黄念骉	5	5	64	12.8
17	黄肇煃、黄肇顗、黄肇颚、黄肇颓	4	5	59	14.8
18	黄象冕、黄象㝷、黄象辕、黄象榖、黄象鼎	5	2	24	4.8
19	黄翀显	1		2	2

从以上两个简表可以看出，黄氏家族从第六世黄作孚开始，至十九世黄翀显，每代都有数量不等的诗人和诗作出现。从第六世到第九世黄培这一代，无论是诗人数量、诗作数量还是人均诗作，整体都呈现出上升趋势。但因受政治风波的影响，从第十世起，上升趋势被打断，之后虽然也有复兴的苗头，如十二世、十三世诗人数量都比较可观，但终究是辉煌不再。

二 《黄氏家乘》

在黄氏家族的所有著述中，《黄氏家乘》无疑是最值得大书特书的。从黄守平开始算起，在四代人的相继努力下，前后历经128年才得以最后完成。该书著录了自明永乐初年至1924年五百余年的家族史料，是研究家族文化及明清历史极其珍贵的第一手文献。

（一）《黄氏家乘》写作缘由与成书过程

《黄氏家乘》虽然是自黄氏第十五世黄守平（1776—1857）开始搜集、编纂，但与黄氏整个家族爱书、惜书的传统是分不开的。尤其是第九世黄垍（黄嘉善之孙）对家族图书的搜集、整理，为《黄氏家乘》的成功编纂奠定了一个良好的基础。从这个角度讲，《黄氏家乘》的编撰从黄垍就已开始准备了。

早在清朝初年，黄垍就对黄氏家族所撰著作和藏书进行了整理和记载，并编写了书目。其《书目序》①记载了这一整理工作的原因、目的和意义：

> 祖父积书，以遗子孙，子孙读祖父书，以承先业，立身扬名，保世滋大，为门户光，此继述之大者也。下此者，即不能读书，亦当重先人手泽，列其品目，饰其签轴，错乱者叙之，残少缺失者补之，审其寒暖燥湿之宜，勿为虫蚀，勿为盗窃，勿为借观者久假不归，珍藏宝惜，以俟后世之贤子孙，使知先人手泽所存。至于兵燹水火，人力所不能及者，则有数在焉，此犹不失为保家之令子也。下此则纨绔之习，不足数也。祖父以勤俭立业，而子孙则忘勤俭；祖父以诗书起家，而子孙则贱诗书；祖父竭数十年心力，考订雠校，期传之永久，而子孙则束之高阁，不知为何物，甚至散失分裂，出入于臧获婢妾之手，残篇断简，纷鬻于市，所获之值十不当一焉，仅以供其饮酒食肉之资。呜呼！前人勤苦以积累之，后人灭裂以弃之，旁观者未尝不咨嗟叹息，而其人自以为得计，此盖不孝之尤者，甚于鬻田园卖室庐者也。吾闻劳山慧炬院释藏，传之憨山大士，黄石宫道藏是本宫道人自购，至于今殆百年，罔有缺失，夫儒者称先道古，其志蹛蹛然，而奉先圣遗书，反不如二氏，则岂非先圣之罪人哉！昔祖龙燔书，而国祚不永，矧士大夫之家，以诗书为命脉，而蔑视如此，其不遭天谴者几希矣！凡藏书家子孙，其鉴于兹。

从"祖父竭数十年心力，考订雠校"可知，黄嘉善已经花了数十年的功夫考订校对，期待这些著作能够"传之永久"。黄垍重点做的，一是"列其品目"，就是列出目录，使其系统化；二是"饰其签轴"，装饰书轴等；三是"错乱者叙之"，顺序不对的重新排列；四是"残少缺失者补之"，缺少的补齐。并且还要"审其寒暖燥湿之宜，勿为虫蚀，勿为盗窃，勿为借观者久假不归"，就是好好保存，不要让虫蛀了，不要让贼偷了，更不要让别人借走不还了。目的就是要"俟后世之贤子孙，使知先

---

① 黄垍：《书目序》，《山东文献集成》第一辑第18册《黄氏家乘》，山东大学出版社2006年版，第429—430页。

人手泽所存"。

由此可见，黄嘉善、黄坫所做的这些工作是黄守平收集工作的基础。清嘉庆二年（1797），黄守平开始编辑《黄氏家乘》。他的族叔黄如瑀在为该书写的前言里，说他"爰搜罗旧章，或得诸败篋之中，或取诸蠹之余，诸家所藏，无不毕集。始于丙辰，终于庚申，手录成册。"① 从中可以看出，黄守平的工作是多么及时而艰辛。这些先祖的书籍有些已被扔进破旧的竹篓中，有些已经被虫蛀得零散不全，把这些残破的资料全部收集，一一整理，历时四年，于清嘉庆五年（1800）手录汇编成《黄氏家乘》初稿。后来，黄守平之子黄念慂、黄念昀、黄念嵒先后协助整理誊抄，其孙黄肇颐、黄肇颚又作了进一步补充，并重新整理、誊清；黄肇颚之子黄象轼、黄象辕，黄象辕之子黄褒显等都相继作了补充，在四代人的努力下，前后经历了一百二十八年，于1924年形成最终手抄本。山东省图书馆现存有两个手抄本，第一个抄本共20卷，20册。第二个抄本共20卷，19册。《黄氏家乘》手录了自明朝永乐初年至一九二四年间五百余年即墨黄氏（城里族）家族的史志资料，集黄氏家族明清两代文史资料之大成，是研究明清历史的一部珍贵的文献。

2008年即墨黄氏后人对《黄氏家乘》第一个抄本进行了整理、校点、续编。续编的主要内容是："对1924年之前的家族大事进行了补记，对1924年至2008年9月间的家族大事进行了续记。"② 并将书名改为《即墨黄氏家乘》，共二十二卷，五十七万字，增补的内容均在二十一、二十二卷。本书所述，均以《黄氏家乘》第一个抄本为准。

（二）《黄氏家乘》内容简介

《黄氏家乘》第一个抄本共二十卷，五十余万字。它记载的黄氏家族大小事迹是丰富而真实的。第一、二卷是诰敕。诰敕是帝王任命或封赠的文书，也就是官吏受封的文书。其中诰赠36篇，貤赠10篇，貤封2篇，授34篇，晋封1篇，封1篇，加封3篇，敕谕2篇。加封是指在原有封号上再加封号。从这些诰敕和敕谕中可以看出，黄氏家族世受皇恩。

第三卷是崇祀纪、褒封、恩荫和选举。崇祀纪共23篇。崇祀就是人

---

① 黄如瑀：《弁言》，《山东文献集成》第一辑第17册《黄氏家乘》，山东大学出版社2006年版，第214页。

② 黄济显：《即墨黄氏家乘·序》，《即墨黄氏家乘》，即墨黄氏（城里族）第九次族谱增修联络处，内部印刷，据1924年手抄本《黄氏家乘》校点增修。卷一，第10页。

去世后，别人写的祭祀的文章。祭文的多寡当然与去世之人的声望、功绩、地位等有关，所以这二十三篇祭文里，只涉及四个人，高平公黄作孚、太保公黄嘉善、侍御公黄宗昌、浦江公黄坦，其中黄宗昌一个人就占了十三篇。这些祭文把主人公的生平、功绩、德行都做了高度概括，从一侧面显示了别人对黄氏家族人士的评价；褒封里记载了朝廷对黄氏家族从第四世黄昭到第十六世黄念晟共三十人的诰赠、累赠、敕赠、晋封和貤赠；恩荫里记载了从第八世黄宗宪到第十世黄贞明共十人因为祖辈功绩而接受的官职。这个记载有详有略，可以看出，有些人因为时代久远，资料已经不全了。比如黄培的资料就比较完整，字孟坚，号封岳，一号卓叟，又号懋遗老民。世袭的官职、历任的官职及诰授的封号等都有记载。但有些人的记载就比较简单，如黄堄，只记载了"字子明。庠生，天启丙寅荫官生"短短十二字，连号都缺载。同样的情况还有黄宗宪、黄宗载、黄埨、黄壎、黄贞明。其中黄宗载的字、号都缺载；选举里记载了从第六世黄作孚到第十二世黄泰世等八名进士、从黄作孚到第十八世黄象毂等三十三名举人、从黄梦豸（第几世不详，应在第八世宗字辈之前，存疑待考）到第十八世黄象冕等四十五名贡士（明、清时，会试中试者统称贡士）、从第六世黄作哲到第十八世黄象鹤等一百一十七名贡监的简单资料（明清时，以贡生资格入国子监读书的称贡监）。

第四卷是二十卷中最沉重的一卷，主题是列女。列女，亦作"烈女"。旧指刚正且有节操的女子。但无论是刚正还是节操，都是一种主观判断，在不同的时代、不同的思想观念和理念下，标准是不一样的。比如说按一般的理念，所谓孝悌、守节、贞烈、贤明、仁智、节义等都应该属于有节操，但从《黄氏家乘》这一卷所录列女情况来看，是专指贞烈。列女分两部分，贞节和烈节。《列女·贞节》里列出了从第八世黄宗宪妻子宋氏，到第十九世黄习显之妻李氏，共八十位女子守寡的简历。这些青春女子绝大多数是二十来岁就失去丈夫，有五位还不到二十岁。年龄最小的是黄宏世的妾邱氏，只有十七岁。对她的记载只有短短的二十四个字："宏世妾邱氏，氏年十七岁，夫故。守节六十一年，寿七十八岁终。"[①] 列女中超过三十岁的只有三位，年龄最大的也仅仅三十七岁。守寡时间大都

---

① 《列女》，见《山东文献集成》第一辑第17册《黄氏家乘》，山东大学出版社2006年版，第506页。

四五十年，最短的也有二十年，如第十一世黄瑄中之妻蓝氏："年二十六岁，夫卒。守节二十年，卒年四十六岁。"① 最长的六十七年，如第十六世黄成润之妻江氏："年二十九岁，夫亡，守节六十七年，寿九十六岁终。"②

《列女·烈节》里列出了从第八世黄宗瑗之妾刘氏到第十七世黄肇玚之妻杨氏共十五名女子殉节的事迹。年龄最小的十八岁，即第十四世黄锡之妻姜氏："锡配姜氏，氏年十八岁，夫亡，越月余，自经以殉，时道光二十一年二月初九日也。"③《列女·烈节》之后是《列女外传附》，记载的是第八世黄久善之女到第十五世黄桐之女共十三位黄家女儿守节、殉节的事迹。

《列女外传附》中有两篇详细记载烈妇事迹的文章，《纪黄烈妇事》和黄肇頤写的《亡女行略》④。是什么意念能让正值妙龄的女子慷慨赴死呢？或许从《亡女行略》里我们能找到一些蛛丝马迹。黄肇頤之女的丈夫女儿都病死了，她"孑余一身，幼孀何堪"。"幼孀何堪"四个字，传递出很多信息。不允许改嫁，没有子女，年纪轻轻的一个小寡妇，如何度过日后漫长的岁月呢？没有了活路，所以才"因从女志，即日身殉"。女志，无非是一些烈女传之类的书籍。从这个简短的记载，我们可以看出，这个二十五岁的女子是在无可奈何的情况下，才"身殉"的。让我们再看看黄肇頤这个父亲的表现。当女儿明确说出殉节的话的时候，他"弗忍听，视而归"。在女儿生命即将不保的时候，他没有任何作为。女儿殉节后，他似乎有所触动："呜呼！女自幼婉顺，尤信重吾言，使吾于当日，坚言慰留，使之守以完贞，生以待嗣，复延其数十年之岁月，女未必不从。"明明知道女儿信任他，在遇到人生重大变故的时候，恐惧、彷徨、挣扎充斥着内心，并把带有最后一点希翼的眼光投向他……她对父亲说殉节，或许是想征求父亲的意见、看看父亲的态度，结果这个她最信任、最敬重的人却"视而归"。有时候，一转身，就是一辈子。人世间的

---

① 《列女》，见《山东文献集成》第一辑第 17 册《黄氏家乘》，山东大学出版社 2006 年版，第 503 页。

② 同上书，第 513 页。

③ 同上书，第 522—523 页。

④ 《亡女行略·外传附》：见《山东文献集成》第一辑第 17 册《黄氏家乘》，山东大学出版社 2006 年版，第 532—537 页。

决绝竟至于此!

《列女传》所记载的内容,不仅仅跟黄氏家族有关,它已经成为妇女史、社会生活史研究的重要史料。从中我们可以了解到那些王侯将相之外、默默无闻的群体,在漫长的历史长河中的生存状态。

《亡女行略》之后是坊表、坟墓、享堂碑记、三大支轮流办祭单、三友堂匾文、浦江公茔享堂匾文以及占籍、祭田、著述等。虽然很琐碎,但对研究黄氏家族,都是第一手资料。其中记载了从第六世黄作孚到第十六世黄象冕共七十四人的著作和文章的题目,对研究黄氏家族很有价值。

第五、六两卷均是奏章。顾名思义,奏章是臣子向君王进奏的章疏。这些奏章只涉及黄家四个人。其中有黄嘉善的《抚夏奏议》(10篇)、《大司马奏议》(15篇)和《总督奏议》(5篇),黄宗昌的《西台奏议》(11篇)和《按楚奏议》(1篇),黄培的《金吾奏议》(5篇)和黄鸿中的《传宣圣谕疏》。这些奏章有助于我们了解黄家这四位主要人物,尤其是前三位的为官历程、主要政绩。

第七、八、九卷是传记。记载了黄氏家族从第五世黄正到第十八世黄象辕共60人(包括个别黄氏媳妇)的生平事迹。(第七卷13人、第八卷23人、第九卷24人)。这些传记丰富生动,或详或略,是我们了解黄氏族人生平事迹的主要参考资料。黄宗昌的传记最多,共9篇,占39页。除了《侍御公明史本传》和《侍御公东林列传》外,还有7篇不同人物为他作的传记。这些传记从不同的侧面对黄宗昌作了概括或描述。有的只有一篇简短的传记,比如《君秩先生传·邑德行传》:"黄贞叙,字君秩。性笃厚,寡言笑,谨饬自守,世业赖以不坠。于兄弟友爱异常,终身无间言,即田产服用诸物,不分尔我,人皆服其义云。"① 短短五十一个字,高度概括了他的一生,那些生动、鲜活的事例都隐藏在这些文字的下面了,"终身无间言"的背后,是否也有委屈、无奈抑或是悲伤呢?还有的传记简短不详,比如《述令先生传》:"先生少从从兄学士公游,绩学能文,族中子弟,多受业于其门。司铎吾乡,诸生敬而爱之。工楷法,得颜鲁公笔诀,诗不多作,能力追古人。"② 落款是"利津后学宫文雅撰"。述令为黄克中字。《黄氏家乘》中《选举》一节曰:"黄克中,字述令,号

---

① 佚名:《君秩先生传·邑德行传》,《山东文献集成》第一辑第18册《黄氏家乘》,山东大学出版社2006年版,第239页。

② 宫文雅:《述令先生传》,同上书,第274页。

华东，年四十七岁，廪生，习礼记。中式七十三名。"①

第十、十一卷，是序和赠序。赠序大多是为送别而作的文章。这两卷记载了黄氏家族53部著作和文章的80篇序言，及14篇赠序。80篇序言中，黄氏族人写了34篇，14篇赠序中黄氏族人写了2篇，其余都是亲朋好友所作，里面不乏名人作品，比如明末四大高僧之一憨山的《贺诩翁黄老先生乡邦推重序》②。

第十二卷是记、碑记和墓表。记有31篇，从内容看，分游记、事记、物记和志记四种。比如黄宗昌的《浮山记》《玉蕊楼记》即是第一种；李笃行的《御寇全城记》等是第二种；宋继澄的《琭石屏记》、宋琏的《丰山琭石记》等是第三种；憨山大师的《和顺堂记》等，应为第四种。因为它记叙的不是和顺堂的环境、风貌等，而主要是为何用"和顺"这两个字，属于托物言志，故应为志记。这些记里最珍贵的是黄鸿中的《乾清宫侍宴恭记》和《圣训恭记》，是他参加康熙皇帝第二次千叟宴及受到雍正皇帝接见的实录，不仅对研究黄氏家族而且对研究清朝历史都是珍贵的材料。碑记有10篇，墓表有1篇。

第十三卷包括19篇祭文和2篇告文。祭文都是亲朋好友给黄氏族人写的祭奠类文章，告文是黄培写的《辞灵告文（告母宋太淑人文）》和黄肇颐、黄肇颚写的《迁葬告文》。

第十四、十五卷是墓志，记载了从黄氏家族第七世到第十九世共36人的墓志铭。分别是黄嘉善、黄宗宪、黄宗辑、黄宗瑗、黄宗昌及原配孙氏、黄宗扬及孺人董氏卢氏、黄宗庠、黄培、黄坦及敕赠孺人江氏、黄堣、黄垍、黄贞麟、黄贞麟元配戴氏、黄贞麟次孙黄光世、黄如瑀、黄概、黄凤翔、黄凤文、黄守平、黄寿豹、黄念晟、黄念晸及配杨氏、黄念昀、黄念晶、黄震盉、黄承腾、黄肇煃、黄肇颐、黄肇颚、黄肇颢、黄果显。墓志铭与其他文体有所不同，它记载的是死者生平，所以一般都比较详尽。尤其是在家乘其他地方记载较少的人物，墓志铭就显得尤其珍贵。

第十六卷是年谱。年谱对研究人物至关重要，可惜这一卷只有四个人的年谱，黄克中撰《明太保兵部尚书梓山黄公年谱》（黄嘉善），黄贞麟

---

① 见《山东文献集成》第一辑第17册《黄氏家乘》，山东大学出版社2006年版，第471页。

② 憨山：《贺诩翁黄老先生乡邦推重序》，《山东文献集成》第一辑第18册《黄氏家乘》，山东大学出版社2006年版，第525—528页。

撰、黄大中整理《清山西清吏司主事方振黄公年谱》（黄贞麟），黄肇颚撰《钦加知州衔拣选知县海门黄公年谱》（黄守平），黄肇颚撰《五品顶戴优廪生肃臣黄公年谱》（黄肇颖）。其中黄贞麟的年谱比较特殊，基本是他自己撰写的，其子黄大中在年谱后有注解：

> 先大夫自序，始于庚申、辛酉间，前此追述，后则每于岁终笔之。大书细书，皆手订也。甲戌，仅书岁，而终天之恨，即在是冬。先大作纪年，竟绝笔于是乎，哀哉痛乎！不孝每一睹手泽，辄血泪盈睫，然痛念先大夫捐弃，垂两载，归窆岁有日矣。以不忍手泽之存，而使先大夫之自著湮没不彰，罪将滋甚。用是唧哀卒读，敬付梓人翼以闻当世，备采择焉。若夫志状所称，与是编详略殊耳。盖不欲以侈大之词重诬生平，先大夫有成命矣。①

第十七、十八卷是行述，共有 23 篇，全部是黄氏族人撰写。其中第二篇《黄母吴太君行状》②目录显示作者是周祚显，但第一句说"呜呼痛哉！我母遽弃不孝儿而长逝也，不孝苦块余息，昏昧贸乱，何能扬述我母之志节于万一？"文末又有"不孝男贞固泣血谨述"，疑当为周祚显代黄贞固所作，待考。其余 22 篇中有 18 篇是儿子为父母所撰，又分为这样三种情况，一种是为父母合写一篇，如黄宗瑗所撰《明故累授光禄大夫柱国少保兼太子太保兵部尚书先考黄公暨先妣累赠一品夫人江氏行述》③，如果母亲是侧室，这样的行述里一般还要把父亲的正室写进来，如黄震孟所撰《例授征仕郎候选直隶州州判先考帙邻黄公暨先妣例赠孺人范氏吕氏行述》④，就是为父亲、大娘及母亲所写；第二种是分别为父亲、母亲撰写行述，比如黄致中为父亲撰写了《诰授朝议大夫历任江南镇江府同知加三级显考黄公澹园府君行述》⑤，为母亲另外撰写了《敕封孺人显妣

---

① 黄大中：《清山西清吏司主事方振黄公年谱》，《山东文献集成》第一辑第 19 册《黄氏家乘》，山东大学出版社 2006 年版，第 230—231 页。
② 见《山东文献集成》第一辑第 19 册《黄氏家乘》，山东大学出版社 2006 年版，第 302—306 页。
③ 同上书，第 273—301 页。
④ 同上书，第 489—494 页。
⑤ 同上书，第 356—367 页。

王氏行述》①；第三种是只为父亲或母亲撰写，如黄贞麟为母亲撰写的《诰封太宜人显妣孙氏行状》②，黄大中为父亲黄贞麟撰写的《诰授直奉大夫户部山西清吏司主事加一级显考黄公方振府君行状》③。这一类还应该包括为母亲和继母合写的文章，比如黄肇颚所撰《先妣杨宜人先继妣孙宜人行述》④，黄肇颚幼年丧母，所以对生母没有什么记忆，文中对生母只记录了一句话："先妣姓杨氏，父武庠生讳龙旂，十九岁来归，归九载，以疾殁。"其余全部是对继母孙氏的赞誉；第四种是兄弟两人或数人为父亲或母亲撰写的文章，如黄如琚、如玖、如瑀、如瑝兄弟四人为父亲黄立世撰写的《敕授文林郎癸酉经魁甲戌明通进士广东潮州府饶平县知县显考柱山府君行述》⑤，黄凤翔、黄凤文为父亲黄如瑀撰写的《例授文林郎拣选知县敕授修职郎登州府黄县儒学教谕加二级显考练江府君行述》⑥。

18 篇之外的 4 篇，第一篇是黄熙世为祖父黄贞晋撰写的《显祖考教习候选从六品伯鉴黄公府君行述》，第二篇是黄熙世为祖母写的《显祖妣安人匡氏行述》，第三篇是黄凤文为曾祖父黄奭中撰写的《曾祖事略》，第四篇是黄肇颐为叔父黄念颞撰写的《貤赠修职郎濮州学正先叔午乔黄公行述》。可见，一般行述都是儿子为父母所撰，少数是孙辈撰写，特殊情况下是重孙辈撰写。至于为什么黄念颞的行述是侄儿所撰，待考。

第十九卷是赞、铭、书、启、论、说、引。这些都是不同的文体，比如赞，一般用于颂扬人物，但该卷里记录的黄宗昌的《雄县生祠自赞》更像是自嘲：

　　人生如幻，我不识我，幻复生幻，尔又为谁？
　　尔我不立，况是好丑。土木形骸，一笑何有？
　　瞽尔骨堆，赘疣大造。胡复土堆，厥形克肖。

---

① 见《山东文献集成》第一辑第 19 册《黄氏家乘》，山东大学出版社 2006 年版，第 368—374 页。
② 同上书，第 307—318 页。
③ 同上书，第 319—341 页。
④ 同上书，第 530—532 页。
⑤ 同上书，第 424—447 页。
⑥ 同上书，第 448—464 页。

孰真孰假？是耶非耶？并州故乡，总莫认他。①

另一篇赞是董其昌为黄培写的《孟坚道丈像赞》，已见前述。

铭是一种刻在器物上用来警诫自己、称述功德的文字，后来也成为一种文体。该卷里记载的铭有4篇，全部是黄垍写的，分别是《山居铭》《斗室铭》《簾铭》《玄牝铭》。书有45篇，除了黄坦的一篇《上王阮亭史氏书》之外，其余都是别人写给黄氏族人的书信，如孙昌祚写给黄宗昌的《与侍御公书》13篇、周翕铃写给黄守平的《与乡饮公书》3篇等。可以看出，黄氏族人对往来书信的保存并没有很重视，实际生活中，与他人的书信应该更多。

另外，该卷里还记载了2篇启，1篇论，2篇说，4篇引。

第二十卷是赋、诗、词、跋、题辞及附录等。此卷内容在下面《黄氏家乘》的文献价值里有述，此处不赘。

(三)《黄氏家乘》的文献价值

《黄氏家乘》汇集了黄氏家族五百余年家族发展的史料，不仅是研究黄氏家族文化，也是研究明清历史非常珍贵的第一手文献，在以下三个方面，均具有重要的价值。

其一，历史事件细节实录。众所周知，正史主要出自史官之手，其中对历史大事的记载，往往从官方立场和宏观视角入手。而对历史事件的细节，即使有所描述，也多受到史官对史料取舍的局限，难免单调、干巴甚至有失公允。实际上，任何历史事件都是丰富多彩，并具有多面性的，仅从一个角度去观察、认识，显然不够。《黄氏家乘》对一些历史事件，特别是其细节的详尽描述，可以生动翔实的第一观感弥补正史之不足。如黄培在《辞灵告文》②中，对李自成率领起义队伍进入北京城的情景，就做了如下的记载：

> 当贼陷城之时，举国鼎沸，儿正漱洗未毕，姊夫孙沐，惊报儿曰："闻贼业入城矣，尔犹如常盥栉耶？"儿于时自分必死，笑应之

---

① 见《山东文献集成》第一辑第19册《黄氏家乘》，山东大学出版社2006年版，第578页。

② 黄培：《辞灵告文》，《山东文献集成》第一辑第18册《黄氏家乘》卷十三，山东大学出版社2006年版，第757—766页。

曰："贼入城，死即死耳，仓皇何谓，子路犹结缨，我肯蓬首垢面耶？"

黄培世受皇恩，所以从他的眼光来看，起义军自然是"贼"。其中的"举国鼎沸"一句，写出了当时京城的乱象。而黄培此时此刻想到的却是子路结缨①的壮举，这既说明黄培对历代士大夫宁死不屈人格的认同，也能看出他已经有了为明王朝捐躯的思想准备，但事实似乎没有想象的可怕。

> 贼亦禁不杀人，满城贼骑奔腾，往来如织。儿街门大启，自辰至酉，竟无一贼阑入者。……至次日清晨，贼始有来欲居止者，儿因恳其队长，俾严内外，酒食衣物，惟所需求。伊亦唯唯听从，再三申戒，以故厅居后闼，莫敢有一贼潜窥者。

"亦禁不杀人"，说明起义军入城之初并不乱杀无辜。尽管满城都是奔腾的骑兵，但黄培家"街门大启"，从早晨到傍晚，没有一兵擅自出入。次日来黄家借住的官兵，也没有骚扰他们一家人的生活，甚至没有出自好奇心的"潜窥"。从"不杀人""无阑入"到"无潜窥"，说明入城初期队伍还是军纪严明的。这些细节，在正史里是很难见到的。不过这种状况并没有持续太久。

> 及贼东侵被创，狼狈而归，始欲屠掠居民，逃奔关陕，焚烧官室，夷毁城堞。

这里的"东侵"当指山海关征讨吴三桂。这次战役让李自成军队元气大伤。在黄培的记载中，自此之后，起义军才开始掠夺平民，焚烧宫殿，破坏建筑。文中还详细记载了黄培与家人逃亡路上的情景：

> 出门不数十步，即被一贼夺去试母所携银两，试母大呼求救，券

---

① "子路结缨"，事见《左传·哀公十五年》，参见杨伯峻《春秋左传注》，中华书局1990年第2版，第1695—1696页。

> 儿亦惊惶失色。蒋姓者回马叱其贼走,乃抱券儿于马上送之。至寺,寺门牢扃不可入,儿急蹑马背,扳墙而登,乃开门入。蒋姓者与马砚等,遍觅不得一僧,蒋姓者曰:"事急矣,公其好自爱。"因相拜手而别。不俄顷,炮声四起,烟焰冲天,飞火腾灰,旋绕头上。儿于尔时,亦不敢必尚得有此身也。及炮火少息,而众僧始出自洞中,吊慰移时。呜呼痛哉!儿此时犹不知诸仆婢与房室之存否,诸仆婢亦不知不孝儿之存否也。呜呼痛哉!

短短的一小段文字里,黄培两次用到"痛哉",虽有母亡之痛,但更多的是流离失所之痛!由此可见,起义军纪律涣散时也给老百姓带来了一定的痛苦。由于黄培是站在明王朝的立场上来叙述所见所闻的,如此,他对起义队伍正面的描述应更为客观。

又如黄鸿中作有《乾清宫侍宴恭纪》①,文中详细记载了康熙六十一年(1722)正月初五康熙乾清宫赐宴的详细过程,对今天的清史研究也是难能可贵的第一手材料。

> 初五日早朝,自东华门入,至景运门,冠裳鳞集,凡一百六十人,每官一人扶掖,携坐垫跟随,至乾清门外,东西排班坐定。久之,三门洞开,诸臣鱼贯而入,至乾清宫阶上,仍照旧班排定,北向叩头,乃坐。时南书房侍直少宰张廷玉、内阁学士蒋廷锡诸人,往来阶上,指挥宴事。须臾,内侍捧圣旨出,盛一金匣,少宰阁学诸人皆跪接,与宴诸臣行一跪三叩头礼,乃就席。每席一红油桌,坐或三人四人不等,肴馔八器,小菜碟二,上白米饭、细粉汤、面条汤,汤饭后乳茶各一碗,酒一杯,顷内侍传圣旨:"老人量不胜酒者,不必勉强,能饮者无妨多饮数杯。"酒味清冽,真法醖也。最后各颁赐大面寿桃一枚,每受赐跪接叩头。食毕,仍叩头谢恩。

这一年是康熙在世的最后一年,也是他第二次举办千叟宴。从黄鸿中的描述可以看出,这一次赐宴规模、人数都与第一次无法相比。这次设宴

---

① 黄鸿中:《乾清宫侍宴恭纪》,《山东文献集成》第一辑第18册《黄氏家乘》卷十二,山东大学出版社2006年版,第628—637页。

的由头是天下太平、民生富庶。正月初二，在紫禁城乾清宫前，康熙设宴招待八旗文武大臣、官员及致仕、退斥人员年65岁以上者680人，诸王及闲散宗室成员出来为老人们授爵劝饮，分发食物。初五日，再宴汉族文武大臣、致仕、退斥人员年65以上者340人。康熙赋七言律诗《千叟宴》一首，"千叟宴"遂由此得名。

黄鸿中文中记载的就是正月初五的这一次赐宴。从中可以看出，赐宴过程庄严有序，热闹不足，严肃有余。史料记载这一日赴宴人数是340人，黄文记载是160人，显然还有180人是在另外的地方参加宴会。每桌只坐三四人，桌子应该不大，"肴馔八器，小菜碟二，"菜肴也没有我们想象的丰富，就是十个菜。当然相对于三四个人来说，也算不少了。饭后两味汤，汤后还有乳茶。乳茶亦称奶茶，是蒙古族牧民日常生活中不可缺少的饮料，也是中国历代皇宫御膳中的主要饮品。据说在清代帝王中，乾隆最嗜乳茶。黄鸿中文中又引乾隆"御题"五言绝句赞乳茶云："酪浆煮牛乳，玉碗凝羊脂。御殿威仪赞，赐茶恩惠施。子雍间有誉，鸿渐未容知。论彼虽清矣，方斯不中之。臣材实艰致，良匠命精追。读史浮大白，戒甘我弗为。"由此可见，乳茶在清宫里是非常普及的。值得注意的是，酒是茶后上的，这跟我们今天的习惯有很大不同。最后上的是大面寿桃，"每受赐跪接叩头。食毕，仍叩头谢恩。"一百六十人，每个人受赐得叩头，吃完仍叩头。

饭毕，康熙在东暖阁接见了黄鸿中等大臣。黄文详细记载了康熙当时与他们的对话，开头是从天气说起："今日天气清和，尔等又值封印无事，朕躬亦甚安豫，正可谈说旧事。"看来皇帝也不能免俗，跟不很熟悉的臣子说话还是从天气切入。今天天气挺好，你们也没啥事，我身体还行，咱们正好可以拉拉家常。"谈说旧事"的意思就是聊天而不是下圣旨。"天下人止知皇帝尊贵、安逸，岂知皇帝艰辛。帝王一身临御于上，前后左右，荧惑多端。"天下人只看到皇帝高高在上，却不知皇帝的艰难啊！一人坐于高堂之上，围绕其身的，有多少困惑呢！

> 朕少时，任血气自恃，膂力过人，武教场三百斤支石，复置一石于上，手能举之，马上驰骋如飞，即或颠蹶，跃身立地，未尝一沾泥土，今则雄气尽除矣。

从上段我们既能读出康熙对过去"任血气自恃,膂力过人"的自负,也能读出此时"雄气尽除"的无奈。尤其是最后一段的记载,读来令人百感交集:

> 上谕:"今日谈深坐久,诸老大臣,可各回家安息。"诸臣叩头谢恩,将出,皇上谕曰:"朕还有一言相嘱,我君臣俱是年老人,大家同心办事,断不许以老辞位,综有科道官参汝等老者,可应之曰:'皇上七十之老,亦可参乎?'"言至此,大笑。

君臣相谈甚欢,"谈深坐久"之时,想必老皇帝也累了,所以打发大家回家安息。就在诸臣叩完头将出门的时候,老皇帝"还有一言相嘱",竟然与父母送别孩子相似,想说的话说不完,今日一别,相见是何年?皇帝嘱咐的最后一句话是,我们都老了,大家同心协力,不许以老辞官。虽然他"言至此,大笑",但这笑声却包含了许许多多的含义,既有对流逝时光的留恋,也有对时光流逝的恐惧。对一个在位六十年的人来说,"朕即天,天即朕",这种思维应该早已成为定式,但面对一天天羸弱、衰老的身躯,他内心的惶恐和不安又与何人说呢?年近古稀的皇帝,早已没有了"向天再借五百年"的豪气,有的恐怕只是多活几年的小小的侥幸吧!

研究清史,尤其是清代的政治、经济等各项制度,不能忽视皇帝的心理感受和心态变化。血气方刚或年逾花甲的皇帝对江山社稷的理解和治理国家的思路肯定是有所不同的。康熙还说:"为人只要心田好,天便护佑,自然有福有寿,一切谀言虚文,究归无益。"(黄鸿中《乾清宫侍宴恭纪》引)不是历经百战、阅人无数的人,很难有这样深刻的人生体验。黄鸿中的记载,让我们在近三百年之后,仍能尽可能真实地体会一代枭雄康熙大帝作为一个普通人的所思所想。这对正史的补充价值也是显而易见的。

从上所述可以看出,《黄氏家乘》对历史事件详尽的细节描述,为后人展现了更为真实的历史原貌,不仅弥补了正史之不足,也为人们分辨流传文献之真伪提供了可资借鉴的资料。

其二,家族及地方文学选录。《黄氏家乘》卷二十专门收录赋、诗、词、跋、题辞等。有赋两篇，一篇是金印荣的《邋遢石赋》①，一篇是黄如琚的《丈室赋》②。因篇幅所限，这里重点以两篇赋为例说明《黄氏家乘》所录作品的文学价值。

《邋遢石赋》曰："余丙寅岁游上谷，与鹤岭先生团坐云藏书屋。每晨清夜静，承露映月，手执素经，口谈白业。常常摹状此山……""丙寅岁"为天启六年（1626），"上谷"当指上谷郡，始建于战国燕昭王姬平二十九年（前283），沮阳古城遗址即是当时的郡治，位于今河北省张家口市怀来县大古城村北。鹤岭是黄宗昌的号，黄宗昌于天启五年（1625）由雄县知县调任清苑县知县。金印荣赋中提到的"云藏书屋"应是黄宗昌在清苑县住所的书房。二人当时摹状的"邋遢石"，金印荣是在三年后即崇祯元年（1628），黄宗昌被擢为山西道监察御史后，他携黄宗昌二子东归即墨才有机会一游。

黄宗昌早年读书曾在崂山建玉蕊楼，依他在《崂山志》卷三《名胜》中的记载，玉蕊楼"东岸则邋遢石也，石形依山临水，周可数十丈，相传张三丰升仙于此，三丰有邋遢之号，因以名石，或有然者。"③邋遢石位于今崂山的书院水库上游的河边，面积大约有三十多平方，呈二三十度斜倚在河边山坡上，清澈的溪水贴石而过。据传张三丰曾经在这块石头上练功，日复一日，石头顶面被磨得平整光滑。明人曹臣《游崂山记》中载："二十里至不其山，入谷沿涧五里许，抵宿邋遢石之玉蕊楼。石据涧流之左，云张三丰所至故名"。④金印荣赋中描摹邋遢石与玉蕊楼的一段，极富文学色彩：

> 抱山脚而穿入，涉浅渚而西迤，若鹏翼之覆地，则邋遢石也。山势忽圆，来路俱窒，高崖双耸，平陆如阿。翳翳枣桑，垂垂女萝。巍箐插云，翠飞峨峨。乃玉蕊在焉！其楼前面大石，北枕幽阙，后缘青嶂，左带寒瀑。妍栌不涸，矮墙不高。四面皆窗，山光在寮。朝岚朝馥，夕□夕涛。乾离舒文以净旭，坤云袭彩而流膏。目眩嵌岩，心惊

---

① 《山东文献集成》第一辑第19册《黄氏家乘》，山东大学出版社2006年版，第681—686页。

② 同上书，第687—688页。

③ 苑秀丽、刘怀荣：《崂山志校注》，人民出版社2015年版，第48页。

④ [清]黄肇颚《崂山续志》卷一，山东省地图出版社2008年版，第9页。

谲云。据轩漫瞩,軼扎璘珣。何异悬圃之三重,鬼魅不能塞其闼也哉!

在他的眼中,邋遢石像鲲鹏的大翅膀一样覆盖在地上。"山势忽圆"以下,作者以四字韵语描述了邋遢石一带险要、独特的地势及周围植被之美。最后以"巍簪插云,羣飞峨峨"的特写镜头,推出高高在上的玉蕊楼。然后以赋体特有的铺叙手法,写出玉蕊楼四面的神奇景致,及美景的朝夕变化,并以作者自己面对美景,"目眩""心惊"的观感,进一步反衬邋遢石、玉蕊楼周边鬼斧神工的自然美。最后两句,比照"悬圃",写出作者置身仙境之感。赋中又将"多秀媚气""富贵气"的江南与邋遢石作比,提出如下的论断:

> 余所谓天地之异气决不在人耳目之前者,此也。孰若收造化之芒心,断人物之智解,藏春秋之真意,如兹山者乎?余观群山之腹,藏此一石,灵气所归,纳于其腑。可名此山为石腑。此山之异,聚于兹楼,珠玉之光,启乎其蕊。诚哉此楼,称为玉蕊!

这是以江南诸山反衬邋遢石,写其与玉蕊楼光彩互映、璧合珠联,"收造化之芒心,断人物之智解,藏春秋之真意"的奇异之美。但此赋真正的意旨则在写曾在玉蕊楼读书的黄宗昌。所谓"先生之所因于山者,逸矣!得于山者,亦全矣!乃其契于山,则更真矣!"这才是作者此赋的深层含义。故《邋遢石赋》写石,写山,写楼,写恍如仙境的美景,其实目的却在以自然美景衬托人物的"真""逸"之美。

黄如琚的《丈室赋》又是另一种风景。黄如琚,字式古,监生,是黄氏第十三世传人,黄立世的长子。黄立世共有三个儿子,如琚、如玖、如均。黄立世在培养下一代这个问题上,与其祖父黄贞麟有共同的信念和看法,他的三个儿子都有著作,可惜大都没有流传下来。现在能看到的黄如琚的作品,就只有这篇赋。从赋中可以看出,黄如琚描写的是他自己的住处。

> 山城之下,溪水之涯。堤未杨柳,门掩桐花。噫嘻!是丈室也。其巷则陋,其书满家。敢云居易,聊以免奢。盖论土则狭,量地已

偏。墙不加白，木不须丹。外堆黄叶，内衹青毡。破簾尘榻，率称是焉。

尔乃矮而偏明，小而益燠。寺钟一声，午梦方寤。或听琴音，或对棋局。习习竹风，萧萧桐雨。自春而秋，爱居爱处。若乃寒鸡一唱，挑灯夜读。两汉先秦，龙文百斛。掩卷启扉，邈然绝俗。月满清溪，云飞大麓。天外宾鸿，井边轳辘。滴沥凄清，横笛一曲。

当夫天清如水，火残若爝。兀坐长愁，当窗狂啸。负郭田空，乞求为笑。贫耶病耶？艰难吾道。然则丈室，固非大丈夫不得志者所为，而实穷措大无可如何者之所造也。

歌曰："室可容足，门不及肩。阒其无人，事简心闲。室外何有？青莎白莲。室内何有？一瓢一簟。教纫墙下，百尺楼边。风轩月榭，绣柱珠簾。皆我所好，我何有焉？我无半菽，我有全天。鸟伏古木，鱼潜深渊。优哉悠哉！吾愿乐饥于其间。"

丈室原意是指一丈见方的房室，这里是形容房间狭小。如白居易《秋居书怀》诗也称自己的住处为"丈室"：

门前少宾客，阶下多松竹。秋景下西墙，凉风入东屋。有琴慵不弄，有书闲不读。尽日方寸中，澹然无所欲。何须广居处，不用多积蓄。丈室可容身，斗储可充腹。况无治道术，坐受官家禄。不种一株桑，不锄一垄谷。终朝饱饭餐，卒岁丰衣服。持此知愧心，自然易为足。①

这里之所以把白居易诗全文照录，不仅因为黄诗中提到白居易，而且黄诗中表现出的恬淡自足、追求自然简单的生活态度与白居易如出一辙。都是描述自己的住处，白居易室外是"门前少宾客，阶下多松竹。秋景下西墙，凉风入东屋。"黄如琚室外则是"山城之下，溪水之涯。堤末杨柳，门掩桐花。"自然风光极美。白氏"有琴慵不弄，有书闲不读。尽日方寸中，澹然无所欲。"黄氏"寺钟一声，午梦方寤。或听琴音，或对棋局。"简朴、无为而又潇洒的小日子。白氏"终朝饱饭餐，卒岁丰衣服。

---

① 《全唐诗》卷四百二十八，中华书局1960年版，第4717—4718页。

持此知愧心，自然易为足。"黄氏"我何有焉？我无半菽，我有全天。鸟伏古木，鱼潜深渊。优哉悠哉！吾愿乐饥于其间。"对比之下，可以看出，不仅二人的生活理念和追求非常相似，风格也极为相似。

《黄氏家乘》卷二十还著录了诗191首，词4首，跋12篇，题辞3篇。这些作品大都是黄氏族人所作，也有少数是出自即墨其他名士或黄氏族人的好友之手，也都与黄氏族人密切相关。如憨山作有《挽黄讱斋明府》：

> 与君将共老东林，何事兹盟不可寻。谈笑忽陪真宰宴，音容犹入梦人心。读书剩有传家业，山水空余挂壁琴。欲识千秋长别思，海天明月正森森。①

憨山是明代四大高僧之一，多才多艺，晓通史书，熟谙佛经，工于书法，擅长诗词。一生中佛学和其他著作颇丰，其诗作洒脱超然，暗藏禅机，许多深奥禅理，往往信手拈来，有无穷之余味。崂山海印寺即是憨山所建，并任住持。《黄氏家乘》里共收录了憨山诗、跋、记、序各一篇，为研究这一历史名人的生活经历、交游活动及诗词等，提供了不可多得的宝贵资料。

从内容上看，195首诗词中有近60首是描述人伦亲情的，占据整个诗词近三分之一的篇幅，如黄鸿中的《怀四弟》、黄肇颚的《哭子韶叔》等，这些诗词感情真挚，富有感染力。如果加上外戚怀念黄氏族人的诗词，如宋继澄的《赠封岳》等，表现亲情的诗词，比例更大。有些诗词则以写景的方式，表达对晚辈族人的激励。如黄鸿中的《寄靖世侄》：

> 左拥大海面高峰，庐拥苍苍万亩松。鹏翼风搏堪六息，豹文变雾足三冬。撷钱不等珂鸣响，攀桂还寻杏苑踪。门外槐阴知久茂，参天莫使白云封。②

其他诗词内容较杂，包括言志、送别、祝寿、应和及挽诗等等，不一

---

① 见《山东文献集成》第一辑第19册《黄氏家乘》，山东大学出版社2006年版，第691页。

② 同上书，第736页。

一赘述。为数不多的跋和题辞都是对黄氏大部头书卷之来龙去脉、写作目的和意义等加以说明和阐发，如黄坦的《崂山志跋》、纪昀的《题敦雅堂诗集》等，为理解黄氏著作提供了切实、详尽的材料。

《黄氏家乘》里所录文学作品，虽数量不多，但富有地方性和家族性特点，其中对亲情真挚、细腻的描述，非常典型地反映了中国文化重视人伦的特征。对崂山景点的描述不仅留下了名篇佳句，也为崂山增添了浓厚的人文色彩。这些内容都为地方文学史的研究提供了宝贵的资源。

其三，地方文化与民俗记录。《黄氏家乘》中辑录的文章有不少是具体真实事件的记录，比如黄玉瑚的《黄氏楼房记》①、黄肇颐的《迁葬观东茔记》②《建修宗祠碑记》等。这些文章里关于事件原因的分析、买卖交接细节及当事人的对话等，对我们了解即墨地区的民俗有一定的帮助。

如黄肇颐的《迁葬观东茔记》，首先交代迁葬的原因是："营葬无地，以值估祖茔旁二菜畦以葬之。其地前高后低，俗所谓倒仰上者。"老人去世，没钱置办好一些的墓地，就临时埋在了祖茔旁边的菜园子里。但是这块菜地不平，前高后低，俗称"倒仰上"，所以迁葬就成了儿子们的心事。可见，当地风俗，对墓地不平是很忌讳的。围绕迁葬，有两次大的行动，文中所述第一次是：

> 癸亥春，胶东陶东川，行术至墨，高其声价，所相之地不售，谓小子曰："风水之说，在地理尤在心田，吾视子世业读书，存心颇厚，愿借子以显吾术，现于观东原相定一穴，为结城之脉，聚气带结，力量最大，试以赠子。"

第二次是：

> 甲子春，契友韩焜望，权馆在城，亦留心青乌术者，约与出游，至观东原，再为印证，焜望曰："此地龙脉形势，固无不合，须安葬日干支相扶，求其上吉之日，化命与山向相合，每岁不恒有，试为子

---

① 黄玉瑚：《黄氏楼房记》，《山东文献集成》第一辑第18册《黄氏家乘》卷十二，山东大学出版社2006年版，第654页。

② 黄肇颐：《迁葬观东茔记》，《山东文献集成》第一辑第18册《黄氏家乘》卷十二，山东大学出版社2006年版，第661—665页。

择焉。"既而谓小子曰："今岁十月二十四日卯时,是其日也,以化命己未,合成亥卯未局,于卯山酉向,正所以补龙,又是月也,天德乙,月德甲,诸多吉星,否则壬申岁十月。"

虽然这两次迁葬都没有成功,但从其叙述中可知,当时的风水学还是很昌盛的。第一次风水师是胶东人士陶东川,"行术至墨",可见是以看风水为谋生手段的。这位名气挺大,相中一块墓地不愿意卖给别人,却愿意赠给黄肇颐。原因有二,一是风水"尤在心田",二是黄肇颐"存心颇厚"。由此可以看出黄家在当地的声望,还有就是风水学在当时更重视心术的理念。

第二年另一位风水师出现了,是"留心青鸟术"的友人。青鸟术是风水的别称,如果说第一位是专业的,那么第二位就是业余的。这位业余的也向黄肇颐推荐了同一处地,只是要求更高,连时辰都给他算好了。从中我们可以看出当时风水学研究的深度和广度。

黄肇颐的《建修宗祠碑记》说:"自始祖以下,三代神牌,四世祖、五世祖二代神主,俱奉妥于《三友堂》。颐幼时此堂犹在,每岁元旦,先祖于黎明时,即携颐往叩谒焉。"① 说明这一地区在元旦(这里的元旦是指农历新年第一天)的黎明时分要祭拜祖先。须知各地祭拜祖先的风俗是有差异的。比如北京,是初一子时即一点钟,家长率领全家老幼,男左女右站立两旁,衣冠整齐,向祖宗神位焚香烧纸,按辈份长次向祖宗跪拜。台湾是除夕转进春节的三更时分,红灯高照,上供清茶、红豆等祭品,先祀神后祭祖。河南开封是守岁到五更时候,先行盥洗,穿着礼服礼帽,在供桌之上摆好祭品,香烛齐燃,爆竹争放,一家人依长幼辈份,连续向祖宗跪拜致祭,拜祝"年福"。总体上讲,春季期间拜祖的习俗比较浓厚。

在传统文化中,祭祖是头等大事,黄嘉善《享堂碑记》记载了万历四十三年(1615)五月五日黄家祭祖的条规:

> 茔中树木,关系风气,不许轻易剪伐,私自取用,违者公议

---

① 黄肇颐:《建修宗祠碑记》,《山东文献集成》第一辑第18册《黄氏家乘》卷十二,山东大学出版社2006年版,第655页。

赔补。

　　遇祭扫日期，各服本等衣冠，严重其事，不许以亵衣自便，忌辰则通以素服。

　　祭祀以辰时为期，俱要予先齐集，不许后至，尤不许无故不至，违者记过示惩。

　　祭品照依议定格式，轮流备办，务须精洁，不得任意增减，享俊唯春秋两次，余祭俱免。

　　茔中墙屋遇有损坏，即宜公议修葺，不得彼此因循，致废初举。①

　　从这段记载可以看出，祭祖是一件非常严肃的事情。从时辰、规格、衣着以及祖坟周围树木的剪伐、房屋的建造和修葺等等，都有严格的规定。祭祖不许迟到，更不许无故不到，"违者记过示惩"，显然已经类似于一个单位了。如果有人被记过，在相当长的一段时期内会抬不起头来。从这个角度讲，这一家族内部的条规，已经有了"法律"的味道。之所以如此重视祭祀之事，条规前言说得很清楚"所以重祀事，联族属也"。通过不断地祭祖，告诉族人们，我们是一个家族，是一个团体。在中国家族制度的建立、维系和发展过程中，祭祖是功不可没的。当然，祭祖本身也是民俗的一部分。

　　《黄氏家乘》里对真实事件的记录大都是作者亲身经历并且感受最深切的生活内容，它们具体、细致、生动、真实地展示了作者所处时代的礼仪习俗、饮食穿着、生活起居等琐事细节，为我们研究明清时代即墨当地民俗文化提供了第一手的资料。

　　总之，《黄氏家乘》著录了自明朝至民国五百余年即墨黄氏（城里族）家族的史志资料，共二十卷，近五十万字。书中所辑之文，有诰敕、崇祀纪、奏章、传记、序和赠序、碑记、墓表、祭文、墓志、年谱及赋、跋、诗、词等，从不同侧面分门别类地记载或介绍了黄氏族人五百年间的仕途、科名、亲情、交游、邻里关系等实况，不仅是黄氏家族发展史和家族文学、即墨地方文学及风俗文化研究的重要参考文献，还可补正史之

---

　　① 黄嘉善：《享堂碑记》，《山东文献集成》第一辑第17册《黄氏家乘》卷四，山东大学出版社2006年版，第542—543页。

阙，在中国传统文化和齐鲁文化研究方面，也具有非常重要的史料价值，值得我们进一步挖掘。

三 黄氏族人的其他成就

黄氏家族之所以能在学术上取得令人瞩目的成就，跟整个家族重视文化氛围的养成有很大关系。文化氛围就像是土地，只有土壤肥沃，才能结出累累的硕果。黄氏家族其他人在文化方面的贡献和成就，较有代表性的主要是以下四位。

黄宗庠，黄嘉善三子，崇祯十六年（1643）进士。按常理来讲，他这样的家庭背景和学识，应该在仕途上有所作为。可惜他踏入仕途的节点不对，当时正值明王朝即将覆灭，大厦将倾，作为一个世代受明王朝恩典的封建士大夫，从感情上很难在短时期内接受满清统治者，他的侄子黄培的许多表现，或多或少地反映出他的一些思想观点。黄宗庠是黄嘉善五位儿子当中，惟一一个通过正途获得入仕资格的人物。这是通过比较得出的结论。比如他的侄子黄培是荫袭为"锦衣卫指挥"，他的二哥黄宗瑗，荫官生而授奉议大夫、修正庶尹、刑部主事等官职。虽然他志向远大，但生不逢时，政治抱负化为泡影，所以他把更多的精力放在了书法艺术上。

书法在中国传统文化艺术中独具特色，书法的时代风格与书法家个人风格的形成，与当时的社会、政治、经济及文化状况和书法家个人的人品、爱好、生活习惯等都有着密切的关系。因此我们欣赏书法，必须先了解书法家的生活经历和个人品行。

黄宗庠"生多异征"，且人品高洁。"甫生时，母夫人梦贵人谒于庭，寤而处士生。成童，入官署，坠鱼池中，守役在外，若有告之者，急趋入，果然，援之得苏。尝立岩墙下，心动，趋而去方离次，墙圮。人曰：是非常人也。为天所护，乃若是。"[①] 这三个小故事是他"异征"的表现，尤其是立于墙下的事件，百姓无法解释，就说是老天护着这个不平凡的人呢。从他的人品上讲，的确不同一般。莱阳人宋琬称他："性仁厚，和而介。在巨室中，退然有畏惧之色，与人交蔼如也。"[②] 在那个动荡的年代，黄宗庠还以他高洁的人品，使即墨城免受了一场生灵涂炭。

---

① 宋琬：《镜岩处士传》，《山东文献集成》第一辑第18册《黄氏家乘》，山东大学出版社2006年版，第109页。

② 同上。

公元 1644 年，是大明统治中国的最后一年。大明王朝风雨飘摇，时局动荡不安。"乘会构乱之夫四出，八月围即墨。"① 这里的"构乱之夫"指的是黄大夏、郭尔标领导的地方农民武装起义，他们围困即墨城数月之久，即墨城危在旦夕。无奈之下，城内外的贤达人士提出了招抚计策，许以起义者诸多优惠条件。黄大夏、郭尔标等早已人困马乏，加上他们本来也没有什么大的志向，也很愿意接受招抚，但非常担心其中有诈。所以他们提出请德高望重的黄宗庠出面调停，二人说："愿得黄进士一言，斯解甲去。"② 一言何止千金啊！黄、郭二人是把几千起义者的生命放在了黄宗庠的这"一言"上。由此可见，黄宗庠在那一时期的影响力和威望。

清同治版《即墨县志》卷九《孝义》说黄宗庠"性恬谈，不乐仕进，筑镜岩楼于别墅，读陶诗，学颜楷，自号镜岩居士"。③ 黄宗庠书法宗唐楷，书体以颜真卿和欧阳询为主，其《千字文》，用笔稳健、端庄平稳、结体俊美，以颜真卿的《多宝塔碑》为主要蓝本。《多宝塔碑》是颜真卿 44 岁时所书，是留传下来的颜书中最早的楷书作品，是唐代"尚法"的代表碑刻之一，学颜体者多从此碑下手而入其堂奥。黄宗庠书法既具有颜体的严谨庄重，同时在结体方面又具有欧阳询的险峻，显示出他对欧、颜二位唐代先贤的书体研究较为深入并有自己的创新。中国的士大夫讲求字如其人，通过黄宗庠对欧、颜二位的书体研究，可以得知他对欧、颜二位唐代先贤人品、学识的尊重。

在封建社会，文人士大夫要通过科举考试，考试内容无非是《四书》《五经》，书体无非是魏晋二王、唐楷一路，久而久之形成后人所谓的"馆阁体"，这也是清代朝廷公文的标准楷书书体，强调书写字形、大小、粗细的统一，字体乌黑、方正、光洁。清代科举也要求以馆阁体书写，不以标准馆阁体书写者无法进入翰林院。"馆阁体"是从明朝的"台阁体"发展而来。明朝初年，书法家沈度的楷书清秀婉丽，深受明成祖喜爱，并誉为"我朝王羲之"，朝廷的重要典籍皆委任沈度书写，于是当时的读书人纷纷效仿以迎合帝王的喜好。甚至当时的"台阁重臣"如杨士奇、杨荣、杨溥为皇帝起草昭告时，亦采用这种字体，号称"博大昌明体"。因

---

① 宋琏：《镜岩处士传》，《山东文献集成》第一辑第 18 册《黄氏家乘》，山东大学出版社 2006 年版，第 112 页。

② 同上。

③ [清] 林溥总辑：《即墨县志》（同治版），中国和平出版社 2005 年版，第 243 页。

为他们位居台阁，这种书体亦称为"台阁体"。到了清代康熙、乾隆年间，明代的台阁体演变成以乌黑、方正、光泽、大小如一为特征的"馆阁体"。

"馆阁体"的产生是时代发展的需要，它的端正拘恭、横平竖直、大小如一等规律性特征，对书法普及有一定程度的贡献。但从欣赏的角度出发，缺少个性的东西也是不完美的。清人周星莲《临池管见》："自帖括之习成，字法遂别为一体，土龙木偶，毫无意趣"，指责的就是这一点。馆阁体是以欧、赵两种风格渐渐演变而形成的，因为欧、赵对后世的影响十分巨大，历代统治者都视此为正宗，所以就成为学书必经之路。黄宗庠显然也是受到这一思想的影响。但返观黄宗庠《千字文》，不但有继承更有发展，既中规中矩，又有个人特点，也许这就是书法艺术家孜孜追求的较高境界吧。

黄宗庠所临《千字文》，书于崇祯十一年（1638）六月，即墨市博物馆副馆长陈海波先生亲眼见到过。据陈先生描述，《千字文》全文用两种相同规格的专用文纸，共34页，书底有"崇祯戊寅六月仪庭手临"拾字；印章两枚，上钤章内容为朱文方章"仪庭"二字，尺寸为1.8厘米×1.8厘米，下盖章内容为白文方章"黄宗庠"三字，尺寸为2.4厘米×2.4厘米。原件是每两页装裱一起，并对折，全文装裱后为十七张，另有两张装裱后没有书写。还有多张表面不是专用文纸，也没有书写。① 原件现留存于收藏者黄俊刚先生处，陈先生就是在黄先生处看到《千字文》原件的。

黄守平。一生嗜书如命，少年时就爱读《周易》："家藏之外，凡所能致咸借阅"，后"辑讲易众说"② 编成讲义，初名为《说易凿语》，作为家塾课本使用。后来又改名称为《易象汇钞》，到晚年最后定名为《易象集解》，共十卷。四十年来手抄修订十多遍，七十岁的时候，仍"手此书，日有更订也。"③ 可以说，它是黄守平用毕生心血完成的。"未及梓

---

① 黄宗庠与《千字文》，陈海波的博客：http://blog.sina.com.cn/s/blog_64b122d30100gvue.html，20180909。

② 黄念昀：《显考黄公星阶府君行述》，《山东文献集成》第一辑第19册《黄氏家乘》，山东大学出版社2006年版，第477页。

③ 何绍基：《易象集解序》，《山东文献集成》第一辑第18册《黄氏家乘》，山东大学出版社2006年版，第512页。

行，往往求者踵门。"① 该书稿现存于即墨博物馆。翰林院修编、四川学政、道州何绍基认为该书旁征博引，融会诸儒，"足以补本义所不及，不失之凿，亦不失之晦，故详易象兼易理也。"又说："先生于易，盖有得于语言文字之外者，此十卷书，何足以尽先生之易哉！"② 这是很高的评价。

黄象毂，字子轲，光绪十四年（1888）举人。光绪二十四年（1898）正月初一，德军入侵即墨城，毁坏文庙圣像，并将仲子的双目挖去。这年春，正是戊戌会试，黄象毂联名山东103位举人上疏《据实陈明，恳请代奏折》，告发德兵毁坏即墨文庙圣像事，"远近士庶，传闻此事，无不愤懑"③。赴京会试的孔孟后裔也上疏声援。一时间，舆论哗然。这次上书的反帝爱国、救亡图存之影响迅速扩大到了全国，史称"第二次公车上书"，它推动了戊戌变法的进程。黄象毂的奏章现存于中国第一历史档案馆，其事在《清史稿·德宗本纪》里有载。

黄劭显。光绪三十年（1904）七月四日，中国举行了历史上最后一次科举考试，从此延续了一千三百多年的科举考试制度宣告结束。但是黄氏族人对子女的教育一刻也没有放松，整个大家族更加根深叶茂。在当代，黄氏家族最杰出的人才是科学院院士黄劭显。

黄劭显，1934年考入北京大学地质系，1940年毕业于西南联大。毕业后主要从事野外区域地质工作。1944年，黄劭显三次赴贺兰山进行地质调查，在没有地形图的情况下，步行测制了1∶200000的北段地质图，在贺兰山首次发现了铬铁矿，填补了中国矿种的一个空白。中华人民共和国成立后，他专门从事铀矿资源的调查研究工作，为我国研究第一颗原子弹供应原料。1964年，中国第一颗原子弹爆炸成功，在铀料供应方面，黄劭显功不可没。黄劭显是中国铀矿地质事业的开拓者之一，他提出了多种铀矿成矿理论的新观点，还为培养铀矿地质人才做了大量工作。1980年，当选为中国科学院学部委员（科学院院士），并入选《辞海》。

---

① 黄肇颚：《府君黄公海门行述》，《山东文献集成》第一辑第19册《黄氏家乘》，山东大学出版社2006年版，第527页。

② 何绍基：《易象集解序》，《山东文献集成》第一辑第18册《黄氏家乘》，山东大学出版社2006年版，第513页。

③ 黄象毂等：《据实陈明，恳请代奏折》，中国第一历史档案馆藏，光绪二十四年（1898）闰三月初二日。

即墨黄氏家族作为一个文化世家，在文化传承方面的贡献还有很多。如乾隆二十八年（1763）续修《即墨县志》，黄如鉴、黄如珂、黄如璨、黄如愚、黄如钧和黄楷都参与了其中的工作；同治十一年（1872）《即墨县志》再次续修，黄念昀、黄肇颚、黄肇颁等黄氏族人仍然参与其中。据2007年版《即墨市志》记载，即墨城解放后，黄象崙将属于自己的"新民印书局"的全部设备捐献给了即墨县人民政府。后来的"即墨县印刷厂"就是在此基础上创办的。

第二章

泽被生民的政声

中国自古以来便有重视民生的传统,孟子曾说:"民为贵,社稷次之,君为轻"①。传统知识分子从来不局限于个人一己的成功,大多有着强烈的社会责任感,把青史留名看作人生的最高追求。因而仁人贤士常常有着悲天悯人的人文情怀,哀时事、忧民生,便成为了他们精神世界中不可或缺的部分。即墨黄氏家族自第六代起,人才济济,为官者众多,值得注意的是,无论地位高低,居官短长,但凡涉及百姓生计,黄氏族人皆以百姓的安居乐业为头等大事。他们勤于谋国,怠于谋身,为人处世讲求原则,是非分明,因而常常受到贪官污吏的打压与排挤。在官场的沉浮中,他们时常面临着黑暗政治势力的种种威胁,然而在一次次选择中,他们总能坚持原则,不为威逼利诱所裹挟,在日渐恶化的政治生态中表现了傲岸的风骨与清朗的气节。本章以即墨黄氏家族中的黄作孚、黄嘉善、黄宗昌、黄贞麟为例,来探讨黄氏家风在政治领域的表现。

第一节 洁身自好,高义美行

黄作孚,字汝从,号切斋。嘉靖二十五年(1546)举人,嘉靖三十二年(1553)进士,之后任山西高平县知县。黄作孚为人高风亮节,正气凛然,为官时因不肯俯就依附严嵩而被设计陷害,罢官归乡。居家时,以诗礼教导后辈子侄,又常与乡人讲求古礼。他是黄氏家族的第一位进士,是家族兴盛的先驱人物。

---

① [清]焦循撰,沈文倬点校:《孟子正义》,中华书局1987年版,第973页。

一　艰难曲折的举业之路

黄氏家族自青州迁往即墨，传至黄作孚已有整整六代。在这以前，世代为农，到第五世黄正，亦即黄作孚之父这一代，耕作之余，从事商贾，日积月累，方才薄有家资，这为下一代能够读书明理、继而走向科举道路，打下了良好的物质基础。在明代，致力举业，考取功名，从来不属于一人的私事，除了个人的天资聪颖、勤奋苦读外，家庭亲属的资助、家族风气的影响，乃至贵人相助的运气，都是缺一不可的要素。

就家族环境而言，黄氏从黄作孚算起，上推三代虽未有一人中过进士及举人，但是黄氏第三世黄梵与其子黄昭皆为庠生，这也是家族文化发展的一个重要起点。第五世黄正虽无功名，但是其仁厚持家、重诺守信的人生态度，对黄作孚的人格养成产生了极其深远的影响。如前文所述黄正卖芝麻一事，黄正的话"不欲取值于粟，欲取值于心耳"①，也可看作是他一生行事的准则。出生于这样的家庭，黄作孚自然会受父亲的影响。

就个人成长而言，黄作孚儿时并非是一个用功苦读的良好少年。虽然他在幼年时期，便考取了秀才，这足见其天资聪慧，远超常人。然而他却"酷喜斗棋，日与诸少年游，浸浸废正业"，不过黄作孚毕竟是位有志少年，父母每日维持生计所付出的艰辛还是激发了他的孝义之心。一日他忽然感叹："人子者以治生苦父母，而偃然章缝之，独奈何作亡益负父母望。"② 自此折节读书，谢绝过去一同交游的玩伴，而与武选郎杜介庵一同在镜容山鸿集精舍苦读三年，著书立文，名声也随之日渐远播。

恰在此时，时任莱州太守的王涧泉，其子已到了读书识字的年纪，为寻找有真才实学的同学，王公命人收集了全郡中所有知名人士的文集经义，比较之下，最后选出两人作为其子的老师，其中一人便是黄作孚。这一次的征选，一方面，使黄作孚在物质层面摆脱了对家族的依赖，甚至还有了回馈亲族的资本。黄作孚在郡府中获赠十金有余，却将其全部献给了父母，自己未做任何藏留，足见其至情至孝。另一方面，这也给他提供了一个近距离接触官场人物的机会，对他日后结交同道、扩展人脉，乃至参

---

① 宋琏：《明赠光禄大夫太子太保兵部尚书黄公传》，《山东文献集成》第一辑第 18 册《黄氏家乘》，山东大学出版社 2006 年版，第 8 页。

② 周如砥：《黄䜣翁先生传》，《山东文献集成》第一辑第 18 册《黄氏家乘》，山东大学出版社 2006 年版，第 25 页。

加会试都有不小的益处。黄作孚原名黄作乂，嘉靖二十五年（1546），当他在乡间歌咏《鹿鸣》时，负责海防的官员李公恰好经过，听说他在准备会试，便忠告他注意他名字中的罕见字，"乂"与"义"字形相似，到时若是当堂廷对，恐怕会不利于皇帝阅卷。长者的建议，黄作孚自然从善如流，于是嘉靖二十九年（1550），在进京参加会试的前夕，便将姓名由"作乂"改为"作孚"。

黄作孚于幼年时能幡然醒悟，折节读书，经历十几年的寒暑。在这段时光中，他为了能早日回馈父母，不辜负亲族的期望，动心忍性，坚毅不拔。也正是这份纯净的孝心，驱使他在寒窗前耐下性子，多年积累，文名在外，方才得到贵人相助。嘉靖三十二年（1553），黄作孚通过殿试获得了同进士出身，留至京师，观政兵部。多年寒暑，一朝功成，38岁的黄作孚满怀一腔热血，踏入了大明的官场之中，而此时也正是大明王朝政治斗争最为激烈残酷的时刻，在这样的环境下，一身正气的黄作孚，注定很难一帆风顺。

二　洁身自好的傲岸风骨

明朝自宣宗以后，便陷入了政治极其灰暗的时期。傅乐成认为："明代自宣宗以后，可以说完全是宦官政治。内阁虽由皇帝的文学侍从，渐变为宰辅，但无法发挥真正的相权，而宦官把持的司礼监，因有批决奏章之权，加以皇帝的支持信任，成为政治的中心。"① 此言大体不差，然而宦官本身实为皇权的延伸。自明太祖彻底废除宰相这一官职以后，固然使皇权得到空前的膨胀，却也将皇帝推向了直面朝臣的尴尬境地。宦官的肆意专权，其最大的依仗莫过于皇帝的信任，而宦官本身其实是皇帝与朝臣之间的缓冲剂。若端坐于大殿之上者，只是平庸之辈，或对治国理政完全不感兴趣，那自然会被宦官、内阁逐渐架空。然而出身于藩王、对帝王心术了然于胸的世宗皇帝却绝不在此列。明世宗继位之初便接连诛杀了前朝大臣钱宁、江彬等人，之后又以"大议礼之争"②为契机，与"守礼派"大臣爆发直接冲突。这场冲突导致一百多位中央大臣直接被捕、八十多人

---

① 傅乐成：《中国通史》，中信出版社2014年版，第578页。
② 明世宗朱厚熜以地方藩王身份继承皇位后，统治者内部发生了一次关于皇统问题的政治论争。斗争的焦点是如何确定世宗生父朱佑杬的尊号。然而实质却是世宗通过议礼之争，打击杨廷和等先朝阁臣和言官，从而巩固皇权统治的一次政治运动。

待罪，其中不乏身居九卿、翰林等高位的官员。而在付出了这样惨痛的代价后，世宗终于如愿以偿，一扫前朝势力，建立起了充满个人色彩的皇权政府。严嵩也正是在"大议礼"事件后，被嘉靖皇帝提拔起来的一批稳定朝政结构、彰显皇权意志的亲信之一。

据《明史纪事本末》所载，严嵩于嘉靖二十一年（1542）间任武英殿大学士入直文渊阁，至嘉靖四十四年（1565）间削籍罢官，纵横大明政坛二十余年。在此期间严嵩凭借结交宦官、撰写青词、培植党羽等手段，建立起了党派势力，加之世宗皇帝的有意放任，严党在朝堂之上大有一手遮天之势。然而如此滔天权势并未吓阻所有怀有血气之人，所谓"孔曰成仁，孟曰取义，惟其义尽，所以仁至。"① 自古践行仁义者，千百年来，代不乏人。嘉靖三十年（1551）到嘉靖三十二年（1553），便有刑部郎中徐学诗、锦衣卫经历沈炼、御史王宗茂、巡按御史赵锦以及兵部员外郎杨继盛等，上书进谏，意图将严嵩罢免问罪，结果皆以失败告终。而在上述几人当中，又以杨继盛付出的代价最为惨烈。杨继盛写了一篇奏疏，其中列数严嵩"十罪""五奸"，将严嵩蒙蔽世宗的手段一一剖析，条理明晰，鞭辟入里，一针见血，在当时影响极其深远。然而奏疏刚刚上呈，杨继盛便被世宗直接打入昭狱②，世宗命人审问杨继盛背后是否存有主谋，却没有结果，杖刑一百后又将他送归刑部审问。两年后，恰逢江南仇寇遗患被捕，严嵩将其名单上呈世宗，并在其后附上杨继盛的姓名，世宗未曾细看，疏漏之间便将杨继盛归入乱党之中，刀斧落地，杨继盛被冤杀。

杨继盛上书进谏的时间是嘉靖三十二年（1553），这一年也是黄作孚考中进士，观政兵部的年份。杨继盛于此年正月上奏，而明代殿试结束的日子却是在三月十五以后，依时间来看，此时作为兵部员外郎的杨继盛已被下昭狱，黄作孚无缘与杨继盛于兵部相见。此时严党势大，爪牙遍布中央与地方。黄作孚虽是新科进士，但在听闻朝中清流接连下狱后，心中也郁愤难平。有一次读杨继盛弹劾严嵩的奏章，慨然叹曰："嗟乎！椒山吾

---

① ［宋］文天祥：《文天祥全集》，北京市中国书店 1985 年版，第 486 页。

② 昭狱：皇帝下旨关进的监狱，案件由皇帝说了算，外人无法插手。历史上历朝各代，都设置了这种监狱，明朝以前都是象征意义大于实际意义。这种凌驾于律法之上的监狱，实际是皇帝用来弹压少数乱法者的一种特殊手段。

师乎，岂不诚大丈夫哉！"① 这样的话语，胆气雄壮，使同僚为之缩舌。当时的明朝盛行所谓的座主门生制度，科举考试中被录取的考生，要对其考官、主考官行师礼，口称"座主"或"夫子"，考试过后还要投名刺，主动拜谒以确认座主、门生关系。虽然嘉靖三十二年（1553），会试的考官是礼部尚书、东阁大学士徐阶和侍讲学士敖铣②，然而此时严嵩当国，也有不少新科进士选择依附严党，以谋求更好的前程。黄作孚从诸同列去拜见严嵩时，居然在人群中高喊杨继盛被杀时的话："怒发冲冠，要斩朝中第一奸！"③ 此事被严府门吏报告给严嵩，然而严嵩知晓后对其态度却颇为宽缓，以为他是新科进士，不懂官场规矩，甚至之后还对黄作孚颇有厚赠，希望他能依附严党。黄作孚观政结束，被任命为高平县令，严嵩居然还持礼物亲自为其送行，而这当然被黄作孚严辞拒绝。

在政治昏暗的环境下，想要保持高洁的人格，必然要付出代价。黄作孚在高平任县令不过两年，便被依附严党的上司设计陷害，罢免归乡。黄作孚自此以后便隐居乡间，不再出仕。由此观之，严嵩之前的一番拉拢，与其说是要提拔后学末进，不如说更像是一场政治作秀。一方面，黄作孚是新科进士，严嵩不便公然报复。另一方面，嘉靖帝此时也因为杨继盛的进谏而对严党有所疑忌，如在嘉靖三十二年（1553）二月，便将冒领军功的周冕下了昭狱，而此人正是严嵩之子严世蕃的爪牙。两年之后，等到风头过去，黄作孚又下放地方，严党便找机会轻易地将其革职罢官。黄作孚并不理解其中的政治手腕，他的所作所为只是凭借着胸中的一腔浩然正气，坚持正道，不违本心。而此番去官，也让黄作孚明白了当前的政治环境是无法让他一展胸中所学的，正所谓"邦有道则仕，邦无道则可卷而怀之。"④ 黄作孚返回家乡后便安心做了一个地方乡绅，读书写文，培养后学，游山访道，隐而不出。

黄作孚的后半生是在隐居中度过的，虽然此时他已离开官场，但是他义拒严嵩的行为却已成为士林美谈。当地官员，听闻他回即墨后，衣食拮

---

① 周如砥：《黄讱翁先生传》，《山东文献集成》第一辑第18册《黄氏家乘》，山东大学出版社2006年版，第26页。

② ［清］谷应泰撰：《明史纪事本末》，中华书局1977年版，第1546页。

③ 周如砥：《黄讱翁先生传》，《山东文献集成》第一辑第18册《黄氏家乘》，山东大学出版社2006年版，第26页。

④ 钱穆：《论语新解》，三联书店2005年版，第401页。

据，行李萧然，便给他提供了丰厚的资助。黄作孚对此未曾拒绝，只是将所得财物大半都分给了亲族。之后家资逐渐丰裕，于是又将家财大半都换了粮食储存了起来。黄作孚继承了其父仁厚待人的品性，对诸多孤寡长者施以援手。他有一位姑姑，老而无依，黄作孚便将其接回家中，亲自奉养，待之如母。乡中又有吴家子弟，瞒着母亲偷偷将家中田产卖给黄家，之后将钱款卷走，导致吴氏流离失所。黄作孚听闻此事，将田产全部归还吴氏，且免其赎金。又有燕人刘某，带着亲属行路千里来即墨作司训。上任没有多久，亲人离世，这位新来的司训，官微薄禄，无钱买棺材。黄作孚又为其出资，帮助他将家人安葬。他还出资购得近郊土地作墓地，方便贫民安葬死者。此外，黄作孚还在即墨大旱时将家中存粮全部拿出来，并以极其低廉的价格卖出，帮助数千穷苦人家度过了饥荒，可谓是功德无量的善举。

总之，黄作孚秉承忠义思想，心怀浩然正气，在奸臣左右敢诵正义之章，洁身自好不为利禄所诱。罢官归乡后，又能宅心仁厚，救济穷苦之家，大畅家学，培养子弟，对黄氏家族的发展产生了很大的影响。

第二节 守边廿载，两受顾命

黄嘉善，官至兵部尚书加太子少保，褒赠"四世一品"。黄嘉善戎马一生，镇守边关二十载，军功卓著。在国家危亡之际，能挺身而出，因而两受顾命，是明朝晚期当之无愧的国家柱石。他的政治事迹彰显了一位传统士大夫和护国老臣的凛然气骨与责任担当。

一 造福一方的地方良吏

黄嘉善作为黄氏家族的第七代，天资聪颖，勤奋刻苦，自小便异于常人。他于七岁时开始在外读书，接受蒙学教育，每日在无人监督的情况下，诵读文字千言，终日不倦。年少时他便有着极其强烈的家族荣誉感，曾对长辈坦然相告心中所想："吾父以布衣游，以亢宗在吾辈，不勉而怀安实败，亦惟伯氏之羞。"[①] 年少时的刻苦用功，使他在十九岁时获得了

---

① 黄宗瑗：《明故累授光禄大夫柱国少保兼太子保兵部尚书先考黄公暨先妣累赠一品夫人江氏行述》，《山东文献集成》第一辑第 19 册《黄氏家乘》，山东大学出版社 2006 年版，第 275 页。

生员资格，而且还是生员中极为优秀的廪生。凭此，黄嘉善可以每月获得官府资助的粮食，并且每年还有四两银钱作为补助，他将这些银两全部供奉给了祖宗祠堂。正所谓居移气，养移体，多年来的刻苦读书铸造了黄嘉善独特的气质。成为生员后的他，平日里坐必端坐，站必直挺，言语行事皆有法度，举止投足颇具风范，青年时便有老成持重的品格。

万历五年（1577）中进士后，黄嘉善与他伯父黄作孚一样，一开始也是被派往兵部观政，不久便被调往河南叶县做知县。他在政务处理上极有天分，当时叶县有豪强地主子弟，仗势欺人，凌虐百姓，黄宗昌刚一上任便将过去作奸犯科者一一查办，当地政风为之一清。此番作为，为黄嘉善在叶县树立了威信，也为他后面的施政打下了良好的基础。他节制徭役、修缮城池、整饬驿站、清丈田亩，为当地百姓做了不少实事。三年后，黄嘉善任期已满，依据考评升为苏州府同知。离去之日，叶县百姓延道相送，俯首而泣。

苏州府属于南直隶，乃鱼米之乡，民殷物繁，当时明朝的税收大半仰仗于东南各省，是大明朝不折不扣的"钱袋子"。东南多世家大户，府衙同知主要负责民政，如盐粮、水利、江防、海防，且少不得要与当地大户打交道，可谓事繁责重。黄嘉善在叶县三年历练，对民政处理早已驾轻就熟，游刃有余，治理苏州便如治理叶县一样。然而正当事业处于上升期时，即墨老家传来噩耗，黄嘉善的父亲不幸离世。依照明朝律制，父母去世，自闻丧之日起，官员需守丧二十七月。万历十二年（1584），黄嘉善回乡守丧，两年后他的母亲王氏也不幸故去。黄嘉善接连失去两位至亲之人，心中的痛苦可想而知，守丧期间，形销骨立。黄嘉善在三十六岁到四十一岁这六年中一直守丧在家，在此期间，他收集先祖图谱，将家族各系的传承关系加以梳理，编订了家族图谱。这对于整个即墨黄氏家族的文化承传都有着极为深远的意义。

万历十八年（1590），黄嘉善守丧结束，朝廷把他调往山西平阳府，品级不变，依然任同知。平阳的地方政治、经济、文化与南方都有着极大的差别。由于连年的水旱灾害，加之西北少数民族的劫掠，平阳府土地贫瘠，民生凋敝，与富庶的鱼米之乡苏州府相比，完全是两个世界。即使是官府的办公之地也是一片萧瑟，百姓终年食菜，少见主食。幕僚与黄嘉善商议，看能否上下活动，调往待遇丰厚的主管盐司的部门。结果被他毅然拒绝，又用七字表明心志："吾不愿处脂膏地。"① 黄嘉善为政一年，日月在躬，对边郡属邑的各种情况了然于心。

万历十九年（1591），恰好有朝廷直指使者②代天巡狩，视察地方民政、军政。黄嘉善对于管辖之地的利弊奖惩、条例功辜皆了如指掌，对答如流。问及其他郡府的问题，黄嘉善亦是如此。直指使者对他的建议一一采纳，并且赞叹道："边郡股肱，非君不可矣。"③ 同知按官职本属知府副职，然而黄嘉善由于做事亮心高列，廉正明决，秉公而行，因而深受边郡文武各官的支持，上官若有疑难，不先问知府而先问嘉善。所以黄嘉善实际上是平阳府的当家人。为官者虽在官职上有高下之别，然而人的威严却并非由官职大小决定。为上者遇事若不能有高明的眼光与出色的决断，官职再高也不会被人敬重。黄嘉善秉持公心，以恩威赏罚之道，树立了自己在山西官场上的威信，而他沉稳干练的品格也为上级所赏识，在平阳府任职不到两年，他便被调往山西大同，处理大同府事，而这也开启了他日后的守边生涯。

二 运筹帷幄的边关统帅

大同与平阳不同，自明朝初年便被视为防御蒙古入侵的战略重镇，嘉靖时期又在大同大兴土木，修建卫堡。"整个嘉靖朝在大同镇北部修建了内五堡、外五堡、靖虏五堡、灭胡九堡、云冈六堡等堡"。④

隆庆、万历年间，张居正主持军事改革，对蒙古采取"封贡互市"的政策，为西北边境赢得了一段和平时期，在这期间，明朝政府继续加强边防，补修城墙，复建在战争中毁掉的堡垒。同时大同也成了与少数民族进行买卖交易的一个重要枢纽。主政军事要地，黄嘉善不仅要处理大同官

---

① 黄宗瑗：《明故累授光禄大夫柱国少保兼太子保兵部尚书先考黄公暨先妣累赠一品夫人江氏行述》，《山东文献集成》第一辑第19册《黄氏家乘》，山东大学出版社2006年版，第277页。

② 又称"直指绣衣使者""绣衣御史""绣衣直指"或"绣衣使者"，简称"直指"，意即"衔命直指"，或"指事而行"。均指受皇帝派遣，代表皇帝和朝廷办理"捕盗""治狱"等特殊使命的官员。或负责监察官员和王公贵戚的违制行为，有调动军队，诛杀各地官员的权力。

③ 黄克中：《明太保兵部尚书梓山黄公年谱》，《山东文献集成》第一辑第19册《黄氏家乘》，山东大学出版社2006年版，第167—168页。

④ 李海林：《略论明代大同镇战略地位与边防建设》，《山西大同大学学报》2017年第6期。

兵的军需粮草供应，还要维持边事互市。形势复杂，若无临危不惧之勇、杀伐果决之心，不仅不能处理好边境问题，甚至可能会酿成极大的祸患。面对这样的情况，黄嘉善身上的担子不可谓不重。

明代边兵的军费供给来源多种多样，有民运、军屯①、开中②、京运等方式，然而自明中叶以后，由于种种原因，屯田、盐法、民运等方式都不同程度遭到了破坏，边境的供给开始主要由中央财政负担。明统治者为了解决军费开支问题费尽心机，制定了种种措施，却成效不大。从具体表现来看，形成了鲜明的反差，所谓军费日增，军士日减，军饷越多，而军士越贫。从中央到基层，主管粮草的各级官员层层克扣，所用名号亦是多种多样，如"火把钱""空闲钱""节礼钱"等，供饷体制的多头管理，导致基层官兵的月粮得不到保证，士兵战斗力下滑，军营中几无可战之兵。黄嘉善就任后，解决此类问题成为头等大事。

在中国古代，解决财政问题，主要方略无非开源节流。黄嘉善上任后便从革除贪腐克扣入手，一方面改定宗室俸禄，厘定军饷，另一方面则裁汰冗员，提高效率。经过大刀阔斧的改革，过往弊病被迅速革除，大同军政有了焕然一新的气象。郡中士子将黄嘉善比作汉文帝时著名的边关太守魏尚，不过黄嘉善乃进士出身，在文雅上又远过于魏尚。在解决饷银问题的同时，黄嘉善还命人整饬军队，裁汰军中的兵痞、老弱等。大同地处边关，长期承受着北方游牧民族的肆虐，因而民风往往彪悍。事关钱粮，主政者可以雷霆手段，一言而决。然而若是涉及边军裁汰等事项，往往要缓而图之，徐而化之。若以强硬手段不讲求过程，反而会激起军中哗变。当时大同巡抚负责裁汰兵员，手段凌厉却操之过急，标准设立过于严苛，遭到了士兵们的反对。在军中别有用心之人的鼓动下，营中官兵选择用哗变的方式解决问题，营中官兵人人披甲，刀锋出鞘，城中百姓皆关门闭户，一时间大同城上乌云密布，雷霆火光，一触即发。关键时刻，黄嘉善单人单骑奔入营中，营中将士素来敬重黄嘉善的为人，一见府君前来便卸甲跪拜。于是黄嘉善晓之以大义，动之以利害，终于和平解决了兵变问题，同

---

① 即屯田制，明朝洪武年间，内地运粮成本过高不能满足边军需要，明朝政府借鉴汉唐的屯田制，令军士耕田自给。然而明中叶由于边境冲突不断，屯田制往往不能有效实行，导致屯田制逐渐瓦解。

② 开中法源于宋朝的入中制，即政府以盐引为交换，召集商人运输粮食，以解决边关的燃眉之急。

时，在第二天便将首恶依罪惩处，而其余人等皆未追究。自此以后，大同境内，一片肃然。

正是这一次完美处理兵变的经历，展现出了黄嘉善在兵务上的才能，万历二十三年（1595），黄嘉善升任山西按察使司副使，用以整饬大同左卫兵备。明朝实行卫所制度，一卫有军队五千六百余人。大同的左卫靠近明长城，属于战略要冲地带。虽然隆庆议和后，明朝边境晏然，居民安枕，整体环境趋向于安稳平和，然而仍有小股势力不受蒙古头领管辖，不时侵犯明朝边境。对此，万历时期明朝政府主要选择分化与羁縻的方式，一方面维持与蒙古诸部落的封贡与互市，另一方面对于完全不听从约束者，则给予严厉的军事打击。黄嘉善上任之初便有边报，言"王忽率万骑住牧边外，潜伺我兵坚瑕，欲图狂逞。"① 山西左卫久经战乱，城墙残破，兵员凋敝，实不能轻启战端。恰逢中秋，黄嘉善灵机一动，派副将携酒食去见敌酋，命其言："此我享士之余也，用以赐汝。"② 此番行为，看似是犒劳敌酋，实际却暗含警告，点明其阴谋已被大明侦知。果然，王忽见明军已有防备，便率兵遁走，一场大战自此消弭。

黄嘉善做事稳健，备兵边关注重蓄威积势，当时的主要工作以修建城防为主，从不轻启战端。自其治理左卫以来，军民安定，边境和谐。观其日后兵事方略，便是延续了此时的战略风格，所谓以稳为第一要义。万历二十七年（1599），按例，黄嘉善本该升为陕西西宁参政，然而山西各府君长官担忧其调任以后，边关虏骑失去掣肘，再行侵略，于是联合上疏挽留。于是黄嘉善便升为按察使正使，依然治理左卫。两年后，黄嘉善奉旨升都察院右佥都御史，被调往宁夏，经略西北重镇。

万历二十年（1592），宁夏爆发了著名的军事叛变"哱拜之乱"，原都指挥使哱拜纠合其子承恩、义子哱云及土文秀等发动叛乱，杀宁夏巡抚党馨，在明朝还没有作出迅速反应的时候，四出略地，"攻下宁夏四十七堡，控制了北至平房（宁夏平罗）南至中土，西至贺兰山，东至灵武的广大地区。"③ 这场叛乱历经九个多月，最终在明朝各路边军的共同围剿下，敌酋授首，叛乱平息。大乱之后当有大治，然而自叛乱之后，西北情

---

① 黄宗瑗：《明故累授光禄大夫柱国少保兼太子保兵部尚书先考黄公暨先妣累赠一品夫人江氏行述》，《山东文献集成》第一辑第19册《黄氏家乘》，山东大学出版社2006年版，第278页。
② 同上。
③ 王雄：《关于"哱拜之乱"》，《内蒙古大学学报》，1988年第4期。

势愈加复杂,外有蒙古诸部落虎视眈眈,内有军备民生急需恢复,此非久经边关的治世能臣不能胜任。在黄嘉善上任之前,已有多位巡抚在此为官不到两年便调离。此番黄嘉善的人事变动则是内阁廷推,皇帝亲自任命。

黄嘉善经略宁夏期间,在军事、政治、教育以及民生方面多有建树。上任之初他便着手制定关于恢复宁夏的边防总略。为此,他亲自调查了宁夏的军防情况,包括军队赋税、城墙防御、建材损耗等,在对宁夏整个边关有了宏观的认识后,与当时的守将萧大将军共同议定了治关方略,有《套虏启款疏》存世,收于《太保黄公列传》中。① 他主张通过怀柔的方式,以钱款贿赂为手段,一方面安抚边关临近的蒙古诸部,另一方面则是为恢复宁夏元气、整顿边防赢取时间。毕竟此时的宁夏镇已经不能再承受大规模的战争了。这篇文章虽然不过千言,却切中时弊,一时间人人争相传诵。上疏获得朝廷的支持后,黄嘉善便于贼寇经常出没的安定堡的四周修建了多所瞭望台,相互守望,引为犄角。在此期间,有将士主动请缨出战,都被黄嘉善以边衅不可轻开为由予以拒绝。

明朝自明宣宗以后,宦官作为天子近侍,越来越受到皇帝的重用。当时在陕西地区督查税收的宦官梁永向皇帝奏请想要获得镇守的职衔,以此来染指军政要务。对此,黄嘉善亲自向皇帝上疏,力陈其中利害,言辞恳切,最终迫使皇帝收回了任命。宁夏作为边防重镇,虽有学官,然而由于当地尚武之风浓厚,加之西北各州郡相距甚远,士子若要参加考试,极为不便,长此以往,地方文教日渐衰落。黄嘉善进士出身,深知文化教育的重要性。因而,他一方面重新修建学校,另一方面则改变以往的考试方式,由学官亲自前往各路边郡考查,为士子参加考试提供便利。

除此之外,黄嘉善对民生也颇为重视。当时的贺兰山有一半地域不在边军的管辖范围,然而山中却有着丰富的林木资源。黄嘉善将会砍树的人召集起来,派兵护送他们砍取林木,从而获利颇丰,一时间解决了边关的财政困难。西北本属苦寒之地,冬季对于贫苦孤寡人家而言极为难熬。黄嘉善命人统计出当地的残疾孤寡人士,为他们提供资助,所有的资助全部从他个人的俸禄中支出,没有耗费公家的银财。自黄嘉善主政宁夏以来,边关十年未闻烽火,边关太平,百姓自发为他建立生祠,祠堂牌匾上书有

---

① 倪灿:《太保黄公列传》,《山东文献集成》第一辑第18册《黄氏家乘》,山东大学出版社2006年版,第37—38页。

"十年遗爱"四个大字。①

三 两受顾命的国之柱石

万历三十八年（1610），黄嘉善再升一级，任都察院右都御史兼兵部侍郎，总督三边军务兼理粮饷。从调任山西同知到如今总督三边的地方大员，黄嘉善在西北边疆任职已有二十年，这一年他已六十二岁。戎马倥偬，久历沙场，曾经意气风发，在城墙上挥斥方遒的青年，如今已是须发斑白，筋衰骨乏。虽未油尽灯枯，却也已心力交瘁。戍边西北这副重担，对黄嘉善来说，有点越来越力不从心。于是在任陕西总督的第二年，他便上疏请求致仕，然而却被皇帝拒绝。而这一年恰好有敌寇侵犯西北边境，被黄嘉善率兵击退，杀敌数千人。论功行赏，黄嘉善又被升为兵部尚书，获赠太子少保的荣衔，只是职能不变，依然总督三边。除此之外还获赠了"四世一品"的荣耀，在即墨城中建了数座牌坊。

在这之后，黄嘉善再次请辞，却仍未被批准，于是在西北理政又是三年。万历四十二年（1614），黄嘉善终于由地方调入中央，主管京城边防。黄嘉善趁此机会再次上疏请求致仕回乡养病，却又一次被拒绝。不仅如此，皇帝还望其早日进京，来统领首都边防。然而，黄嘉善此时的病情已经非常严重，急需回家休养。于是他再次上疏，又再一次被拒。如此前前后后，从任职到进京的两年中，黄嘉善共上四疏，全都被驳回。万历四十三年（1615），黄嘉善进京任职并再次谋求致仕。这一次，在皇帝亲自验视他的病情后，终于批准了他的请求。

黄嘉善致仕期间，主要工作便是修葺祖墓，培养后辈。他特地建立了一尊石碑，将祖宗家法刻于其上，用以规诫子孙。这一年，当地干旱无雨，粮食供应不足，发生了饥荒事件，甚至出现了易子而食的惨剧。黄嘉善出银百两，命人采购粮食周济百姓。朝廷闻知，又下表彰，许其在家乡修建牌坊，并且专门为他拨款出资，都被黄嘉善一一婉拒。养病期间，皇帝多次下诏希望黄嘉善能再次起复任兵部尚书。黄嘉善虽有报效皇帝之心，奈何沉疴难愈，实在无力操劳国事。若无意外，黄嘉善便会在家乡养病，就此老去。然而万历四十五年（1617），抚顺的失守，为大明朝的未

---

① 黄克中：《明太保兵部尚书梓山黄公年谱》，《山东文献集成》第一辑第 19 册《黄氏家乘》，山东大学出版社 2006 年版，第 172 页。

来蒙上了一层阴影。在此国家危难之际，万历皇帝急召黄嘉善回京出任兵部尚书，这位七十岁的老臣于病榻中临危授命，但他却不知道，此时朝廷政局要远比他主政西北时处理的军务复杂百倍。

万历皇帝自中年以后，有二十余年不曾上朝，群臣奏疏多不省阅。朝中大臣又依地缘、同年和政治利益组成了齐、楚、浙、宣、昆等五党。在野的又有所谓"东林党"。各党派间争斗不断，而上述各党派的中层人物都是御史、给事中等一类的言官。他们或依阁臣，或附部堂，甘心为其爪牙，党同伐异，争论不休。于是内阁军机重地，在明朝晚期居然吵闹如市集一般。人心不齐，政令不一，面对抚顺失守，庙堂群臣却不知计将安出。

军情紧急，黄嘉善在日夜兼程赶路的同时，便将含有应对东北乱局方略的条陈上奏朝廷。其核心策略是以守为攻，调集临近边郡官兵，待到大军整合完毕再图进取，这当然是老成持重之言。然而内阁诸臣却急图进攻，希望以最短的时间平息兵乱，一些不知兵事的言官甚至上疏弹劾黄嘉善，称其"蓄缩退避"。① 满朝文武皆心浮气躁，没有人愿意听从黄嘉善的建议，相反，他们更偏向于急兵进取。"万历四十七年（1619），明以杨镐统兵分道伐之。"② 进兵之初，黄嘉善便预言此番辽东之战必败。果不其然，杨镐所统帅明军大败于萨尔浒，边关的开原（今辽北开原县）、铁岭（今辽宁铁岭县）相继失陷。明朝北方兵力被消耗一空，再无反击的本钱。

在付出如此惨痛的代价后，台阁却依然不知自省，居然意图将南方水军与内陆乡兵调往边疆支援。明朝中晚期，军队的战斗力已大不如开国之时，边兵尚且畏惧与后金作战，更不论内陆中未曾亲历战场的乡兵了。更何况，中国自古以来便以农业为立国之本，所谓故土难离。黄嘉善深知此策不可，但他的建议却再次被众大臣驳回。募兵之令颁布后，自然遭到了基层官兵的反对，而勉强招募来的乡兵却没有一点战斗力，最后这道募兵令便不了了之。颇具讽刺意味的是，在后来辽事有所缓和之时，台阁与诸路言官没有人提及黄嘉善的远见卓识，反而将之前一切罪责推给黄嘉善。对此，黄嘉善心灰意冷，再度要求致仕。所幸万历皇帝对此中委曲心中了

---

① 黄克中：《明太保兵部尚书梓山黄公年谱》，《山东文献集成》第一辑第19册《黄氏家乘》，山东大学出版社2006年版，第176页。

② 傅乐成：《中国通史》，中信出版社2014年版，第584页。

然，并未准许，反而对其每日召见，询问战事，经常谈至夜半。

之后明廷派遣熊廷弼经营辽东，熊廷弼曾任辽东巡按，对边事颇为熟悉，在他的经营下，辽东之势暂且稳固。然而此时万历皇帝的身体却每况愈下，即将步入人生的尽头。万历四十八年（1620），皇帝卧床不起，自知大限将至，于是召集六部各卿颁布遗命。在病榻前，万历皇帝最心忧的莫过于辽东边事，问及六部，应者唯唯。只有黄嘉善对曰："国家以全盛，控制一方，势在必胜，臣等在，自能为陛下分东顾忧，陛下无虑东事。"① 皇帝点头不再言语。第二日万历故去，泰昌皇帝即位，他在位期间进行了一系列革除弊政的改革措施，罢除了万历朝的矿税，拨乱反正，重振纲纪。然而由于沉溺女色，加之本来身体羸弱，在位不到一月便随万历而去。临去之前，黄嘉善进宫问安，泰昌将当时皇长子朱由校召唤入宫，指着日后的天启皇帝说道："卿当辅为尧舜。"② 托孤之后的第二天，泰昌皇帝便病发而亡。由于泰昌皇帝即位不到一月未立太子，且死因蹊跷，满朝文武皆心怀疑虑。关键时刻，黄嘉善与诸位阁臣共同商议，最终达成一致意见，拥护天启皇帝即位，完成和平过渡，朝廷政局也因此得以稳固。

从处理辽东边事到拥护两任皇帝即位，再到维护明朝政局的平稳过渡，黄嘉善在其中都发挥了重大的作用，可以称得上是国之柱石。然而这几年在中央任兵部尚书的种种经历，也使本有沉疴的黄嘉善日益虚弱。就在天启皇帝刚即位的这年十月，他数次上书，请求回乡养病。然而对于这位行事稳重的顾命大臣，刚即位的新皇帝并未轻易应允，直至确知黄嘉善的确身患重疾后，方才批准了他的请求。回乡不久，黄嘉善便于天启四年（1624）去世，享年七十六岁。

黄嘉善为官数十载，三朝元老，两受顾命。守边二十载，以军功卓著获赠"文臣少保，丹书铁券"，③ 且上封三代，下封三代，这在明朝历史上是极为少见的。他不擅长官场游戏，也不贪恋虚名钱财，将自己的全部精力都奉献给了明朝的西北边疆，保护北方人民免受战火涂炭。在国家危难之际，他抛开个人荣辱与利害得失，仗义执言扶大厦于将倾。他的这种

---

① 黄克中：《明太保兵部尚书梓山黄公年谱》，《山东文献集成》第一辑第19册《黄氏家乘》，山东大学出版社2006年版，第177页。

② 同上。

③ 同上书，第193页。

第三节　爱民如子，直言敢谏

自即墨黄氏家族第六代黄作孚起至第八代黄宗昌，黄氏家族已经连续三代，皆有族人高中进士。这既是一个家族文教兴盛的标志，同时也代表着家族实力正在稳步提升。黄宗昌历任雄县、清苑县知县以及山西道监察御史，经历了黑暗的宦官专权与激烈的党争夺权，他的仕宦生涯彰显了即墨黄氏家族一脉相承的铮铮风骨，也为后世留下了宝贵的精神财富。

一　清刚不染的高尚气节

与先辈的经历相似，黄宗昌在天启二年（1622）中进士后，便被任命为雄县（今河北省雄县）知县。雄县离京师不远，隶属保定府。明朝自宣宗以来，宦官的权力日渐庞大。虽然内阁宰辅由文学侍从担任，但权力有限。奏章的批决之权被牢牢地掌握在由皇帝支持的司礼太监手中，因此内阁诸臣无论贤良与否，都必须与太监联络，方能使政令顺利通行。皇帝则以手中至高无上的皇权为依托，居中调停，以帝王权术来保证自己的独尊地位。纵观明朝诸位帝王，其中既有将权术耍弄得炉火纯青，达成君王独治局面的独夫，如明世宗嘉靖皇帝；也有无心朝政被宦官与宰辅架空而成为国家象征的政治傀儡。黄宗昌所效忠的明熹宗天启皇帝，恰好属于后一类。

明熹宗是明神宗万历皇帝之孙，由于其父不受万历皇帝的宠爱，因而连带熹宗也备受冷落。他的皇长孙的身份也是在万历皇帝行将就木时才确定下来，因而在其继位以前并没有像前几代皇位的继承人一样开阁读书，接受翰林学士的正统教育。天启皇帝的受教育情况在《酌中志》中有所记载："先帝髫龄时，教习书仿者，光庙伴读吴进忠也。宫中私自答应诵书习字，刘良相也。"① 由此观之，幼年时期的天启皇帝虽然没有接触儒家经典，但是基本的读书写字还是从宦官处有所学习。但是这样的教育程度用以处理国家大事依然远远不足，加之熹宗本人也对政务缺乏兴趣，于

---

① ［明］刘若愚：《酌中志》，北京古籍出版社1994年版，第190页。

是国事的决策运转便被以魏忠贤为首的宦官集团所把持。黄宗昌在地方任县令时，也正是魏忠贤一党势力不断壮大并染指地方的时期。

黄宗昌所治理的雄县本是前任秉笔太监王安的故乡，然而自从魏忠贤联合天启皇帝的乳母客氏将王安扳倒后，雄县便成了魏忠贤党羽的玩乐之所。据《侍御公东林列传》载："有忠贤子侄荫锦衣卫指挥者干政，民弗堪，置诸理，左右怵以危辞。"① 魏忠贤于天启三年（1623）掌管东厂，又于次年兴大狱将朝中正派人士——清洗，凶焰滔天，一时间无人敢触其锋，即使是雄县地方掌管刑法的官员，也对宦官鱼肉百姓，横行乡里的行径视而不见。然而作为地方知县，黄宗昌并没有被这股滔天权势所吓倒，他说："吾奉天子法，而以奸容耶！"② 恰在此时，由于地方官员长时间的放纵，这些宦官与其党羽终于犯下了不可饶恕的杀人大罪。然而即使是如此的罪行，在朝中高官看来也无足轻重，居然还为其开解说情。黄宗昌对此极其愤恨，顶住各方压力，将一干人犯按照法令严加惩处。此事不久，上级又命各地实行屯田之法，要求凿井建闸，若是逾期没有完成者会受到责罚。黄宗昌深知雄县的具体情况，凿井建闸不过是徒耗民力，对于百姓的生活没有半点好处。于是他顶住上峰的压力，以受罚为代价坚不奉命。黄宗昌这一做法受到当朝御史的肯定，而当时与雄县同属一省的清苑县历来被上峰视为难以管理，于是黄宗昌被调到清苑县任知县（今河北清苑县）。雄县百姓听闻这个消息，顿时如同失去了主心骨一般，纷纷向各级官员请命，希望能留住这位满怀正气的知县老爷，却被拒绝。黄宗昌临走之时，雄县的士绅、百姓皆夹道相送，痛哭失声，并为其树立肖像，每年祭祀不绝。黄宗昌爱民治民的功绩于此可见。

黄宗昌调任清苑，仍为县令。与雄县不同，清苑自元以来便被统治者视为难治之地，据《清苑县志》所载："自元明清建都北京，清苑为京师门户，最称要害。有军事则为豪杰必争，受祸亦至酷烈。而土地硗薄，又无名山大泽可资为利，是以民俗俭而尠殷富。溯至有清定鼎与民休息，稍稍安辑矣。"③ 一方面因地靠京师而成为战略要地，一方面因土地贫瘠而

---

① 陈鼎：《侍御公东林列传》，《山东文献集成》第一辑第18册《黄氏家乘》，山东大学出版社2006年版，第62页。

② 同上。

③ [民国] 金良骥修，姚寿昌撰：《清苑县志》，成文出版社据民国二十三年铅印本影印，第17页。

民生凋敝，"清苑繁错，视雄可什百。"① 然而这一切的困难对于黄宗昌而言并非难以跨越，古代中国的百姓若非逼上绝路，便如绵羊一般温顺，只要地方官员将百姓的安居乐业视为工作的重心，中国传统的农业社会自会按照它的发展规律平稳运行。因此雄县也好，清苑也罢，虽然事务类别并不相同，然而治理手段却大体类似。黄宗昌"为令既三年，游刃有余，上下益孚信矣。"② 如果说繁杂的地方事务考验的是一名官员的政务处理能力，那么接下来黄宗昌所要面临的则是来自于道德领域的拷问。

天启五年（1625），御史崔呈秀拜魏忠贤为义父，两人狼狈为奸，沆瀣一气，用矫诏、诬陷等手段将朝中正人贤臣一一杀害。不仅如此，"忠贤并废国内所有书院，标示东林党人姓名，永久禁锢。"③ 通过以上方式，魏忠贤实现了自己清除异己的目的，朝中善类被清除一空，所留百官皆为魏忠贤的党羽，就连地方各督抚为图保命，也接连向魏忠贤宣誓效忠，为其建立生祠，歌颂功德。时任清苑县令的黄宗昌也面临着这样的问题，若是为魏忠贤建立生祠，实与他为人的根本原则相违背。若是抗命不从，则有革职丢官，乃至性命不保的危险。在这样的艰难抉择面前，黄宗昌做出了属于自己的选择。他向自己的上峰直接进谏，其中有八个字最为打动人心："荣禄一时，褒讥百世。"④ 就是这八个字，令当时黄宗昌的顶头上司，时任上谷郡地方最高长官的方一藻深为动容，于是命工匠暂缓修建。结果是至魏忠贤被诛，整个保定府唯有上谷一郡没为魏忠贤建生祠。这样的气骨使黄宗昌在阉党败落后为上级所重用。黄宗昌在任青浦县令三年后，调为山西道监察御史，虽然品级未变，仍为正七品，然而却是主管察纠内外百官，有明章或秘奏弹劾百官的权力。

二　忠正直言的英勇气概

山西道监察御史属于十三道监察御史之一，隶属于都察院。明朝的监察制度极为出色，突出表现在："整个国家权力本身，就是无所不在的相

---

① 宋继澄：《黄侍御传》，《山东文献集成》第一辑第18册《黄氏家乘》，山东大学出版社2006年版，第79页。

② 同上书，第80页。

③ 傅乐成：《中国通史》，中信出版社2014年版，第580页。

④ 宋继澄：《黄侍御传》，《山东文献集成》第一辑第18册《黄氏家乘》，山东大学出版社2006年版，第80页。

互监督和制约的结构，而内廷宦官对外廷文官的监察，更是无处不在。"①然而到了明朝晚期，整个科道监察系统已偏离原有的运行轨迹，御史言官沦为朝堂党争的先锋，真正秉持公心坚守自身职责的臣子已是凤毛麟角。任县令时便以骨鲠著称的黄宗昌，在官拜监察御史后，却能不为流俗所左右，仍然保持凌厉的锋芒。

天启七年（1627），皇帝病危。临终前，他将当时还是信王的朱由检传入宫中，欲将大统传给自己的这位弟弟。第二天他又命人知会内阁大臣。在完成王位交接工作后，天启皇帝便离开了人世。朱由检即位，是为明思宗崇祯帝。当时崇祯的处境极其危险，皇宫内外皆是魏忠贤的党羽，崇祯帝唯恐惨遭毒害，于是"袖食物以入，不敢食大宫庖也。"② 即位三月后，在初步掌握了政务以后，崇祯便借魏忠贤一众党羽内斗的时机，将魏忠贤与先帝的乳母客氏一并诛杀，重新夺回了属于皇帝的权力。然而诛杀党首容易，但想要将乱党全部剿灭却很艰难。在天启任用魏忠贤的几年中，这位秉笔太监早已用手中的权柄在朝堂中编织起了一张复杂的权力网，其党羽有所谓"五虎、五彪、十狗、十孩儿、四十孙"之称，已成尾大不掉之势。若是贸然轻动，很容易遭到反噬，这是刚刚掌握政权的崇祯帝所不能接受的。另外，若是同一时间裁撤多名要害部门的官员，国家的行政运转也会出现问题，因而两相权衡下，崇祯帝唯有待完全掌握皇帝的权势，方能全面清算乱党。

大明王朝内忧外患，积重难返，国家形势已经容不得崇祯帝用温和的手段逐渐掌握权势，唯有虎狼之药方能医膏肓之疾。为此，黄宗昌被任命御史所上的第一道奏疏便是弹劾皇位交接之际，伪造圣旨而加官晋爵者。天启七年（1627）七月，在天启皇帝弥留之际，魏忠贤通过谎报军情、营造宫殿等方式，用假传圣旨的手段为自己的亲信党羽加官晋爵。这一点黄宗昌在奏章中已明确指出："于三殿工成之日，正先帝大渐之时，岂有安闲出诏之理?"③ 加官晋爵者还有魏氏的亲属，居然不及三岁便被封为世袭侯伯。这其中蹊跷可谓路人皆知，然而众人默默之际唯有黄宗昌首言

---

① 方志远：《明代国家权力结构及运行机制》，科学出版社2008年版，第229页。
② ［清］谷应泰撰：《明史纪事本末》，中华书局1977年版，第1173页。
③ 陈鼎：《侍御公东林列传》，《山东文献集成》第一辑第18册《黄氏家乘》，山东大学出版社2006年版，第64页。

此事。对此，内阁的回复却有掩盖事端的倾向，其言："叙功冒滥，久宜澄汰。"① 这八个大字，便将伪造圣旨这样的大罪归入了由来已久的吏治问题。于是黄宗昌再上一疏，将纠伪与冒滥的区别一一详述，并直指阁臣包庇之嫌。这样一来内阁诸臣便再也不能玩弄文字游戏，混淆视听，于是他们反过来命黄宗昌若知晓何人矫旨，便将其人一一列举出来。此时两方相当于已经彻底撕破了伪装，短兵相接，直接碰撞，而黄宗昌也陷入了两难的境地。若是不列人名，前面所有的努力都化为泡影，若是直列姓名，又会导致树敌过多，日后仕途想要再进一步，便是千难万难。黄宗昌深知其中利害，言："此奸人广树我敌也！"② 然而，他没有过多犹豫，直接将六十一人姓名写入奏疏，上交内阁。内阁票拟，以人数过多为由，将奏疏搁置不论。黄宗昌在这之后又连番上疏，又纠讨逆党共计十四人，这一次终于得到了皇帝的支持，但因此忌惮黄宗昌的人也越来越多。黄宗昌对此并不在意，他秉持心中的道义，勤于谋国，疏于谋身，终于与当时的内阁发生了直接冲突。

崇祯元年（1628），由于对魏忠贤一党的全面清洗，导致朝廷出现了人才匮乏、权力真空的现象，尤其是作为中央权力代表部门的内阁缺员过多，严重影响了官僚机构的合理运行。对此，崇祯帝决定增补内阁成员。当时，新任礼部尚书温体仁与前朝老臣周延儒皆欲入内阁，却双双在推举环节落选。二人心有不甘，便将当时入阁的热门人选钱谦益的科举舞弊案重新翻出，意图让其退出竞争环节。黄宗昌为此大力上疏，指出了其中诸多疑点：首先钱谦益一案早由当时司法部门问询结案，查清其实为人所构陷，乃含冤之人；其次构陷钱谦益的韩敬恰与温体仁是同乡关系；最后他指出温体仁在奏对时居然能在短时间内，从礼部往年沉卷中找到当年相关试卷，可见是早有预谋，名义上是主持公义，实际上却是为了争取阁臣的位置。然而此时的崇祯帝已对钱谦益起了戒心，加之其颇为宠信的礼部右侍郎周延儒也未在推选名单当中，于是钱谦益最终还是被削籍罢官，而周延儒、温体仁于崇祯二年（1629）相继入阁。黄宗昌则被调往湖广任巡按御史，去解决地方久拖未决的宗室疑案，从而开启了他治理湖广的艰难

---

① 陈鼎：《侍御公东林列传》，《山东文献集成》第一辑第 18 册《黄氏家乘》，山东大学出版社 2006 年版，第 64 页。

② 同上书，第 65—66 页。

三 劳心竭力的幕后功臣

自明太祖朱元璋确立了明代宗室的封爵制以后,明代的宗藩制度便成了加强王朝统治的重要工具。虽然作为皇家血脉,明朝宗室具有诸多特权,但是宗室若犯罪被纠劾,也要由刑部来审理。《明史·职官一》记刑部职掌:"凡军民、官吏及宗室、勋戚丽于法者,诘其辞,察其情伪,傅律例而比议其罪之轻重以请。"① 但是刑部并不能独立完成对宗室的审判,它还要经过三司会审,即由刑部、都察院详议,然后大理寺覆谳后奏决。当时楚岷王被校尉彭侍圣与善化王长子所杀,其中事涉隐秘,委曲难查。当地巡抚与相关司法人员审问三年,都没有查明真相。温体仁为将黄宗昌支开,便将本为山西道监察御史的他派往湖广处理此案。在三司会审即将开始之际,北方边关却传来了噩耗。崇祯二年(1629),皇太极由喜峰口(今河北遵化县东北)毁边墙而入。遵化失守,明朝都城陷入了岌岌可危的境地,各路地方自然整顿军备,起兵勤王。

国家到了生死存亡之际,三司会审的工作自然被放置一边。整个湖广地区都在为兴兵勤王的工作忙碌。然而中国古代的社会组织,与其说是由官僚系统治理下的社会机器,不如说是由各个宗族组成的一个大型的聚合体。缺乏精确的数字标准化的统一管理,整个大规模的出兵行动,其背后的援助支持充满了无意义的消耗与内损。黄仁宇曾经分析过中国古代晚期财政制度的特点,说:"这时仍然没有一个中央的金库,全国的收支仍是由收税人和派用者零星的交授,因此一切统计无从核实。经济方面纵有进展,但民法仍无长进,也不能相辅而行。中国仍不过是一个多数农村的大集团。"② 在这样的情况下,为军队筹集粮草便成了一件重要而又极为棘手的事情。由于身居幕后,即使诸事顺利也无大功可言,若在此期间稍有差错,很有可能被追责甚至罢官。黄宗昌却说:"肃明队伍,兼期而进,公事也。转调给用,俾无后顾,昌敢任之"③ 竟然主动承担了这一可能吃力不讨好的重任。

---

① [清]张廷玉等撰:《明史》卷七十二《职官一》,中华书局1974年版,第1758页。
② [美]黄仁宇:《中国大历史》,三联书店2008年版,第287页。
③ 宋继澄:《黄侍御传》,《山东文献集成》第一辑第18册《黄氏家乘》,山东大学出版社2006年版,第82页。

特殊时期，黄宗昌在湖广地区的工作大体分为两大类。其一是安顿后方，保证边疆稳固，以防后院起火。自古以来，中国便是一个多民族国家，湖广地区聚居着苗、彝、壮等许多少数民族，各民族之间的经济发展水平不一，民族信仰不同，自然会产生诸多矛盾。对此，明朝主要以布政使司为依托，依据各地情况实行不同措施。对于较为发达的地区则裁撤原有土司，由中央派遣流官担任地方官员，而落后地区则依然保有土司制度。早在黄宗昌上任以前，湖广边苗便蠢蠢欲动有不臣之心。等到兴师勤王时，湖广一地在短时间内又被抽调了大量的精壮兵力。[1] 后方空虚，又有边苗柯陈欲借机行事，意图不轨，黄宗昌便派人以威逼利诱的方式对其进行安抚与敲打，使其不敢妄生事端。

其二是保证行军将士的粮草供应，由于明朝缺少一个系统化的财政机构，因而想要完成粮草筹集工作的难度要远大于前者。

保证粮草供应，核心工作便是凑足钱粮。为此，黄宗昌先是向湖广地区的藩王请求帮助，毕竟此时天下的主人乃是朱家的血脉，值此生死存亡之际，同气连根的藩王出手相助的可能性更大。除此之外，他还向湖广地区各级州郡下发公文，希望能激起各地守备同仇敌忾之心，使其主动筹集军需。然而藩王之资不过杯水车薪，同仇敌忾之心也有点虚无缥缈，想要在短时间内筹到大量钱粮还要从往日地方的固定收入项着手。明朝建国之时曾建立了赎刑制度，即"我国古代法制史上统治阶级规定犯人可用财物抵折刑罚的制度。"[2] 黄宗昌巡视诸属，将新旧赎锾尽数搜刮，得资万金。在这个过程中，由于之前赎刑制度管理混乱，对于赎锾的用途没有进行合理的规划，因而其中很大一部分都理所应当地成为了地方的固定进项，此时收缴，可谓阻力重重。对此，黄宗昌以大义之名斥责道："不急君父之难，而图充私蠹耶！"[3] 此言一出，各郡官绅或惧或感，因而又主动贡银三万七千余两。除此之外，黄宗昌还清查了官盐出卖的情况，查出其中存在私卖的现象，于是又获赃款万金。通过这些方式，黄宗昌筹集了粮草二十四万四千余石，并皆按期发出，保证了入援将士的粮草供应。

---

[1] 据《即墨黄氏家乘》所收录的《黄侍御传》所载，湖广一地前前后后共抽调精锐士兵7000余人。

[2] 胡建中、江宪法：《明代赎刑制度初探》，学术月刊，1982年第7期。

[3] 宋继澄：《黄侍御传》，《山东文献集成》第一辑第18册《黄氏家乘》，山东大学出版社2006年版，第83页。

整个冬天，黄宗昌都在为后方调度的事情忙碌，待诸事皆定，国事稍歇，便重回本职工作，调查楚岷王被杀一案。黄宗昌在经过详细调查与谨慎会勘以后，终于将大案结定。藩王被杀，真凶受审，但是关于楚岷王的继承人问题还没有解决。中国自西周以来便实行嫡长子继承制，当时旁系一脉贪图王位，因而贿赂有关官员以谋求私利。黄宗昌侦知此事，于是在民间寻访到楚岷王的直系血脉，以伦理大义之名了结了王位继承一事。黄宗昌在湖广可谓尽心尽力，一心谋国，不计半点个人荣辱利害，然而他的所作所为却并没有得到公正的评价。先是之前幕后转运调度之功被周延儒、温体仁等留中不报，后是审结敲定宗室被杀一案、查明藩王继承关系之功，被转至同行宦官身上，黄宗昌最后居然只得了一个因人成事的评价。党争误国，于斯可见。

温体仁、周延儒如此明目张胆打击治国贤臣，阻碍黄宗昌的个人仕途仍嫌不够。也许是惧怕了他在湖广地区表现出来的强大的个人才能，温体仁居然想通过栽赃陷害的方式彻底排挤黄宗昌。黄宗昌早年曾任清苑县县令，于是温体仁便派党羽让当时的清苑县令崔泌之以百姓拖欠钱粮为由构陷黄宗昌，被崔泌之拒绝。然而小小一个七品县令如何能阻挡当时已是宰辅的温体仁呢？温体仁直接命御史弹劾崔泌之，将其下入昭狱，以严刑峻法逼其就范，然而崔泌之始终不从。无可奈何之下，温体仁的党羽便暗中修改了黄宗昌的任职年份，强行将百姓拖欠税收的罪名安在了他的头上。之后黄宗昌便迎来了长达十年的调查。在此期间，黄宗昌看透了其中委曲，于是便在核查未结束之前辞职回乡，自此隐居不出。一代骨鲠直臣就此告别了仕途，令人不胜唏嘘。

黄宗昌忠贞不贰，仗义执言。他的为官生涯贯彻了传统儒家的仁义理念，即使在黑暗的政治环境下也能保全个人的高尚节操。他勤于谋国，怠于谋身，最后终因树敌过多，惨遭陷害，早早结束了自己的仕宦生涯。然而他的政治经历与处事为人却足以照亮千古，不断地为即墨黄氏家族的延续提供精神指引与前进动力。

第四节　秉公执法，为民做主

黄贞麟，字方振，号振侯。其曾祖黄兼善，乃黄嘉善之二弟。祖父黄宗晓，历任河南登封县丞、山西文水县丞等职。其父黄墿，也因他获赠奉直大夫。黄贞麟于崇祯三年（1630）生于即墨东关祖宅，幼年经历颇为坎坷，四岁时其父身遭大狱，三年后才得以平冤昭雪。然而不久，天下大乱，兵祸频起，丧乱日临。城中家室残破，无奈全家只能避居乡村。在此期间，黄贞麟随蓝古玄、孙汝等先生读书，颇受长辈器重。然而未及弱冠，黄贞麟的祖父和父亲便相继去世，自此他与母亲相依为命。黄贞麟自幼天资聪颖，加之勤奋刻苦，终于在二十八岁以二甲第十名高中进士。曾先后任安徽凤阳府推官、直隶盐山县令、户部山西清吏司主事等。官声卓著，为一方能吏。

一　孝义两全的高贵品性

宋琏对黄贞麟有如下的评价："天性仁孝，宏阔而明敏，今之恺悌君子也。其出与处，皆以利济为肩荷，虽终始多忧患，而适以成其仁孝之身。"① 纵观黄贞麟的一生，他无疑是当得起这样的评价的。

许慎在《说文解字》中诠释"孝"为"善事父母者。从老省，从子。子承老也。"② 孝本身强调的是子女对父母的侍奉与赡养，黑格尔曾说："中国纯粹建筑在道德的结合上，国家的特征便是客观的家庭孝敬。"③ 黑格尔的话更多强调的是孝道对于国家政权的维系。不可否认，在中国古代社会中孝道本身对于国家的维系、家族的稳定起了极其重要的作用，它已经超出了一般的情感范畴而外化为一种社会的运行秩序。然而作为人类个体本身，每一个生命皆源自父母，再经族中长辈与父母共同抚养长大，故孝道在中国历代皆受到特别高的重视。

黄贞麟九岁时，曾祖母去世，此时年纪甚小，他对于生死的概念还比较模糊，只是感到悲哀，虽然终日痛哭流涕，却不知原因为何。未及弱冠，又经历了祖父母、父亲相继离世的打击，他在自撰年谱中有"是时

---

① 宋琏：《黄计部传》，《山东文献集成》第一辑第18册《黄氏家乘》，山东大学出版社2006年版，第198页。

② ［汉］许慎撰，［清］段玉裁注：《说文解字注》，上海古籍出版社1981年版，第398页。

③ ［德］黑格尔：《历史哲学》，上海人民出版社1990年版，第232页。

哀毁真不欲生矣"①的话，从中可以窥见这些遭遇给他带来的痛苦和他孝顺的天性。

所幸的是，黄贞麟之母颇为长寿，享年八十一岁，而黄贞麟无论何地为官，母亲都常在身边。因此当其母离世之时，他的哀戚之情尤为沉痛，他自称："麟罪孽深重，不自死亡，而祸延于慈母抱疴两年，忽然捐弃，触地刺心，恨不追随地下耳。"② 除此之外，黄贞麟本人极其重视丧葬祭祀，在他看来如果失去供奉，祖先会沦为孤魂野鬼。比如他的好友也是其儿女亲家的戴还素在天津做官，不幸早亡，膝下儿女大多夭亡，只留一身体残疾的二子，黄贞麟听闻此事，将他好友的灵柩从天津运至即墨上庄，并且叮嘱自己的后代为其供奉香火。因为秉持着传统的鬼神观念，因而在处理自家丧葬时，尤为慎重。黄贞麟之父早亡，当时营葬草略。在其母逝世，欲将父母合葬，开棺之时，发现墓中有大量积水，此时心情可谓悔恨交加，肝肠寸断。所以等到再次建造墓地时，为了避免重蹈覆辙，"石用山石，砖用澄泥，磨碧制造，颇如法，外加灰隔尺许"，冀免水患。用心之良苦，真可谓至诚至孝。

如果说，黄贞麟在处理与父母及祖辈间的关系时，秉持的是单纯的孝道，那么在处理朋友与同僚之间的关系时，秉持的便是信义二字。黄贞麟一生担任过三个官职，在与自己的上司和同僚打交道时，他多有济困解危之举。如在任凤阳府推官时，时任凤阳太守的周镖卷入海寇谋逆案，被来自朝廷的官员查办，被判死刑。临死之前，周镖以手书将自己的妻儿托给黄贞麟照顾。周镖涉及的案件是海寇谋逆案，当时清朝初建，大量遗民势力或隐藏于东南沿海，或流亡海上作一方水寇。周镖的案件事涉敏感，照顾这种案犯的妻儿其实是面临着极大风险的，当时人避之唯恐不及，而宵小之辈已欲图谋夺其家业，恰在此时黄贞麟挺身而出，抚慰孤亲，查验库籍，捍卫周镖妻子与儿女安全，使周家家产不被侵没。

自古官场险恶，昨日也许是意气风发，独步青云，今日便会因各种祸端陷入困境。康熙四年（1665）春，黄培之子黄贞明与蓝溥之子蓝启新发生冲突，谩骂之间辱及双方长辈，蓝溥气愤不过将黄培的《含章馆诗

---

① 黄大中：《清山西清吏司主事方振黄公年谱》，《山东文献集成》第一辑第 19 册《黄氏家乘》，山东大学出版社 2006 年版，第 199 页。

② 同上书，第 228—229 页。

集》中指责清廷的诗句摘抄后上告县衙,在此期间黄培家的佃户金桓为报私怨,也以《含章馆诗集》为证,控告黄培私通南方流寇,意图复兴明朝。此事经黄培亲家姜谦受调停疏通,最终以私了结束。然而康熙五年(1666),此事再起波澜。翰林院侍讲姜元衡本为黄家养子,在高中进士后恢复本姓。姜元衡心性不正,因贩卖童生资格而受到朝廷的处罚,平日又结交官府,为害一方,因而受到黄培的责骂与鄙夷。

姜元衡怀恨在心,欲置黄培于死地,于是他先是挑动金桓再次到济南抚院控告,结果金桓反而因诬告被判罪。姜元衡担心黄家查明端由,于是又抛开伪装亲自上阵,炮制了黄培的十大罪状,并呈交给了山东督抚,督抚不敢擅专,上报朝廷。于是康熙连下六道御旨,严加审问,自此事情一发不可收拾,而黄家也面临着从未有过的危机。黄培依辈分是黄贞麟的伯父,两人同时也是诗友,年轻时经常共同唱和,黄培《含章馆诗集》的跋,便是黄贞麟所写。也因为这层关系,黄贞麟也被牵扯了进来,于康熙五年(1666)罢官归乡,接受询问。

深陷牢狱的黄培,对黄贞麟感到非常歉疚,然而当事人对此并未在意,因为相对于官声仕途,他更看重两人间的情义。也只有这样的坦荡君子才会说出:"为此解组,又何憾焉"① 的话。在此之后,他又为同样牵扯其中的族中长辈出财出力,抵押田产,广散家财。黄家文字狱自康熙五年(1666)事发到康熙八年(1669)结案。由于黄培本人极力为亲友开脱,加之清廷高官从中维护,因此涉案成员除黄培被处极刑外,其余皆免于死刑。然而经此一事,黄氏大受打击,族中伯、叔包括黄坦一脉都负债不少,其中有不少涉及田产抵押。黄贞麟为官后家底也算殷实,他将手中闲田与资财借予亲友,在渡过难关之后,却将所有债权全部销毁,轻财重义,颇具君子风范。

二 清正爱民的施政手段

《礼记·乐记》有云:"修身及家,平均天下。"② 孝悌之道是家族内人际关系的准则。同样是为了坚持原则而承担风险,坚持孝义和坚持仁道相比,前者要比后者容易许多。因为前者涉及的是族人,而后者则更多地

---

① 黄大中:《清山西清吏司主事方振黄公年谱》,《山东文献集成》第一辑第19册《黄氏家乘》,山东大学出版社2006年版,第211页。

② [清]孙希旦撰,沈啸寰、王星贤点校:《礼记集解》,中华书局1989年版,第1013页。

涉及的是陌生人。因此，在修身之道中，治国与平天下是放在修身和齐家之后的。黄贞麟为官三十载，官声隆裕。在凤阳任推官时，他谨遵廉政爱民的祖训，遇事勇言敢决。如在处理蓄发案时，当时河南有一恶霸名叫范之谏，与昝姓家族有仇怨。为报仇怨，他将流浪艺人朱虎山抓入家中，威逼他自认为前朝遗党，将他藏入昝姓人家中，欲借助官府的力量将仇人连根铲除。这起案件，经过并不算复杂，只要在地方走访一二，积极查探，前因后果明了清晰。然而由于涉及前朝宗室，无论真假，都属于政治性敏感案件，当地县令不敢自专，于是上报督抚，督抚邀功心切，以为真的捕获了前朝宗室，于是将其发往上级江宁司，江宁司也不敢独断，于是委任他省凤阳府审理，左右推脱之下，这一案件便落在了黄贞麟的身上。

此时这一事件已经不是一件单纯的地方案件，即使凤阳府查明其中缘由，也必须上报朝廷，由刑部勘验后才能彻底结案。在这一过程中，如果案犯前后供词出现差别，案情出现反转，那么相关审理人员需要承担责罚。另外如果这件事被有心人利用，作为政治清洗的借口，审理人员也会有性命之忧，这也正是之前的地方官左右推诿的原因所在。但是作为一方推官，掌管地方案件审理，黄贞麟本人责无旁贷，查明案情缘由后，便上报朝廷，案犯也一并送至京师，好在最后经过刑部查验，朱虎山确为无辜受冤之人，因此最终被释放。

在这之后，黄贞麟又遇到了一件颇为棘手的案件，康熙元年（1662），江南地区颁布新法，清查赋税，抓补逃避赋税之人，其中有些人逃往其他地区。当时凤阳府各县长官颇为积极，将疑似逃漏赋税之人全部抓获关入牢中，涉案总人数有数百之众，全在牢中等待审问。牢内空间狭小逼仄，无立脚之地，而被抓之人又多是手无缚鸡之力且无功名在身的读书人。黄贞麟听闻此事后说："诸生逋赋之罪，尚未勘明，或有冤抑，可使先僵死于狱乎？设有疏脱，麟请当之。"① 于是便令案犯的家人将这些人通通保释出去，后来查明这些读书人大多是蒙冤之人，黄贞麟本人也受到了众多童生的称赞而声名远扬，甚至有书院专门记录了此事。从结果而言，黄贞麟收获颇丰，然而当他做这件事时，其实承担着极大的风险，因为如果其中有案犯逃逸，黄贞麟本人要承担相应的过失。他之所以如此做，并非是讨好读书人来博取清名，而是出于一种同情心与同理心，而这

---

① ［清］孙希旦撰，沈啸寰、王星贤点校：《礼记集解》，中华书局1989年版，第205页。

种心理正是儒家仁道的缘起，此即孟子所谓"不忍人之心"①。

黄贞麟这种仁者爱人的思想，在其主政盐山县时，表现得更为突出。盐山县属直隶，距离京师不过五百里，土地贫瘠，民风彪悍，人丁稀少，满汉杂处，且时有旗人圈占土地的事件发生。前任县官若被分配至此处做官，不等莅任便已挂冠而去，在此为官不可谓不凶险。但是面对这样的现状，黄贞麟并未胆怯，而是迎难而上，且行事并不莽撞。针对该地百姓贫穷、多有盗贼的特点，黄贞麟莅任之初，便推行保甲制度，整合地方力量，增强百姓抵御盗贼的能力，盗贼数量逐渐减少。在他到任前，盐山县户籍散乱，因而导致地方逃役现象严重，地方赋税缺漏。黄贞麟在地方安定后，又开始重编户籍。流民入籍，给地方带来了新的劳动人口，从而使盐山县的经济大有起色。所谓"仓廪实而知礼节，衣食足而知荣辱"②，在此基础上，黄贞麟开始着手教化工作，一方面，刊印《太上感应篇》这种通俗易懂、劝人向善的读物，还时常单人独马，出入民舍，为不识字人群作文化普及；另一方面，则组织人手重建文庙，重修县志。文庙的修建是为了重振地方祭祀，在黄贞麟看来祖宗祭祀乃风化之源。他修建文庙是为了给年久不葬之人提供一个享受香火的场所，从而重整地方宗族秩序。而重修县志，则主要是为了地方有节气又秉持孝道的人立传，以此来宣扬孝道，稳定家庭和地方秩序。

此外，黄贞麟还多次为民争利，去除了许多弊端。比如灾荒之年，按例可以上报减免赋税，然而中间税吏却从中贪瞒，从不减免，以此获利。黄贞麟据理力争，将中间环节免去，百姓得以减少负担。另外黄贞麟上任之初，便将盐山县的苛捐杂税全部减免，等离任之时，担忧继任者不依照遵循，于是将盐山县的弊端总结后上报给上级，申请将所列弊端永久清除，并最终如愿。

黄贞麟离任之时，百姓自发为其刻碑记名，泪眼相送。在这之后，黄贞麟调任山西清吏司主事，掌管地方粮仓。清朝时，地方各司主事一般设两名，其配置往往是一满一汉，黄贞麟上任后多受掣肘，因而没有过多发挥，只是谨守本职，后来则因为粮仓失盗而罢官回乡，此后主要在家读书授业，安度晚年。

---

① ［清］焦循撰，沈文倬点校：《孟子正义》，中华书局1987年版，第232页。
② ［汉］司马迁：《史记》卷六十二《管晏列传》，中华书局1959年版，第3253页。

黄贞麟孝悌持家，学优则仕，实现了个人抱负。同时，还承续祖训，发扬家风，以儒家思想为立身行事之本，清正为官，为民请命。故能名列《清史稿·循吏传》，荣获一代良吏之美名。黄贞麟的从政经历，具体而微地体现了儒家思想、家族家风对士人个体成长的影响，在中国历史上也具有鲜明的典范意义。

第三章

为人称道的善举

从明代中叶开始一直到清代,即墨先后涌现出周、黄、蓝、郭、杨五大家族,尤以黄氏家族为诸族之首。钱穆曾提出:"为此门第之所赖以维系而久在者,则必在上有贤父兄,在下有贤子弟。若此二者俱无,政治上之权势,经济上之丰盈,岂可支持此门第几百年而不弊不败?"① "所希望于门第中人,上自贤父兄,下至佳子弟,不外两大要目:一则希望其能具孝友之内行,一则希望其能有经籍文史学业之修养。此两种希望,并合成为当时共同之家教。其前一项之表现,则成为家风。后一项之表现,则成为家学。"② 作为明清时期的世家望族,黄氏一族形成了独特的家学、家风传统,家族中的"和顺堂"更是直接体现出黄氏家风中对于"善"的追求。清末民初莱阳书法家王垿曾在《黄仪山先生传》中写道"墨多望族,而黄为最,佥以诗礼忠孝世其家"。③ 黄氏一族可谓簪缨继世,这种对于"善"的追求体现在家族成员身上即是善行善举,对百姓或以身殉难,或赈济灾民,对族人或孝慈和顺,或守信践诺。"积善之家必有余庆",④ 黄氏家族成员不仅在发展地方文化方面贡献卓著,这种"积善"家风也在齐鲁文化的传承与发展中起到了重要的作用。

---

① 钱穆:《略论魏晋南北朝学术文化与当时门第之关系》,《钱宾四先生全集》第19册《中国学术思想史论丛(二)》,联经出版事业股份有限公司1998年版,第272页。

② 同上书,第293页。

③ 王垿:《黄仪山先生传》,《山东文献集成》第一辑第18册《黄氏家乘》,山东大学出版社2006年版,第320页。

④ [魏]王弼撰,楼宇烈校释:《周易注校释·坤》,中华书局2012年版,第14页。

第一节　和顺之堂，孝慈为本

"和，相应也"，① "顺，理也"。② 所谓和顺，《易·说卦》中解释为："和顺于道德而理于义。"孔颖达疏曰："上以和协顺成圣人之道德，下以治理断人伦之正义。"③ 黄氏族人循天理人伦，更专设一堂，名曰"和顺堂"，在其家风的传承中尤其重视家族的和睦孝慈。释德清（憨山）作有《和顺堂记》，黄氏和顺孝慈的家风可见一斑：

余观风三齐、行乞过墨。墨，古名邑也。当山海奥区，故萃多文艺，参伍其指，则黄氏著焉。何以知其然耶？始余休舍，坐未温，则户外之胳屦满矣。蒸蒸四座，叩其族，多曰黄氏哉！是以知其然耳。故先得幸隐君讱斋翁，翁当世宗朝，以明经起甲第，由朴性持薄俗，止一令即挂冠归，卧林下者廿余年，怡然自乐，餐和饮醇，俨然羲皇上人。方课子诵习先王之业，翁三子玉立。长公是泽山先生，先生赋性肖天，而益厚独后，识余，一见两奇之，且斋食我和顺堂。食倾而问先生曰："堂以和顺名，何谓哉？"曰："名志也。"曰："异哉！子之志，且夫志。"志于富贵者，不足称也；志于功名者，盖有之矣；志于道德者，无以尚之；志于和顺，未之见耳！夫和顺道德之华，仁义之实也。故语曰："先王有至德要道！以顺天下，民用和睦，夫道德之质也。"故天以之高，地以之厚，君以之贞，臣以之忠，父以之慈，子以之孝，兄以之爱，弟以之恭。含灵抱识，莫不以之起居食息，故无所以者，无所可用也，即一身之中，苟无所以，则六凿相攘，百骸违令，何况覆载两间，君臣父子兄弟物我为哉！今也光生有天若此，又为众天，故志和顺，是躬行仁义，披服道德，非以刻意励俗，羞乎眉目吴越，肝胆秦楚者耶！虽然是已，犹一曲也。且夫天地之大，六合之广，众物之多，计一间之在大块，犹一沤之在溟渤，一

---

① ［汉］许慎撰，［宋］徐铉校定：《说文解字》，中华书局2008年版，第32页。
② 同上书，第182页。
③ ［魏］王弼撰，楼宇烈释：《周易注校释》，中华书局2012年版，第258页。

室之在大虚，扰一毛之在马体，何其鲜也。先生诵习先王之言久矣，日者方将道术进之庙堂，致吾君于尧舜之上，身长百物，大顺天下之亲，以和民人，泽及四海，施及后世。如此则是居道德之乡，而表寰宇之舍也，又何区区蜗角蚊睫间为哉？较之彼此，孰为先后，先生唯唯，再拜而起曰："庸虽不敏，敢不卒业，言是不为无当，故名副墨之子，俦之洛诵之孙云。"①

"百行道首，以孝为先"，孝道是中国文化的重要内容，也是为人处世之准则。黄氏家族崇尚"和顺"，尤其突出"孝"的地位，将孝作为家规族法的重要内容以及规范子孙后代思想、行为的重要准则。在和顺家风的影响下，黄氏族人对家人尤为孝敬，其事在乡民间多有传颂，广受赞誉。

黄作孚，可以称得上孝顺的典范，其行均以孝为先，"其在莱，自同府而下，毕有赠，赠累十余金，先生悉驰以献太公所，无私藏焉。"②"诸生时，受郡伯王公聘，为傅其子，聘金暨岁时所馈遗，物甚厚，公悉以献亲所，无私藏者。一颖楮之费，必以秉命，用是孝闻闾里。"③自己所获财物皆献于太公，从不私藏，对于族人、亲眷也极为和善。"先生有姑，适赵氏者，老且窘无依，先生恻然迎养，昕夕供甘旨，如母礼，终姑之身不衰。"④其姑母家境贫困，老年无依无靠，黄作孚于是将她接到家中，待以母礼，直至其终。

黄宗瑗，字我玉，号良夫，黄嘉善第二子，虽为人严肃，但对亲人极为和顺恭敬。"太保公疾革，瑗自京师驰归入省，太保公方沉睡，退而候于庭。家人至，问视疾诸状外，不及其他，其以茶汤进者，叱去之。太保公寤，呼入问朝事，已，侍侧不少息，终不入私室。"⑤宋琏在《明刑部郎中黄公传》中谈到黄嘉善生病，黄宗瑗便立即由京师回家看望，见父亲正在沉睡，于是一直等在门外，直到黄嘉善醒来问及朝廷之事，黄宗瑗

---

① 《山东文献集成》第一辑第 18 册《黄氏家乘》，山东大学出版社 2006 年版，第 575—577 页。

② 同上。

③ 周如砥：《黄高平先生传》，同上书，第 35 页。

④ 周如砥：《黄切翁先生传》，同上书，第 28 页。

⑤ 宋琏：《明刑部郎中黄公传》，同上书，第 58 页。

在父亲左右侍奉，未曾休息，也不曾回私室，足见其至孝之心。

黄宗晓，字至伯，"黄大司马（黄作孚）仲弟之子，少孤，事母孝，有弟析居，竭力尽养则独任之。母有余或与弟，亦不问。乡人称其事，谓德自性生，其蕴蓄大矣！"① 黄宗晓待母至孝，尽心竭力，乡人皆称其孝慈有德。

黄堣，字汤谷，对待族人非常亲厚。《黄教谕传》云："族子贞珣，幼失瞻依，贫不能自立，撤庄田百亩，俾之耕以自给。寻复捐义田若干亩，而宗敞戚友得所倚庇，他若重建先贤闵子祠，世俗以为难，而自识者言之，则犹读书好立名者之所优为，不足为公重也。"② 他接济孤贫族子，捐义田使族人有所依傍，为人所称道。

黄壖，字子明，性沉静厚重，笃孝友。"癸卯秋，叔弟起埰病故，念骨肉残伤，两世孀居，即以次子贞敛为嗣，无难色。己酉春，伯母病卒，适伯弟埴有事历下，凡胝视尝药，以及含殓送终，皆身任之，虽昼夜劳苦弗恤。"③ 黄壖和顺待人，供养叔弟子嗣，侍奉伯母疾病，至病亡身后事都尽心尽力，以孝为本。

黄垦，黄宗栻之子，为黄宗栻任昌黎县丞时所纳之妾顾氏所生。一次趁黄宗栻外出，顾氏被其嫡母逼死，"以荐裹尸，弃诸野。昌黎人怜之，具棺瘗焉。垦渐长，欲省其墓，贫无以给，居常泫然。后佣于长安市，赀稍裕，走昌黎，询得之。发塚悲号，路人感泣，舁以归，与父合葬。事嫡母至八十余，人称其孝云。"④ 黄垦靠做佣工将其母遗骸由昌黎带回故里，与其父合葬，固然令人感动，但他对害死自己亲生母亲的嫡母能够终生尽孝，才是超乎一般孝道、常人难以做到的。

黄贞麟，为人仁孝，少时其祖、父相继去世，三日不进水浆，大哭不止，其母劝慰他说："麟乎！两世遗一孤，而不爱其身乎？吾以尔故，为未亡人。而尔乃若是耶？"⑤ 黄贞麟才进粥，晨则省，昏则定，出必告，事母至孝；

---

① 宋继澄：《快山先生传》，《山东文献集成》第一辑第18册《黄氏家乘》，山东大学出版社2006年版，第55页。
② 方粹然：《黄教谕传》，同上书，第182页。
③ 佚名：《子明先生传》，同上书，第186页。
④ 黄靖伯：《黄孝子传》，同上书，第185页。
⑤ 宋琏：《黄计部传》，同上书，第199页。

晨出升堂必告于母始出，其退也，必先至母前，虽署有宾客亦俟谒母而后出相礼，其往来馈遗出纳，必自母所，其所居之室，在母堂侧，朝出暮入，如寄寓耳室，无私财长物，其室人所需服饰器用，必如所有，寄之女弟也，吾闻诚于孝者，仁必至。①

　　黄贞晋，字伯鉴，号杞园，黄坦长子。《伯鉴黄公传》中记载："父令浦江归，贞疾二十年药饵之养，棺身之附，无几微憾。既葬，结庐墓侧，日夕省视，三十年如一日。笃爱两弟，仲夭于同居，析箸日，不留其产，而以孙为之嗣。"② 俗语云"久病床前无孝子"，但黄贞晋事亲至孝，下葬后便在墓侧建庐供养，早晚省亲问安，三十年如一日，深得乡人称赞。

　　黄仲通，名理中，号墨山，黄贞麟第四子。事父母以孝闻，曾割肉入药：

　　　　太恭人以高年得危疾，医者曰："必亲丁肉入药剂，病可愈。"有顷，不见公，迹之，自书舍持片肉归，验之，血殷殷已帛束左臂，面失正色矣。公昆季俱纯孝，终太恭人身，未敢言割臂事。③

　　医者言需以亲人肉丁入药方可病愈，只见黄仲通从书舍手持肉片以出，左臂有斑斑血迹，面色失常。为免亲人担心，太恭人至终不知黄仲通割臂之肉入药，可谓纯孝。

　　黄象辕，字子固，号柱庵，廪贡生，黄肇颚次子，孝闻乡里。"幼失恃，事继母迟太孺人，以孝闻，太孺人疾，汤药亲调，必长跪于地，俟适可而进之。"④ 凡汤药一定亲自调理，跪地侍奉。

　　黄立世，以孝闻名。其父黄奭中去世早，兄长垂世比他大20岁，他

---

① 宋琏：《黄计部传》，《山东文献集成》第一辑第18册《黄氏家乘》，山东大学出版社2006年版，第204—205页。
② 《府孝义志》：《伯鉴黄公传》，同上书，第226页。
③ 孙士斗：《黄涿州传》，同上书，第271页。
④ 于凤翰：《黄子固先生传》，同上书，第332页。

视兄如父,"晨必先起,晚必候世父寝乃寝,终其身如一日焉。"① 这里的"世父",是立世之子黄如琚对他的伯父黄垂世的称呼,因黄垂世在家中排行第二,文中或称"二世父"。黄如琚又说:"未几,世父病,府君日单骑走乡村,夜必席地坐病榻前,检参术,视炉火,微闻气噎,即手自抚摩,增减衣被,揩拭床蓐,或至连夜不得眠,盖不解带者年余,不孝琚屡请代,坚不许。世父时泣谓不孝曰:'尔父事我,孝子事父母者不若也。'"② 黄垂世生病,黄立世每日往返,于病榻前衣不解带地侍候,亲身侍奉,不曾假手他人,为照顾兄长甚至彻夜不眠。

从《黄氏家乘》的记载来看,无论朝代变迁,时间流逝,即墨黄氏和顺孝慈的家风始终在不断传承,并无间断。受此影响,嫁入黄家之妇在孝慈家风的浸染下,为人也多以和顺为本。孺人杨氏,年十七归鹿泉先生(黄念甝),为黄氏家妇,侍奉亲人极为周到尽心,早晚探望,嘘寒问暖,"时祖姑遘危疾,已数年,孺人从姑后,朝夕及所,问衣燠寒,有疴痒则敬搔之,得所欲而敬进之。祖姑殁,姑复病,孺人事姑如事祖姑,尤加谨焉。""舅年老,常恐过哀,时时出和语一慰其意,亦以是教其子,乡里或邀舅饮,则命稚子候门,而自煮粥以待,必舅归餐毕,然后退。舅殁,遇忌日及春秋家祭,必敬必慎。"③ 有舅年老,她便时时宽慰,及其舅去世,每逢忌日或春秋家祭,必恭敬奉之。

总言之,和顺堂,既是家中厅堂,更是黄氏家族家风独特的象征,见证了黄氏家族百年来的兴衰,也见证着"和顺"家风的代代传承。可以说,黄氏正是得益于这种家风的承继,才使得家族能够在风雨飘摇的时代中屹立不倒,延续至今。

第二节 君子守信,宽以待人

"从人从言"为之信,在中国传统文化中"信"是一个较古老的德

---

① 黄如琚等:《皇清敕授文林郎癸酉经魁甲戌明通广东潮州府饶平县知县显考柱山府君行述》,《山东文献集成》第一辑第19册《黄氏家乘》,山东大学出版社2006年版,第427页。

② 同上书,第428—429页。

③ 孙宝田:《杨孺人家传》,《山东文献集成》第一辑第18册《黄氏家乘》,山东大学出版社2006年版,第317—318页。

目,在五德(恭宽信敏惠)、五常(仁义礼智信)、五材(勇智仁信忠)中,都包含有"信"。至明清时期,资本主义萌芽使传统的信义与现实利益之间的矛盾更为突出。在此背景下,即墨黄氏族人仍然坚守信义,重承诺,行君子之风。其中,为人仁厚,重视信义的黄正,即是代表之一。宋琏《明赠光禄大夫太子太保兵部尚书黄公传》曰:

> 佑值既定,未校一钱,期日来取。客以他事迁延,阅月价日高,客以常情度公,当无舍贵位而从践约者,置不问。比春,价且倍,公待之久,客不至。或曰:"价若此,君不出此以得值,将焉用之,且是奚待也?"公曰:"吾所以不出此入市者,与客期也,岂不知贵出贱入,市道若尔哉?顾吾不欲取值于粟,欲取值于心耳。"居无何,遇客于途,揖客曰:"前所云芝麻,久贮以待子,曷取诸?"曰:"向之请籴于君者,廉于值,期逝矣!计值于今,岂惟倍也,又且过之,资薄而厚值,故不敢请。"公曰:"向之值,先定之矣,吾贮以待子,岂计厚值哉?苟欲厚也,芝麻腾贵,岂其不得于市,贮以待子耶?"曰:"君固许我,我实未授一钱,空言耳,今之值数倍于昔,则厚实也!以空言弃厚实,岂其然?"公曰:"若尔岂金重于言哉!吾固许之,又悔之,虽得厚实,吾能慊于心乎?凡物之不慊于心者,终弗享也,且夫多寡之数,分定之!分定而求益焉,是求于分之外者也,吾不知其所终矣!"卒延客至舍,示所贮,计石不爽,取前所估付之。
>
> 邑有经商者,与公卖粟江上,以所得金,欲渡江买货归。其人欲往,时江船多盗,往往取人之金而溺之水,公曰:"君无子,历险不可,吾其往焉,即不虞,无憾也。"公持金去。中渡,见舟中人不类,公故作失误状,绐之曰:"吾渡江买货而忘挟金,行将安之?"除冠,抽头上簪,授舟子曰:"聊以酬此空渡,幸返棹,吾寓去此不远,幸少待,当复来,又重酬也。"舟子信之。既登岸,始知公故有怀中金。公既脱,趋寓未至,寓主人疾走遇公,曰:"幸君未渡,且急归,彼同君来者,已启君之扃矣!恐失君有,俾小人殆,故来告耳。"至,则其人尚闭户启笥。公曰:"勿张也!人孰无耻,彼实出此,吾乘之,将不堪,吾所失小也,彼则失大,吾以小物张人大失,即吾无以善其后矣!"使寓主人谨伺其出,俟掩饰既毕,乃从容相

见，为道江上事，与之处，若不知其人有启苟事者。①

又《邑德行传》说：

> （黄正）世业农，性仁厚，重然诺。尝籴芝麻于客，估值定，未授一钱，客后迁延不来，比春，价数倍，公以前约，卒如值付之；又与邑人卖粟江上，时多盗，公以其人乏嗣，身自往，半渡，见舟中人不类，回舟趋寓。主人报公，谓同来者启君箧，公不欲张之，俟其掩饰毕，然后相见，为道江上事，如不知启箧事者；公园多树，邻子日夜窃伐，公虞其夜半失足，俟其束薪毕，乃从容导之，令负薪以归；适野，有误认公驴者，不少辩，明日，冒认者以乘还，谢罪不遑，公慰而遣之。盖公之隐德类如此，故邑人谓黄氏科甲累叶，发祥自公云。②

黄正卖芝麻的事迹前文已有叙述，在金钱利益面前，他仍能坚守前约，可谓一诺千金。还有一位商人，黄正与他一起到江淮一带买粮食，但当时江船上强盗不少，四处抢掠财物，凶险异常。黄正考虑到商人无子，就自己只身前往，船到江心，黄正发现船上之人鬼鬼祟祟，定非善辈，于是对船家说："我渡江去买货却忘记了带钱，这怎么办呢？"他摘下帽子，抽下头发上的簪子送给船家说："让你空跑了一段路，这是答谢你的。我就住在江边不远的客店里，你把船划回去，我回去拿了钱再来，那时一定重谢你。"船家深信不疑，把船划回去，等上了岸才发觉中了黄正的脱身之计。黄正上岸后，准备回客店，遇到店主人慌慌张张地告诉他说："你的同伴正在偷翻你的行李。"黄正回店后悄悄观察，发现果然如此，他劝店主人先不要声张，一直等到同伴收拾完毕从房间里出来，才与其从容相见。黄正所作所为具君子之风，淋漓尽致地体现了这位黄氏族人性格仁厚、宽容的一面。

黄正的事迹还有很多，黄正的家靠近城郭的田地多数种植树木，邻居

---

① 宋琏：《明赠光禄大夫太子太保兵部尚书黄公传》，《山东文献集成》第一辑第 18 册《黄氏家乘》，山东大学出版社 2006 年版，第 8—11 页。

② 《邑德行传》，《山东文献集成》第一辑第 18 册《黄氏家乘》，山东大学出版社 2006 年版，第 23 页。

的孩子经常去偷伐树枝。有一天夜里,黄正发现有人在高树上偷伐树枝,他怕偷砍树的人受惊从高树上掉下来受伤,就一直等到那人从树上爬下来,才上前对其进行劝导。还有一次,黄正骑驴到田野,碰到一个丢了驴的人,这人误认为黄正的驴是他家的,让黄正下来还驴。黄正让他把自己的驴牵回家去仔细看看,如果认为驴的确是走失的那只,那就是黄正的罪;如果不是走失的那只,就再送回来。第二天清晨,那家人的驴自己回家了,对方把驴送还给黄正,并道歉称冒犯了长者。黄正却并不在意,反而安慰他"物皆有相似"。黄正以其仁厚亲善、通情达理使得黄氏家族逐渐形成了优良家风,始终保持着守信重义,不骄横、不奢侈,宽以待人等优良传统。在黄正的带动下,家境日盛,后代大有作为。

第三节　积善尚义,赈饥济困

善、义是中华传统美德,黄氏一族历经百年,始终坚持着积善尚义的家风,在对乡人赈饥济困方面表现得尤为突出。在清代,由于国家财力所限,荒赈救济中直接拨谷发银的比例大大降低,民间捐输比重增大,官方也认为民间自发的救助行为可以辅助荒政,"任恤之行于乡,大抵藉富者之资,而其事足以辅当途之荒政。"[①] 在这种背景下,地方士绅承担了更多的地方社会救济责任。黄氏族人赈灾义行的记载较多,这种个人的救济行为虽然规模小,但因其数量多,往往能够有效地帮助地方渡过危机。从这一角度而言,黄氏族人无论从政与否,都尽其余力赈济乡邻,"不独亲其亲,不独子其子",自觉承担起社会责任,心怀大善大义,以此传家。

黄作孚,积善尚义,民誉极高。

>邑人吴氏子,以膏腴地二十亩鬻先生家,亡何,吴流离,先生召而慰之曰:"夫民不业不土著,汝今者颇思常业不?"亲以其地质归焉,吴顿首流涕,不敢受。先生徐曰:"我岂索若赎者耶?"固命持去,而讫不索其赎。燕人刘公棻,除墨司训,奉其亲千里而来,甫浃

---

① [清]杨景仁:《筹济编》,李文海、夏明方主编《中国荒政全书》第二辑第四卷,北京古籍出版社2004年版,第185页。

旬，亲没，官冷禄薄，且于时未有禄也。计不复顾桑梓矣！先生乃施之棺，以倡多士，得数十金以行。邑之廛市广而地狭，贫民物故者，大都弃沟壑，暴骨相望，先生为出资，市近郊地掩之，贫民便焉。①

癸未、甲申时，岁比不稔，吾民鸟面鹄形，枵腹而待毙。先生尽出所贮粟，薄其值鬻之，所以全活以千数。其他高义燉行，类如此。语曰："正人在朝朝重，在野野重。"②

黄嘉善，为人仁厚，尚道义，时常赈济乡人，"岁聚鳏寡孤独废疾而赈济之"。③ 黄嘉善对人亲厚友善。"公为人处厚，在乡党不挟贵，褴褛而前者，登上座，具盘飧，欢若平生，既去，必周其不足。而身崇俭朴，衣布食蔬，子弟着华服，则斥之。仲弟早卒，抚其子如己子，为蒙师置室。养亲知。称贷者，不受券，或受焉，终焚之也。"④ 有衣衫褴褛者，黄嘉善则赈济餐饭，待人大方周到。黄嘉善崇尚简朴，平日里衣着朴素，餐食简单，家人如有穿华服者则斥责之。如有人向其借贷，黄嘉善则不收借据，即使有时收下借据，最终也都烧毁，为人宽厚信义如此。万历四十三年（1615），黄嘉善回到家乡，"归里，会岁大祲，人相食，公出金粟周之。朝廷建坊奖励，辞不受。"⑤ 当时即墨遇大灾，于是黄嘉善出粟百斛、银圆百两赈济灾民。朝廷想要为其立坊以示奖励，他却坚辞不受，其积善尚义之行为乡人所重。

黄宗晓为人乐善好施，为乡人排忧解难，"所至皆有惠施，民不能忘。司马闻且喜曰：'吾弟之后有人，吾无憾矣。'公生平慷慨，尚气节，敦族姓，睦乡里，排难解纷，事每身任，不忍见世有不平之气。理不直者，皆惮公，义屈之也。"⑥

黄宗臣，字我臣，号邻庭，为黄嘉善第四子。性格端正，严于律己，即使闲居一室，也如严师在侧，待人宽厚。"庚辰、戊子、辛卯，三遇饥

---

① 周如砥：《黄讱翁先生传》，《山东文献集成》第一辑第 18 册《黄氏家乘》，山东大学出版社 2006 年版，第 28—29 页。

② 同上书，第 29 页。

③ 左懋第：《黄大司马太保公传》，同上书，第 45 页。

④ 同上书，第 48 页。

⑤ 《邑政绩传》，同上书，第 52 页。

⑥ 宋继澄：《快山先生传》，同上书，第 55 页。

荒，三筑舍煮粥，不使有寒凉不时之虞。"① 即墨三次遇到饥荒，黄宗臣便三次建屋煮粥，赈济饥民。

黄塥，字汤谷，为人大方直爽，待人亲厚，重道义，性友善。《黄教谕传》中云：

>（黄塥）性伉爽，遇不平即义形于色，已而旋自消融，盖中不留宿憾也；墨之学宫，岁久梁倾折，公以数世乔木易之，无吝色；墨有能文士曰尹际复，其弟际泰，皆与公友善，家赤贫，公雅重之，岁给所以仰事俯育者，甚厚。已卯、壬午间，际复兄弟先后登贤书，无何际复死，公周恤者备至。际泰赴公车，虑母老无所依，当发迴疑，公劝之曰："毋痛心于尔兄，今日惟有博一第以慰老母耳，行李之困乏，无忧也。"乃请于节推先生，出橐中金侊助之，且曰："堂上之甘脆，吾任之，君行矣，无烦内顾。"胶西杨生文，贫无归，公给养之，终其身。②

即墨学宫因年久失修梁柱倾塌，黄塥则出资修建，未尝吝啬。尹际复兄弟二人家贫，后际复去世，黄塥体恤周到。其弟际泰将要上任，担心母亲年迈老无所依，黄塥宽慰他无须担心，为其奉养亲人。胶西杨生文家贫，黄塥于是接济他直至终老，其善若此。

黄贞晋，积善尚义，为人宽厚，以善待人。"好宾客，四方游士，延接如不及，客死者为之归。""梁生大宗，辽籍也，旅食于墨，分宅居之，为具饘粥费。时岁饥，生持墨迹缣素求售，曰：'世家藏也，不欲人名其主。'授之直，而生卒。逾年访得其主，更以价酬之，曰：'勿为亡友身后累也。'其立志，皎然类如此。"③

黄贞巽，字申伯，号慎斋，体恤贫弱，赈济灾困毫不吝啬，为人有君子风范。"己亥，岁大祲，邑以地质者，将流亡，公如其乡，尽出券焚之，捐其值千金，曰：'尔复售此谋朝夕，负我毋论也。'众赖以宁。秋

---

① 宋琏：《光德先生传》，《山东文献集成》第一辑第18册《黄氏家乘》，山东大学出版社2006年版，第119页。
② 方粹然：《黄教谕传》，同上书，第181—182页。
③ 《府孝义志》：《伯鉴黄公传》，同上书，第226页。

助赈,施米三百石。"①

黄贞泰,字叔同,号澹园,乐善好施。遇饥荒即出粮赈灾,救活数千饥民。"已巳岁饥,先生出粟以赈。庚午,民困甚,先生方居忧,邑长吏登门坚请,乃以衰衣调悉荒政,罄所有,为诸绅倡,活数千人。甲申,岁大耗,死者相枕于路,田产减数倍价鬻之,先生家素饶,买田百余亩,比课耕时,无田者尽思逃亡,先生曰:'吾岂忍人死,倖己生乎?'出券焚之,悉归其田。""至于助婚嫁与祭丧,排难解纷,被泽者不胜数也。"②"又尝贷粟,弭营卒之变,邑赖以安。"③ 甲申年年景极差,饿殍遍野,物价大跌,黄贞泰买下数百亩田,但看到无田之人生活难以为继,便烧毁了田产地券,将田产又还给乡民。当时兵营饷粮不足以养家糊口,于是兵卒聚集于城隍庙,准备发难,黄贞泰在路上遇到,于是给带头之人晓以利害,给他们贷粟,免去一场祸事。由此可见,黄氏一族积善尚义的家风始终在不断承继。

黄大中,字元徽,号崂村,黄贞麟长子。积善行义,带头为乡人修缮城墙,乡里遇灾荒则尽出家资以赈济。"邑城毁于水,海寇警至,长吏集轩冕而议,皆有难色,大中独先输为众倡,日监修之,城遂完。""甲申,岁大祲,死者枕籍,大中恻然,尽出所有赈之,家人嗷嗷,以饥馁告,不暇顾,其诚心任事,而以济物为急,类如此。"④

黄体中,字仁在,号镜海,别号竹坡、镜海渔人。为人仁厚淳朴。遇饥荒,捐百金赈济饥民,又收留百余口人,待到丰年,又将卖身契还给他们。"戊辰,岁大饥,捐百金助赈,四方流亡,质身于门,无虚日,纳之至百余口,粟将尽,家人憾之,渔人叹曰:'人非甚不得已,何至甘为人仆?而拒之若何?'卒与众共粗粝,不少厌。比岁丰,尽予券遣去。"⑤

像这样的事迹在黄氏族人的传记、行述中还有很多记载。如黄熙世,黄贞晋长孙,随其祖上积善尚义之德,接济贫友,赈济饥民。"有友贫不自存,分田赡之。康熙己亥,岁大祲,煮粥倡赈。老病者廪于家至二百余

---

① 黄叔琳:《慎斋黄公传》,《山东文献集成》第一辑第18册《黄氏家乘》,山东大学出版社2006年版,第245页。

② 王懿:《司马黄公传》,同上书,第236页。

③ 《府人物志》:《黄澹园传》,同上书,第238页。

④ 周毓真:《黄武康传》,同上书,第258页。

⑤ 宋弼:《镜海渔人传》,同上书,第277—278页。

人，又买仆妇，岁稔皆遣去，焚其券。"① 从上述所列黄氏族人事迹中可见，即墨黄氏积善尚义的家风始终浸润于黄氏子孙血脉之中，代代不息。

概言之，良好的家风、家学是一个家族世代延续不竭的精神动力。即墨黄氏家族由最初的农耕之家跻身为活跃于明清两代的仕宦之家和文学大族，与其独特的家风、家学传统密不可分。黄氏家族始终将积德行善、乐善好施的传统美德作为家族传承的重要部分，坚持以行善之道传家。作为明清时期即墨五大家族之首，黄氏族人为振兴家国传承文化作出了自己独特的贡献。后由于黄培文字狱案，家道一度衰落，但其和顺传家、慈孝为本、守信重义的家风与学养深厚的家学，为家族的再度中兴，提供了充足的精神力量，这其实也是中国古代文化世家福泽绵延、长盛不衰的重要原因。

---

① 《邑孝义志》:《黄庶咸传》,《山东文献集成》第一辑第 18 册《黄氏家乘》, 山东大学出版社 2006 年版, 第 279 页。

第四章

黄宗昌父子与崂山

《齐记》记载："泰山虽云高，不如东海崂"，把崂山与东岳泰山相提并论，可见崂山在古人心中的位置。但明朝以前，"崂无《志》，志之自黄侍御先生。"① 黄宗昌休归后，在崂山筑玉蕊楼，晚年在此隐居、读书，"并以玉蕊楼为基地，翻山越岭，涉水跨涧，寻胜探奇，遍访崂山宫观庙宇，抄写碑刻铭文，访寻山中古事，收集各类材料"②，专心修撰《崂山志》以寄托其一腔忧愤之情。其子黄坦对此深有体会："先君子之为《崂山志》也，岂志山哉？志其所以处山者耳，故即事以见义，触于目，发于言，人以为性情之适也，而不知伤心为大耳。"③ 并实现黄宗昌遗愿，完成《崂山志》的续写。此外，黄宗昌父子二人不仅有歌咏崂山的诗作，他们与游览和隐居崂山的名人的交游，也是崂山文化史上的佳话。

第一节 黄宗昌父子生平述略

在黄氏家族几百年历史中，慈祥的父亲与孝顺的儿子是常见的，而黄宗昌父子无疑是这许多对父子中的典范。他们拿起枪，共同保卫即墨城；拿起笔，前后撰写《崂山志》。可以说他们父子同为崂山知音，为崂山留下了珍贵的史料。

---

① 苑秀丽、刘怀荣：《崂山志校注》，人民出版社2015年版，第18页。
② 苑秀丽、刘怀荣：《崂山道教与〈崂山志〉研究》，中国社会科学出版社2011年版，第195页。
③ 苑秀丽、刘怀荣：《崂山志校注》，人民出版社2015年版，第160页。

一　黄宗昌生平

黄宗昌（1588—1646），字长倩，号鹤岭，黄师善之子。"生而秀挺，有仪度。读书绎大端，不屑屑章句。笃名义，尚气节。"① 明万历四十三年（1615）举人，天启二年（1622）进士。历任直隶雄县、清苑县知县，山西道监察御史，奉旨巡按湖广。他为人耿直、为官清廉，曾与魏忠贤等权奸祸宦进行了不懈的斗争。其事迹载于《明史》及《东林列传》。有关黄宗昌的仕途际遇和政治业绩，本书第二章已有论述，此处重点梳理他辞官归乡后与崂山相关的生平事迹。

如前所述，黄宗昌因弹劾权臣而频遭打击报复。崇祯十年（1637），他厌倦了官场的尔虞我诈，下决心辞官归里。在家乡十载的晚年生活中，他做了三件大事。

一是崇祯十五年（1642）率众保卫即墨城。这一年十二月，清兵绕过北京，取道河北，攻入山东境内。聊城、济南、济宁、潍县等相继陷落。清兵攻破八十八座城池，几十万人受到血腥屠戮，连片的村庄房屋被焚毁，大量的财物被抢掠。黄宗昌变卖家产作军饷，率众据守即墨城，在族人和城中百姓的辅助下，经过浴血奋战，即墨城得以保全，但黄宗昌付出了惨重的代价。在战斗中，次子黄基献出了年轻的生命。

关于这一次即墨保卫战，李笃行在《即墨鹤翁柱史黄老先生御寇全城记》一文中有较为详细的记载：

> 昔壬午癸未，冬春之际，旄头球芒射东海，即墨三被攻，幸先生定守议，三战三却之。高相国弘阁、成柱史勇慈，各有文记其概。掌宪李公邦华，疏荐先生于朝！先帝将起而用之。明年甲申三月，闯贼陷京师，戕及乘舆，命其党持符篆，分吏郡邑，在布列。人民怵于凶威，皆黾勉奉迎，无敢动者。先生独号恸泣血，避居海上，不与伪官交半刺，诸伪乱文书，伪吏要署爵衔，亦以预避不与。会贼败，郡县各诛其官，是时先生已办舟将航海而南，有传吴将军收复京师，东宫尚在者，乃与成勇慈柱史、宋玉仲司理相商，宜暂维舟，俟其说明

---

① 宋继澄：《黄侍御传》，《山东文献集成》第一辑第18册《黄氏家乘》，山东大学出版社2006年版，第78页。

白,何似,不得轻为去就。已而知据京师者,非东宫也,而今天子恩诏。又从南来,先生于是入城,率众郊迎,兼得友人书及宦籍,知朝廷已以原官诏用,趋之入朝,乃具冠服,南向谢恩,拜丘垄,定以八月十九日解维南矣。先数日,土寇发栾村,渐焚掠而东,中秋之夕,逼于近郊。时有劝先生间道行者,顾城中姻友士庶,皆倚重先生,先生亦不忍置之,且谓灭此而戒途未晚耳。越三日,贼抵城下,其渠率率叛窃臧获,众不满千。既而有败类三孽,先后附之,及贼之在姑密胶东者,相为党援,遂尽劫墨境内众十余万。井间姻戚,自相鱼肉,列为十四营屯,四郊焚掠,惨猛十倍壬午东兵之祸。贼制为云梯、木牛诸攻械,拥至堕边,呼噪震地。浃宵凌晨,穷凶极狠,大攻三,零攻十余,城上每击却之。时先生专守西城,而画策定三面,实受成焉。又设为游兵若干,驻女墙下,每巷战辄有斩获,已复破垒数处。即贼亦自知其无能为,特以王纲无统,所在阻兵,皆阛茸草窃。无能为人解纷,先后发丸书几二百道,贼逼城下四旬,竟未有率一旅至者。最后,杨君晋生,乘间以二十骑如郡,欲请援于原宪臬张公,忽睹所谓□□者,诸贵人适来入郡城,乃分夷丁百余,将其所收昌邑、胶西乡勇数万人,以九月晦至。号而抚之,线始降散去。然城中听以能持久,不至决裂者,先生暨其长君朗生之力也。①

二是崇祯十七年(1644)再次率众保卫即墨城。当年三月,李自成进入北京,明亡。黄宗昌闻变哀嚎,此时,接到流亡在南方的福王的诏书,以原官重新启用他。黄宗昌正准备乘舟南下时,郭尔标率众起事,再次围困即墨城。县官仓皇逃窜,宗昌率领城中士民进行抵抗,40余天,城不能破。后来,宗昌派一骑勇士闯出城外,搬来救兵,才解了城围。

李笃行《御寇全城记》对崇祯十七年(1644)的即墨保卫战,也有细致的描述:

越甲申春,逆闯破京师,祸及乘舆,皇纲失驭,所在土寇蜂起,而无赖贼郭尔标,倡众为乱,诸孽附之。贼之在始密、胶东者,亦相

---

① 见《山东文献集成》第一辑第18册《黄氏家乘》,山东大学出版社2006年版,第588—590页。

与为响应,众十余万,号十四营,环围即墨。方是时,墨故无兵,守令皆遁去,而贼所署伪官,皆被土人所诛杀,人心怔惧,宗昌登城觇之曰:"贼焰虽凶,可守而挫也。"于是练什伍,严间谍。分弟宗扬、子坦及蓝、黄之亲族等,据守三面,而自当其西隅。西隅者,贼冲也。贼制为云梯、木牛诸攻城械,拥立壕边,将次而登,呼噪震天地,城上辄飞巨石碎之。浃月之间,大攻数十余次,皆击却之。又设为游兵数处,驻女墙下,伺贼怠,辄与巷战,斩获无算。又乘夜劫破贼垒,贼始罢困。然贼围墨四旬,先后发丸书百道,邻郡无一旅援者,最后杨遇吉以二十骑乞援柯镇,兵至而围始解。①

黄宗昌两次率众护城,挽救了城中无数百姓的生命,自然是功德无量。与此相比,他所做的第三件事,就是撰写《崂山志》。这是崂山文化传承的大事,也同样值得大书特书的。

黄宗昌归乡第二年,因慕郑康成的为人和学识,特地在康成书院故址南一公里处构筑了玉蕊楼,隐居其中。他在《崂山志》卷七《别墅》中,专门撰写了《玉蕊楼自述》,记述了这件事。以此楼为基地,黄宗昌翻山越岭,涉水跨涧,探胜寻奇,遍访崂山宫观庙宇及各位道长,抄写碑刻铭文,收集各类古今资料。从勘察地形地貌到搜罗物产资源,认真标定山中路径、水流和山头建筑,撰写出第一部《崂山志》草稿。该书在黄宗昌去世后,由其子黄坦继续完成,并请清初著名思想家顾炎武撰写了序言。

由于黄培文字狱的影响,黄氏《崂山志》长期以来只有抄本传世。一直到清嘉庆十三年(1808)春,海阳诸生毛淑璜在黄氏后人处见到抄本,一见如宝,才把该书卷三《名胜》拿出来单独刻印,定名为《崂山名胜志略》。该书由即墨人郭廷翕作注,卷首除选录抄本中宋继澄《崂山志序》外,又有胡典龄序,卷末有栖霞人牟廷相所作跋语。虽然《崂山名胜志略》的刻印,距《崂山志》成书已有160多年,而且只印了八卷中的一卷,但这毕竟是《崂山志》的第一个刻印本,而且是注释本。民国五年(1916)的即墨黄敦复堂本,是最早、最全的《崂山志》刻印本。民国二十三年(1934)即墨黄敦复堂再版的《崂山志》,是铅活字印刷

---

① 见《山东文献集成》第一辑第18册《黄氏家乘》,山东大学出版社2006年版,第593—594页。

的，内容里增加了即墨人周至元（1910—1962）的《游崂指南》和《名胜题咏》，可以说是《崂山志》迄今为止影响最大、流行最广的一个版本。也正是《崂山志》，使黄宗昌在青岛文化史上占有了一席之地。

二 黄坦生平

黄坦（1608—1689），字朗生，号惺菴，黄宗昌长子。敕授文林郎，曾任浙江浦江县知县。"性至孝，谓人生莫大于孝。"① 黄坦的孝，有他自己的特点，那就是"父所志亦志之，持行不息。"② 其父候审的十年间，正是他从23岁到33岁，"先生学深而时不淑，以侍御公之厄于执政，五赴秋闱而不售，仅以副榜，贡入北雍。"③ 黄坦很有学问，但时运不佳，因为父亲的缘故，五次赴考都没有获得理想的结果，至崇祯十二年（1639），方为副榜拔贡④。但他没有任何抱怨，"犹以为士而自立，非天所能限也。"⑤ 对不公正待遇的态度，最能看出一个人的修养。是怨天尤人、自暴自弃甚至从此沉沦，还是直面人生、依然积极向上，这是两种截然不同的态度，黄坦显然属于后者。在人生最宝贵的青春岁月里，为了对抗小人对父亲的诬陷，他找资料，寻证据，做了大量的工作。难得他能在十年的时间里"静而守之，坚而持之，理而安之，恃其不可以挠我也。"⑥ 更为难得的是，这么漫长的等待并没有磨去他的意志，他坚信父亲的清白："大人生平，其未可诬也。雷霆风雨，亦何损于光天，吾不有清白在耶？"⑦ 黄坦与黄宗昌，可谓父子兼知己！

崇祯十五年（1642）和崇祯十七年（1644）的两次即墨城保卫战，

---

① 宋琏：《秋水先生传》，《山东文献集成》第一辑第18册《黄氏家乘》，山东大学出版社2006年版，第149页。

② 张英：《敕封浦江县知县黄秋水墓志铭》，《山东文献集成》第一辑第19册《黄氏家乘》，山东大学出版社2006年版，第15页。

③ 宋琏：《秋水先生传》，《山东文献集成》第一辑第18册《黄氏家乘》，山东大学出版社2006年版，第151页。

④ 副榜拔贡：由副榜录取到国子监读书的人。副榜是科举时代一种不同于正式录取的榜示，即于正式录取的正榜外，再选若干人列为副榜。

⑤ 宋琏：《秋水先生传》，《山东文献集成》第一辑第18册《黄氏家乘》，山东大学出版社2006年版，第151页。

⑥ 同上书，第150页。

⑦ 同上。

黄坦辅佐黄宗昌,在其中发挥了重要的作用。这也是他孝顺父亲,"父所志亦志之"的生动体现。

黄坦为人坦荡,对义与利的选择阐释了士大夫的理想人格。黄家在即墨是大户,到了黄坦的父辈,黄坦的叔叔做了黄家的掌门人。当时的人们很重视血统继承,但这位叔叔没有子嗣,婶子就抱养了一个孩子。黄家的长老们就跟黄坦商议,想废掉这个孩子的继承权。黄坦了解了详细情况并征求了叔叔婶子的意见后,"集族之少长而废之。"① 大家又商量要另立一位继承人,从伦次及亲疏关系上讲,就该黄坦的儿子了。但黄坦认为,如果自己的儿子做了继承人,别人就会认为他废掉前者是出于利,而不是义,这不是他的本意,所以坚辞不受。后来只好选了黄家的另一个后人。

还有一件事,也能说明黄坦的品行。黄坦有一个叫董季斋的朋友,罢了官以后没有田产,无法生活,黄坦就给了他一百亩田地,让他一家老少安顿下来。后来董季斋死了,他的儿子来还田产,黄坦不要,说:"是区区者吾授尔翁,则尔之土宇也,苟延及后嗣而吾何爱焉?"② 我既然给了你父亲,就是你的了,我怎么能再要回来呢!又过了二十年,这个儿子想把这份田产卖掉,黄坦问了价格,又买了回来。对这件事,黄坦无愧于心:"非我之不终于季斋也,其子不守,而我为售主,虑田归他人,为季斋地下羞也。"③ 田地又回来了,不是我对老友有始无终,他的儿子不守父产,我怕卖给他人,让老友含羞啊!

1644年,清王朝入主中原,在镇压各地反清势力的同时,恢复了科举取士制度,用以笼络知识分子。黄坦以前朝副榜拔贡授文林郎,授浙江金华府浦江县知县。这是他一生中担任过的唯一官职,但这两年为他赢得了很高的声誉。在他去世七年后(康熙三十五年,1696),浦江百姓为他建造了名宦祠,并把他做的好事总结成十个条款,曰"事实册":

> 本宦性甘淡薄,自莅任以迄解组,日用薪米菜蔬等物,俱发平价现买,饮食并不重味,服饰不过布衣,身先俭约,民还朴淳。
>
> 本宦征比钱粮,痛革额外羡余,俱令自封投柜,不差一役下乡。

---

① 宋琏:《秋水先生传》,《山东文献集成》第一辑第18册《黄氏家乘》,山东大学出版社2006年版,第154页。

② 同上书,第155页。

③ 同上书,第155—156页。

以抚字为催科，无俟追呼之扰；以教化为刑罚，不烦夏楚之威。乐输恐后，投纳争先。

本宦审理词讼，凡系户婚田土事，俱着原被自拘，随到随断，案无留牍，并无分文赎锾，且庭鞫之时，忠信开诚，明决剖疑，得情则哀矜勿喜，劝谕则使民无讼。

本宦冰心铁面，嫉蠹如仇。坏法舞文之辈，立毙杖下；陇通作弊之事，无由达上。白昼之魑魅潜消，山城之狐鼠屏迹。

本宦编审户役，亲自稽查。奸书猾吏，无所用其狡；势恶豪强，不得逞其威。无利不兴，无弊不除，仁政举行，欢声载道。

本宦到任之际，因兵燹后，人民各守廛舍，城池仓库，尽皆圮坏，务加修葺完密，百姓赖以安堵，奸民无从觊觎。

本宦捐资修葺文庙、乡贤名宦祠，未及一年，尽行告竣。美轮美奂，共瞻圣人之居；斯革斯飞，聿生泮水之色。士风为之大振，英才从兹屡出。

本宦潜心理学。讲诚意，发正心，阐良知，而道脉借以昭明；课士艺，励士行，拔孤寒，而文学于以振兴。

本宦勤思作人，修理文昌、月泉书院，捐俸延请名师，训诲乡城子弟。日给廪饩于孤寒，时资膏火于贫士。真才得展，士子尸祝。

本宦好善为勤，凡遇孝子顺孙，义夫节妇，必过其门，登其堂，加意奖劝，给以衣帛。迄今忠孝节义，代不乏人，而流风善政，难忘旧德。①

这篇事实册没有更多的溢美之词，只是把黄坦做过的事情平淡地讲述出来，但这平淡的讲述却给我们勾勒出一位正直善良、体恤百姓、忠于职守、无私无畏的官员形象，或许镌刻在名宦祠纪念碑上的这两句诗是对他知县生涯的最好总结吧："莅任虽经二载，树德奚啻千年"。②

黄坦在浦江任上，"无何锦衣公之仆孽发难，欲尽及主人，而肆志纤

---

① 郑尚茝等：《浦江公崇祀名宦纪》，《山东文献集成》第一辑第17册《黄氏家乘》，山东大学出版社2006年版，第443—445页。

② 同上书，第446页。

其事连公解组待质，事已，则不复出。"① 锦衣公即黄坦堂兄黄培，这是黄培文字狱案的发端，显然，黄坦是受了这一案件的影响而解官归里的。

黄坦归里后，居住在玉蕊楼，并继承父亲遗志，续写《崂山志》。此书是记述崂山的第一部志书，分《考古》《本志》《名胜》《栖隐》《仙释》《物产》《别墅》《游观》等八卷。黄坦还扩建了位于即墨城西北隅的"准提庵"，俗称后庵庙，并重建了崂山"华严庵"。这两座姊妹庙宇都是黄宗昌出资创建的佛庙，黄氏家族笃信佛教，黄宗昌的母亲每天到准提庵打坐。准提庵粉墙青砖，高阶朱门，从院外就能看到座座高脊挑檐的高大殿堂和从廊檐下冒出的缕缕青烟，平时善男信女人来人往，香火很旺，在整个清代都十分有名。黄坦用他的行动践行了"父所志亦志之"。如果说孝顺的话，恐怕这比"割股疗亲"更能体现孝的内涵。

康熙二十八年（1689），即华严庵建成的第二年，黄坦走完了他的一生，享年八十二岁，死后葬于即墨城东西南泊村村南。著有《紫雪轩诗集》一卷、《秋水居诗余》两卷。崇祀名宦祠，其事迹载于《浦江名宦录》及清朝《即墨县志》。生有三个儿子，长子黄贞晋，教习候补六品；次子黄贞复，庠生，早卒；三子黄贞泰，康熙壬子副榜贡生，四川南部县知县、候补府同知。

黄宗昌父子的精神品格，对黄氏后人影响甚深，这从黄坦之子黄贞晋的身上就能明显看出来。黄贞晋，"世有特立，不少屈挠，表著在声闻间者，家之蕴酿枕藉，无非是也。故伯鉴生而性成者，皆祖父之魄力，少能事亲爱弟，殷然诚至，而敦厚祥和，无不怡之色。"② 伯鉴为黄贞晋字，作者认为，黄贞晋诚实、敦厚、事亲爱弟等个人优秀品质都来自于家传，尤其来自于祖父的影响。而他的孝顺，与其父相比，有过之而无不及。比如，有一次，其父黄坦生病了，吃了几次药还不见好，"伯鉴忧心孔疚，日不食，夜不寐，形如槁木，仰而诉之曰：'吾自知事亲以来，未审尽道与否，尝盟心自立，日求不敢自欺于亲侧者，鬼神鉴之矣！倘有罪悔，吾何敢为亲祈，而今且以所信心无怨者，请余庆于高堂燕喜也。'自是而秋

---

① 宋琏：《秋水先生传》，《山东文献集成》第一辑第18册《黄氏家乘》，山东大学出版社2006年版，第158页。

② 宋琏：《伯鉴黄公传》，同上书，第221页。

水先生愈，以是知伯鉴之诚于孝也。"① 对孝顺，黄贞晋有自己的解释："以亲之心为心"。② 这句话与"父所志亦志之"如出一辙。黄贞晋不但孝亲，连对孝亲的理解都出自黄氏家族的家风。正如莱阳人宋琏所说："执古道，正今俗，黄氏一门，其庶几乎，而侍御公之泽长也。"③

三 黄氏父子对崂山的歌咏

黄氏父子留传下来的诗歌并不算多，尤其是黄宗昌，存世诗作共有76首，明显与崂山有关的可能只有这首《故园》其二，诗中写道：

> 四山菡萏玉嶙峋，中有危楼耸处新。十亩长松半亩竹，古人书院北为邻。

一句"古人书院北为邻"，写出了故园的地点，应指他归休后所建的玉蕊楼，它在康城书院（即诗中所说的"古人书院"）的南面一公里处。黄坦流传下来的与崂山有关的诗作也只有区区几首：

> 二崂神仙窟，华楼石为梁。南向辟天门，四睇见苍茫。大海起层波，皎如群鹤翔。三山未能接，亦可遥相望。松岚护真气，亿万历星霜。问霞人已去，怀古重予伤。峰峦犹未易，烟雾隐非常。永念归来好，莫赋远游章。（《和阮嗣宗咏怀诗次韵》其二十）

> 东南悬象尽，云际起新涛。绝岸成孤屿，连天识断鳌。中流舟楫渺，过目雁鸿高。奔浪殊难御，长风振二崂。（《上庄望海次韵》）

> 林杪晚生烟，寒光与树连。云归山雨后，松落海涛前。孤盘传清夜，长波没远天。一时人境寂，不复梦游仙。（《宿华严庵次韵》）

> 万里乘风溯海源，今从秋水忆张骞。松涛欲接诸峰合，云影初来

---

① 宋琏：《伯鉴黄公传》，《山东文献集成》第一辑第18册《黄氏家乘》，山东大学出版社2006年版，第223—224页。
② 同上书，第224页。
③ 同上书，第225页。

落日昏。岂有鱼龙藏远屿,但闻鸡圈出孤村。悠悠情思方无极,何处传芭礼素魂?(《上庄望海》)

黄坦不仅对崂山情有独钟,而且对游崂也有自己的体会。他认为:"游崂惟两户,非南始华楼,即东始上苑。南入者则自山及海,入眼小,出眼大,如禅子蒲团寂观,转入无遮道场。东入者则自海及山。初境旷,终境寂,如圣功之返博从约,退藏于密。游乐事也,宁大无小,宁旷无寂。"① 能把游山与释子坐禅和儒门修身联系起来,其心得可谓别具一格。

第二节　黄宗昌父子的崂山交游

黄宗昌父子与崂山很有缘分,对黄宗昌来讲,崂山是他晚年的寄托;对黄坦来讲,他一生只在外做官两年,其余大部分时间的活动,如结社、交友等多在崂山中进行。黄宗昌弃官归里后,在康成书院南面建了玉蕊楼,在此隐居、授徒、著述。当时人称"崂山七十二君子"的明朝遗臣常常在此相聚,饮酒赋诗,抒亡国之情,发胸中郁闷。明户部尚书高弘图、明天启举人宋继澄、明饶州知府张允抡等都是这里的常客。常言道,物以类聚,人以群分,从这些人的言行、人品等,也能看出黄氏父子的追求。

一　黄宗昌在崂山的两个阶段

从崇祯十一年(1638)开始,黄宗昌居玉蕊楼,撰写《崂山志》,一直到他顺治三年(1646)去世,最后十年的时光是跟崂山、《崂山志》紧紧联系在一起的。这十年,又可以分为前后两个阶段。

第一个阶段是明末。这时的黄宗昌经历了官场的钩心斗角、经历了长达十年的候审,已经是满心疲惫、满身伤痛。试想一下,对一个年过半百、已感觉到老之将至的人来讲,空有一腔报国之志却无处施展,空有满腹经纶却无人赏识,这是多么大的打击。在这种情况下,他回归了崂山,

---

① [明]曹臣:《游崂山记》,黄肇颚:《崂山续志》卷一,山东地图出版社2008年版,第9页。

或者说，崂山收留了他。这时的崂山对他来讲，是交游的场所，是漂泊心灵暂时安放的地方，但还不是他的全部。他身在崂山，却一直在注视着庙堂。或者说，他的心没有一时一刻离开过那个腐朽、残破、即将毁灭并给他带来伤害的朝廷。他在崂山的羊肠小道上寻寻觅觅的时候，内心无时无刻不在等待着召唤。只要一纸令下，他随时会抛开一切（包括崂山），像一名战士一样，擦干血迹和汗水，奔赴战场，义无反顾！有两条记载可以说明这一点。当他得知明亡后："甲申，京都失守，皇帝死社稷。公闻变惊号，集绅士设位发丧，哀震天地。"① 一个五十多岁、曾为朝廷御史的男人，能够失态惊号，可以想象得到，明朝朝廷在他心中的分量。也就是说，他对明朝朝廷还是抱有很大希望的。等到"伪官伏诛，境内反正，南都监国之诏适至，以原官启用，已辞墓戒舟矣。"② 这是说黄宗昌收到了流亡在南方的福王诏书，"以原官启用"，他立即准备南渡。在明朝大势已去，仅仅收到流亡在外的一位王爷的诏书的时候，黄宗昌没有一丝犹豫，立即准备应诏，他对明朝的忠心真的是日月可鉴了。

第二个阶段是清初。经历了改朝换代的血雨腥风，黄宗昌的心境完全变了。在历史的大风大浪中，个人境遇已经微不足道。作为明朝遗民，民族的仇恨已然代替了个人恩怨。国破山河在，孤独、伤感的黄宗昌这时才真正走进崂山。他在《崂山志》中的自序，写于哪个阶段，无从考察，但从内容上看，应是写于这一阶段：

> 嗟余今之日，乃为《崂山志》也。由今思昔，余乃为崂山中人矣。崂山何取于余，而实逼处此乎？余不敏，不见容于世，不犹驰驱王事，上报天子，及于今也。崂山乃容余乎？春非我春，秋非我秋，环视天下，独有崂山耳！嗟乎！时所在，命所在也；命所在，性所在也。人道不昧，其崂山之力乎！余无足重于崂，而崂为余有，则崂所自立于斯世、斯人之会者，因缘不偶，是安可忘哉！志所见，志所闻。崂无心也，心乎崂者，其恍然于所见所闻之外乎？③

---

① 宋继澄：《黄侍御传》，《山东文献集成》第一辑第18册《黄氏家乘》，山东大学出版社2006年版，第84页。

② 同上。

③ 苑秀丽、刘怀荣：《崂山志校注》，人民出版社2015年版，第21页。

判断自序写于这一阶段的理由有二，一是"由今思昔，余乃为崂山中人矣。"他自称已成崂山中人，那就是对外界彻底失去了希望，已决定后面的人生就在崂山度过了。而一位随时准备复出做官的人，自称崂山中人的可能性不大。二是"余无足重于崂，而崂为余有"，我对崂山是无足轻重的，但崂山是我的全部！在第一个阶段，崂山只是他的精神寄托而已，但现在，是他的全部。因为他已经斩断了外出做官的念头，所以才能全副身心投入崂山中来，与崂山你中有我我中有你。从以上这两点来判断，黄宗昌自序写于第二个阶段的可能性更大。

历来的研究者都认为，黄宗昌写了第一部《崂山志》，是崂山的功臣，这个结论是无可厚非的，但如果我们仔细研读黄宗昌《崂山志》中的自序，就还会有别的体会。崂山自古有之，或许用这样一句话来说也同样恰当，就是不以物喜、不以己悲。有没有人赞美、有没有人攀登、有没有人关注，甚至有没有人活动，对崂山来说，都没有多大关系，它只是按照自然的规律形成并存在着，所以黄宗昌才说"余无足重于崂"。但对黄宗昌来讲，崂山是他最后的栖息地。大明的灭亡，使他一下子从一位令人瞩目的朝廷重臣（哪怕是被罢官的）变成了无家可归的流浪儿，他以往的追求、他一生的努力和奋斗，都化作了过眼云烟。所以他说"由今思昔"，坐在崂山的岩石边、树荫下，回想昔日的种种，一切都过去了，我只是崂山里的一个老翁而已。崂山是黄宗昌最后一片安放心灵的净土。不是崂山需要黄宗昌，而是黄宗昌需要崂山。《崂山志》也不是一部普通的山志，他是一位国破家亡的老人在经历一生风雨之后吐露的最后的心声，苍浑、悲怆，甚至有些晦涩难懂。

二 高弘图

高弘图（1583—1645），字研文，号硁斋，明代山东胶州（今山东省胶州市）人，万历三十八年（1610）进士。天启初年任御史，因正直敢言，为魏忠贤所排挤，一度归休闲居。崇祯即位，再度起用为御史。因耻与宦官共事，七次上疏乞休，终被罢黜在家。明崇祯五年（1632）至十六年（1643）的十余年间，高弘图被罢黜闲居期间，曾游崂山，非常热爱华楼一带的美景。当时老友赵任在此地建有皆山楼，因年老思归故里，就将此楼赠给了高弘图，高更名为太古堂。崇祯十六年，朝廷以南京兵部右侍郎，再次起用高弘图，不久迁户部尚书，又改礼部尚书兼东阁大学士，为马士英、阮大铖所排斥,同年十月,四疏乞休获准。流寓会稽(今浙江绍兴)。顺治二年(1645),清军破杭州,高弘图携一幼孙逃入一野寺中,绝食九日,卒于会稽之竹园。有《太古堂集》,《明史》卷二百七十四有传。

从高弘图的简历可以看出,这是一条铮铮铁汉。就因为不愿意跟擅长阿谀奉承的宦官共事,七次上书请求回家。黄宗昌的《崂山志》中对此有生动的描述:

> 公(高弘图)为少司空。宦官张彝宪者,授敕核部事,坐据尚书上。公至,则与川堂主宾见,彝宪请堂上坐,公拂衣入小吏舍,探印箧署受事而退,退而拜疏曰:"部堂公座,尚书正面,侍郎居侧。侍郎,侍尚书也。今益以内臣彝宪且据尚书上,岂臣侍内臣者耶?"奉旨撤彝宪席,而彝宪请别开府,则召公计事。公谢病,七疏乞休,乃再免冠去。此华阴所以得友君子而正山泽之气也。①

高弘图当时是少司空,就是工部侍郎,用现在的话说,是工部副部长。宦官张彝宪奉皇上的命令来工部核查一些事,竟坐在工部尚书(相当于工部部长)的上位。高弘图来了一看,气不打一处来,就要在穿堂见这个宦官。穿堂是两个院子中间供穿行的房间,在这里接待张彝宪,是从心底里看不起他、不愿跟他合作的意思。张彝宪心里很明白,就要求在公堂里说话,高弘图一甩袖子走人,还上书皇上:"侍郎是尚书的助手,内臣坐在尚书之上,我是服侍他的吗?"并奉旨撤了张彝宪的座位。后来张彝宪又在别的府邸召唤他商量事情。高弘图称病,一连上了七个奏疏,要求返乡。终于再次免冠而去。从"川堂主宾见"到公"拂衣",再到"撤彝宪席",最后是"七疏乞休",这一连串的行为活灵活现地勾勒出一个宁折不弯的刚烈汉子的形象。

高弘图的《崂山九游记》②(后被收录在黄宗昌的《崂山志》卷八《游观》里)详细记录了他与黄宗昌等人游崂山的起因、过程:

> 以布衣征就金马,天子至为降辇步如见绮皓,用七宝床赐食,手

---

① 苑秀丽、刘怀荣:《崂山志校注》,人民出版社2015年版,第104—105页。
② 同上书,第151—161页。

调羹以饮之,千载必谪仙白也。居无何,天子欲申命者三,力士修其脱靴耻,竟为所格。复得以布衣浪迹,纵酒而畅之以咏歌,与贺知章、崔宗之诸人赋。谪仙者,千载亦白也。其《寄王屋山人》诗:"我昔东海上,崂山餐紫霞。"而以王屋为可扳与游。于是,又诗:"愿随夫子天坛上,闲与仙人扫落花。"使余读之,大有放兴。

余买山于崂之华阴,为太古居停于内,实自读白集白诗始。居停用自然楼、东华山为照,而以黄石老人峰拦后土作屏,非不劳也,然劳才什伯一。顾不知谪仙所谓东海上餐紫霞者,姑俭取什伯一乎?当全体劳乎?藉第令仅什伯一,有白一句,在白无弗劳,劳亦无弗白矣!故不可责以偏全之数如众人游者也。若余者,众人游也,居停劳而外,虚什伯劳以待余。余用是拓其游。黄子闻余游,谬以白归余,而以贺、崔诸人任,欲共成其游。余主臣拜曰:"余实愿以子游,固即白之所谓'愿随夫子王屋山人、孟大融游'者是,盖子肩而余随之则可,使余得牛耳游,如白之与知章于宗之,余能乎哉?"于是游成。

"黄子闻余游",这里的"黄子"即是黄宗昌。黄宗昌听到高弘图有游崂的意向,所以想结伴同行,于是游成。这一段还讲述了高弘图在崂山购买太古堂的起因,是从读李白的诗开始的。谪仙,指李白。高弘图对李白的赞美,既反映出他对官场黑暗的不满,也能看出他心高气傲的文人秉性。其实,同样命运的黄宗昌又何尝不是这样呢!

接下来的行文中又有数次提到黄宗昌,首先出场的是黄宗昌的儿子:

报黄侍御鹤岭子至,将以东道我。然是时我实为主而客侍御,急出相招,侍御亦不复览鹤山之胜,胜自侍御家旧物也。第与就神室下,班荆握手而已。

游鹤山的时候,黄宗昌的儿子赶来要招待高弘图,高急忙出来相见。两人就在神室下面,随便铺点落叶,坐下谈心。班荆就是指好朋友相遇,顾不上排场,坐下来聊天。如晋陶潜《饮酒》诗之十五:"班荆坐松下,数斟已复醉。"从"班荆握手"这四个字,能看出高弘图与黄宗昌父子的关系很亲近。

侍御复后余至，至即与抵宫，登狮子峰宾日所，是时且黄昏矣。必以昏登，将为凌明辨熟路也。及峰，急呼酒邀月，余之言曰："日月各以其主人峰为招，狮子主宾日，恐未肯越俎，月不须邀也。"客用余言，暂谢狮子峰去，登侍御筵。筵于游为侈，盖以愧五大夫之恶草具者。侍御雄于酒，坐中惟秀才能执鞭佐十分一，余与庄生皆避三舍。

这一段是写黄宗昌在狮子峰宴请高弘图等人，虽是在高山之上，菜品还是很丰盛，黄宗昌善于饮酒，其他人都喝不过他。能看出黄宗昌待人真诚，性情豪爽。高弘图有诗云：

行行深处漫蹉跎，揽起白云霄汉波。良夜太平同醉好，高秋肥马奈忧何！学僧不语鸣钟早，为客探奇设蹬多。到手沧溟忘浴日，故摇晓艇刷渔蓑。

游至八仙墩，两人还有一段有趣的对话：

（八仙墩）其檐与壁皆五色成文，肤理腻以致。壁之额，又似横嵌一段如匾索余题者。然余以语黄子，黄子曰："若作四五大字于上，足用佳话，不犹愈于好事者假合浮屠尖，而徒以骇人胆目乎？"余未遽许诺，功大难也。大率此一观，实二崂第一奇，第一丽。游人罕至，即余与黄子才一至，良不容易。徘徊久之，虽有诗未足状奇也。

八仙墩的壁上有一段像房屋的匾额，黄宗昌劝高弘图在上面写上几个字，留下一段佳话，高弘图感觉太难，想了半天也没有当得起八仙墩奇异美景的诗句，也就只好作罢。高弘图有诗记载：

尽日山行山更赊，经翻《道德》药黄芽。径须阁眼诸天外，似许飞身自在家。把钓渔人前指渡，穿针仙子早铺花。携来叔度波千顷，乞句题奇罩碧纱。

第四章　黄宗昌父子与崂山

游完试金滩，一行人在青山村吃饭、休息：

> 侍御实饭余，仍欲从余游，不果。以余言强谢之去，故不果。诚有所不得已者，阕我良游，青山为恨之。余乃与之执手而歌曰："月晕天风雾不开，海鲸东蹙百川回。惊波一起三山动，公无渡河归去来。"歌出太白《横江词》，余用歌之助青山恨。游七。

在青山有这样一个小细节，黄宗昌大概遇到点急事需要处理，但他仍然想陪着高弘图继续游，后来在高"强谢"之下才没有勉强陪下去。这也说明两位朝堂之上的硬汉，细心起来也是蛮有侠骨柔肠的。为了弥补缺憾，两人手拉手唱起了李白的《横江词》。想象一下这幅画面，还是很感人的。

这次游山之后，高弘图还写了《崂山九游诗》，其三注"太平宫狮子峰宾日，遂与侍御鹤龄成一醉，感慨系之"，其六注"张仙塔、八仙墩。墩，奇丽之极，当是游中观第一。与侍御徘徊久之"，其七注："别侍御于青山（村名），遂登上清宫"。① 这几个注与上面的游记一一对应。在结束这次游玩时，高弘图还写下了这样的话：

> 复念黄子别我去，已三日，一羊祜不成其为贤达胜士，此游虽造极巅，顾安得百岁后不至湮灭无闻？

这里提到的羊祜是西晋名臣，字叔子，泰山南城（今山东费县西南）人，泰始五年（269）以尚书左仆射都督荆州诸军事，出镇襄阳。在任期间，常去岘山游览，《晋书》卷三十四《羊祜传》说："祜乐山水，每风景，必造岘山，置酒言咏，终日不倦。尝慨然叹息，顾谓从事中郎邹湛等曰：'自有宇宙，便有此山。由来贤达胜士，登此远望，如我与卿者多矣！皆湮灭无闻，使人悲伤。如百岁后有知，魂魄犹应登此也。'湛曰：'公德冠四海，道嗣前哲，令闻令望，必与此山俱传。至若湛辈，乃当如公言耳。'"又说："襄阳百姓于岘山祜平生游憩之所建碑立庙，岁时飨祭焉。望其碑者莫不流涕，杜预因名为堕泪碑。荆州人为祜讳名，屋室皆

---

① 黄肇颚：《崂山续志》，山东省地图出版社2008年版，第83页。

以门为称，改户曹为辞曹焉。"高弘图在此以羊祜自比，借羊祜名垂后世，表达自己不愿湮灭无闻的愿望。

三　张允抡

张允抡（1609—1678），字并叔，号季栎，别号栎里子，明莱阳人。崇祯七年（1634）进士，曾任户部主事，后授江西饶州知府。崇祯十五年（1642）辞官。明亡后，归里不仕，授徒自给。后受黄宗昌之邀与宋继澄在崂山玉蕊楼、张村等处设馆教书十余年。卒于康熙十七年（1678），墓在莱阳城东南宗格庄北山。张允抡工诗善琴能文，尤爱山水，曾遍游崂山名胜，其《栎里子游崂山记》收有游记十三篇，诗七十余首，对崂山的人文景观和自然景观记载甚详，所记年代有据可查者，上起清顺治六年（1649），下迄康熙十四年（1675）。《栎里子游崂山记》于乾隆四十一年（1776）刊印，现尚存有孤本。并著有《希范堂集》、《廉吏高士传》二卷、《栎里子集》十五卷。

崇祯十六年（1643），黄宗昌延请张允抡来玉蕊楼教授子孙和邑中子弟。也就是说，张允抡辞官第二年就受邀来到玉蕊楼执教。在这里，张允抡还与黄宗昌等文人品酒吟诗并相互唱和，结下了深厚的友谊。他还为黄宗昌的《崂山志》写了序言：

　　山之高深，以人为高深者也。无人，则山不灵。然而人之自立于两间者，岂为山重乎？人伦之责，其忧方大，与山为缘，岂其本怀？顾天下无失己之人伦。道消道长，时不我与，出不可以为出，而处以当之，此固有深山中之人道耳。嗟夫！君子不幸而与山为缘，犹幸而得不愧于两间，则舒惨啸歌，亦安在不可一日百年哉！此志之不可以已也。吾悲夫，先生处晦而困心，衡虑不得一伸，乃作山志。其亦重有憾也夫！

在这篇序里，张允抡既表达了对黄宗昌高洁人品的认可，也表达了对他官场失意、不得已困居山中的理解和同情，其实也是对自己实际处境的真实认识，有惺惺相惜之感。

黄坦在《崂山志·栖隐补》中为张允抡作有传记：

> 张允抡,莱阳人,字并叔,号季栎,别号栎里先生。肃慎自持,发言不苟,行无旁顾,尤慎交,长者也。就而与言,浮夸者至,则敛容退。崇祯甲戌成进士,由二甲入户曹。税课崇文门,自矢清白,虽纤尘不染。事竣,计羡金二千,悉封输上府。在朝卓然独立,不意为比附。

在黄坦的眼中,这位叔叔严肃谨慎,不随便说话,不随便交友。不贪财,不义之财,与我如浮云。朝堂之上"卓然独立",很有个性,不攀附权贵。这一点很像黄宗昌。

> 出守饶州,饶故抗顽,多逋赋,或为先生难之,先生曰:"是独不可相与为理耶?为天子守一郡,安在不可行吾学?"至则察旧例之不便民者,条悉具议。为民请命,屡经驳复,不少退。曰:"苟释累于民,虽朝叱而暮请,吾无惮也。"治饶四年,挂壁一胡床耳。及其归也,橐无长物。在仕籍十年,先田茅屋不使尺寸增益,仆隶三四人,甲申山居,复遣去。晨夕樵汲,独一老仆在。常自操作,曰:"是固吾贫士家风也。"素爱崂山,为其深僻,足寄啸歌,思一托足焉。遂与万柳夫子、晓园子约,三就讲席于墨,而先生且居邋遢石、玉蕊楼,几十年不去。凡游崂选胜即命诸笔,亦不多示人,曰:"吾甚畏乎名之著耳!"在官著《希范堂集》,在山著《廉吏高士传》,皆以自命。年七十疾笃,命具道服幅巾,语其子曰:"吾乃今得正而毙矣!"

张允抡廉洁自律,在饶州做了四年知府,家产就只有挂在墙上的一个座椅而已(胡床是古时一种可以折叠的轻便坐具)。做官十年,老家的房屋没有增加一寸,平时也就只有三四个仆从。等到罢官归里后,干脆都打发回去,只留下一个老仆人。常常自己干些力气活,还打趣地说,这就是穷苦家庭的家风啊!虽然官至知府,但他并没有"劳心者治人,劳力者治于人"的陈旧观念,没有对底层劳苦百姓的轻视。这在任何时代的官场里,都是很难得的。

> 秋水居士曰:并叔先生孤洁自律,喜疏旷而行端严。与人处,淡

而永,初对之若拘方者,久之而得其安闲,又久之而得其高远。其仪度然耳。余奉教数年,未尝见有毫发沾滞。盖天与深山之器消融于气化中者也。余慕先生贤于古人多矣!故补述其略,为时不淑而思以自立者法。

  论曰:入山惟恐不深,非必山之深也,有与为深者也。有与为深,凡山皆深矣。故一邱一壑,君子居之,大莫大焉。此其心性与物理相为屈伸,其所自命,在山川之外者也。康成之不其山,栎里之玉蕊楼,山何尝深?而人[11]之寄托,自不在寻常步伍中。以此知人之确然于俯仰间者,虽造物不能限,而况山乎!

可见,黄坦对张允抡评价很高,可以说是"虽不能至,心向往之"。

四 憨山大师和慈霑上人

憨山(1546—1623),明代全椒(今属安徽)人。本姓蔡,名德清,字澄印,出家后号憨山,以号行。十九岁出家修习《华严经》,后云游四方。曾任海印寺住持。万历二十三年(1595)坐私造寺院罪,发配广东雷州充军,十余年始归。在广东时,住曹溪宝林寺,大兴禅宗。主张佛教各宗并重,禅净双修,释、道、儒三教一致。与莲池、紫柏、蕅益并称明代四大高僧。著有《法华经通义》《圆觉经直解》等,又注《老子》《庄子》《中庸》等。

黄氏家族与憨山大师的交往,得追溯到黄宗昌的叔叔黄纳善。纳善字子光,"年十九,即皈依憨山。授以《楞严》,两月成诵,志切参究,胁不至席。及憨山南归,纳善乃对观音大士破臂,燃灯供养,祝憨山早回。创甚,日夜危坐,持观音大士名号,三月乃愈。愈时,见疮痕结一大士像,宛然如画。万历辛卯(十九年,1591)秋,坐蜕。"①

憨山在万历二十三年(1595)就被充军广东,而黄宗昌生于万历十六年(1588),这时才是8岁的孩童,所以虽然憨山与黄家有交往,但与宗昌应该没有直接的交往。黄宗昌与憨山的交集就是在《崂山志·仙释》

---

① 即墨市史志办公室:《即墨县志》(同治版),中国和平出版社2005年版,第542页。按:憨山充军广东在万历二十三年(1595),如黄纳善卒无误,则此时已去世四年,何能"破臂,燃灯供养,祝憨山早回"?疑《即墨县志》所记黄纳善卒年"万历辛卯"或当为"万历辛丑"之误,"万历辛丑"为万历二十九年(1601)。

里为他作了传记:

> 憨山,名德清,南京报恩寺僧。幼多宿慧,十岁时与其母问答,即有"可惜一生辛苦到头罢休"之语。令习举子业,经书子史,入目能通。长于词赋,然非其志,弃而从事空门,专心参究,遂博明宗旨,其所领悟,即毫无住著。尝于净头识妙峰,相期同游,妙峰果不凡。再期之,则先去矣。越二年,出游至京师,一时贤士大夫乐与之游,见妙峰,遂相与俱去。入五台,居北台之龙山。久之有得,说偈曰:"瞥然一念狂心歇,内外根尘俱洞彻。翻身触破大虚空,万象森罗从起灭。"尝纵观天下名山,似无当者。乃别妙峰,东蹈海,寻那罗延,不可居,至下清宫止焉。初于树下掩片席为居,七阅月,土人张大心结庐使安之,会有赐金三千为建庵赀,曰:"吾三橼下容身有余矣!"时大饥,出济之,以广上仁。下清宫,旧道院也,倾圮甚,羽流窜亡,一二香火守废基,苦无藉。念可建大法幢者,此其机。久之,羽流益窘,愿资我多金,举地属之。于是走京师,奏请内廷供奉,于是出旃檀佛暨大部藏经畀之将奉。比至,大建梵刹曰海印寺。于是教行而人归者众,佛宇僧寮之盛几埒于五台、普陀。居数年,道士耿义兰者,寺中有所饩,见逆,出怨言,讼于公,见答益怨,乃指官门詈曰:"您秃覆楚,予将秦庭七日哭而复尔也。"于是上变告,憨山被诬,戍雷州。憨山固入道士,处患若平居,然所在说法皈依者众,及赦还。复理曹溪匡庐,年七十八卒。卒之日,沐浴端坐曰:"今日斩断葛藤矣!"
>
> 山史氏曰:道高而毁来,忌之者多也。释氏子,夫何忌而多口若是,盛名难厌,故君子恶其著耳。吾观憨山年谱,而知憨山之所以为憨山者,其开宗明义,已既廓然四达,了无生相矣。胡劳劳人世为?岂借桴济涔,道当如是与?嗟乎!贤人君子多坎险,虽道大如憨山而亦不免然,彼小人者之流毒可胜道哉!①

后面的山史氏就是黄宗昌自己,最后一段是他的评论。有关明末憨山和耿义兰之间的僧道之争,他认为是"道高而毁来,忌之者多也。"与道

---

① 苑秀丽、刘怀荣:《崂山志校注》,人民出版社 2015 年版,第 84—85 页。

教中人的看法显然不同。"嗟乎！贤人君子多坎险，虽道大如憨山而亦不免然，彼小人者之流毒可胜道哉！"既是对憨山的同情，也是他自己人生的体会。无论在什么朝代，君子与小人争斗，都很难胜出。小人可以无所不用其极，君子则有自己的原则与底线，因此"彼小人者之流毒可胜道哉！"憨山的遭遇与黄宗昌极为相似，因此黄宗昌这一感慨，不仅表达了对憨山的同情，显然也包含了他的自我身世之感。

高弘图在《崂山九游记》中说：

> 于是吊下清宫憨山上人禅址。诸劳皆道院，上人于此起禅林，功垂就而为羽流所妒，鸣于朝。上人得严谴，禅林竟废。今其址在也，吊之。①

高弘图与黄宗昌游崂山，凭吊了憨山禅寺旧址。高弘图作有《吊憨山上人禅址》诗一首：

> 蓬莱别阙少慈津，正好庄严三世身。散尽天花非是色，捞全海月不为真。羚羊挂角禅中偈，鹿苑骑莲悟后因。虚寂道场开印度，凌空飞锡见能仁。

凭吊过程中还发生了这样一件事，从中也能看出高弘图的确是性情中人。当时遇到一位叫海松的道士，因喝醉了酒，絮絮叨叨地追怀崂山道教的往事。高弘图作诗嘲讽海松道士：

> 海松道士骂僧清，佛法慈悲僧不情。便度众生皈静梵，也留余地接蓬瀛。输他一著无埋所，惠我千醒有黍耕。曾向骊龙颔下勇，能啼能酒一猩猩。

憨山俗姓蔡，名德清，所以这里的僧清就是指他。高弘图仰慕憨山的为人，容不得别人说他的不是，诗中对海松的嘲讽毫不留情。高弘图和黄宗昌对憨山深切的同情和敬仰，从另一侧面反映了憨山的人格魅力。

---

① 苑秀丽、刘怀荣：《崂山志校注》，人民出版社2015年版，第157页。

黄氏家族信佛，与佛门中人多有来往。黄宗昌与高僧的交往，有资料记载的，慈霑也算是一位。慈霑，僧人，俗姓李，观阳（今山东省海阳市）人，生于明万历十六年（1588），与黄宗昌同岁。崇祯二年（1629）黄宗昌慕名迎慈霑至即墨，居准提庵。清代初期，黄坦出资在那罗延山建"华严禅院"，委托慈霑大师负责鸠工兴建，禅院于清顺治九年（1652）建成，慈霑以临济派第四代传人的身份出任华严禅院第一任住持，改禅院为"华严庵"。慈霑居崂山20年，于康熙十一年（1672）去世，享年84岁。华严寺前路西有一塔院，院中的一座砖塔下埋葬着慈霑大师。民间流传着这样的说法，胶东农民起义遭到清政府的残酷镇压而失败后，慈霑毫不犹豫地搭救了雪夜逃进寺里的农民起义领袖于七，后来又为他落发剃度，法名善和，并使之成为华严寺第二任住持。黄坦在《崂山志·仙释补》里有《慈霑传》：

慈霑上人，观阳里人也，家姓李，少孤，事母孝。性善悟，喜谈空门静理。以母在为优婆，诚朴无外饰。邑绅宋朝请公嘉其笃实，是入道器。尝为说《楞严》，上人时能解悟。江南讲师一生者，来观阳说法，与之语，颇相投。母卒，遂祝发师事之。生公，智辨人也。上人力行愿恪，受教惟谨。初住地藏庵，后徙庐乡之园里寺。不期年，遂登座讲诸大、小乘经，听者常数百人。及生公南还，上人德誉日隆，所度弟子踵相接，殆无虚日。先君子闻其名，迎入墨，与所建准提庵居之，时加礼重。上人潜心考道，老而益勤，于诸品经，多所论述，每谈说娓娓，足悦听闻。上人初不识字，专力于此，乃至理无不明，人顾不当求省耶。那罗延窟，所称在昔诸菩萨止息处者，传世久。上人惧不修则渐而夷也，曰："思所自始，托足于此者，谁也？而奉持者不能保有故址乎？吾责也！吾责也！"谋之坦，鸠工集事，营殿宇，设经阁、禅室、僧寮之居，次第以举。诚于劳费，故无下逮之力，此所谓修其本者哉。上人生平不为苟得，不募缘，不畜幼童。扬善掩恶，言必信。以非礼来者，若罔闻见然。居墨三十余年，未见有忌色嗔语。年八十四，端坐化去。

秋水居士曰：造化之力，粹精于专一者也。夫惟专一，故五官之用，静而不纷。器虚而道生矣，故诚无不明者。慈霑，初一乡人耳，无大智识，而竭一诚以相向，耳目心思皆效灵焉。固知气之所至，形开神发，天地万物可呼吸通之耳。彼工于外者，志繁而神不守，于道何有哉？吾谓禅门，当以真诚为本。

论曰：执其艺者习其事，故山有木，工则度之。非工也，操斤而往，则意为量耳。二氏之学，余所未究。意量焉，亦有难安。要之，天下事未有不得之至诚，而失之诞妄者，请质之知道君子。①

黄坦在《崂山志记言》中记述了在《仙释》里补入慈霑的原因："先君子皆嘉其行修也。"从"迎入墨"到"嘉其行修"，可见，黄宗昌对慈霑是非常肯定的。

五 黄坦与宋继澄父子

宋继澄（1594—1676），明莱阳（今山东省莱阳市）山前店万柳人，字澄岚，号渌溪，又号万柳居士，晚年自称海上病叟。其父宋兆祥为明万历三十七年（1609）举人，书法名家，曾任汝宁同知。宋继澄明万历四十三年（1615）被荐举为孝廉，天启七年（1627）举人。"幼负隽才，淡于荣利……文名满海内，与子宋琏同在复社。……明亡后隐居弗仕，会即墨黄氏为仇家诬陷，继澄以文字牵连入狱三年，事得白，释归。未几卒，年八十三。"② 宋继澄是黄嘉善的孙女婿，明亡后即隐居不仕，并在即墨设教授徒，当时就居住在黄宗昌修筑的玉蕊楼，并持续多年，还与黄家的文人一起创立了复社的一个分支——山左大社，自为领袖，一时山东文人百余名雅集唱和。宋继澄《黄氏山庄》诗云："山中分小径，深入不辞劳。门立云根稳，堂临木为亭。地偏入简易，物朴理坚牢。持此须全力，终身亦自豪。"

宋继澄与黄培是姻亲，《快山堂记》里有这样的话："丁酉，余以授徒来居即墨。戊戌春正月，振侯延余及琛儿饮于庄，余即再游，与妻叔邻庭、妻弟封岳，步眺尤详。"③ 由"妻弟封岳"可知，宋继澄是黄培的姐夫。振侯是黄贞麟的字，邻庭是黄宗庠的别号，宋继澄曾为黄宗庠作诗：

---

① 苑秀丽、刘怀荣：《崂山志校注》，人民出版社2015年版，第90—91页。
② 王丕煦等纂，梁秉锟等修《莱阳县志》卷三之三，台北成文出版社1968年据民国二十四年铅本影印，第1347—1350页。
③ 宋继澄：《快山堂记》，《山东文献集成》第一辑第18册《黄氏家乘》，山东大学出版社2006年版，第579—580页。

《四岳丈黄邻庭先生书为一时之冠作以赠之》："高居晓日碧窗开，和墨伸楮尽笔材。书就黄庭光满座，天台应有丈人来。"① 从这些记载可知，宋继澄与黄家来往比较密切，并且与黄培有惺惺相惜之情，这点从宋继澄的作品里可以看出："内弟黄封岳，少余十岁，今年五十九，盖以若高达夫，五十始为诗者。初不以示人，惟与余相质，余称畏友焉。"② 宋继澄给黄家人诗集写的序言里也多次提到他们在一起唱和的事情，"壬寅，日与封岳倡和，出其所精选唐诗示余。"③ "壬寅以避乱，复居即墨，诸黄兄弟及蓝伊水叔侄皆乐言诗，乃日集丈石斋，分韵赓和。"④ 那么，"诸黄兄弟"中有没有黄坦呢？

黄宗崇《地僻》（如何岑寂久）后小注转引宋澄岚《万柳堂集》曰："壬寅寓居即墨，偶坐黄封岳丈石斋，以地僻二字为题，赋五七言律五七言绝各三十首，岳宗朗生子友子明子厚蓝伊水元芳季芳亦为之，故地僻三十首遂成巨帙诗坛极一时之盛。"⑤ 其中，朗生即黄坦。黄培《含章馆诗集》里也有这样的诗《清明后同宋澄岚、张并叔、杜廷蛟饮家坦弟朗生、西流池亭三首》⑥，坦弟朗生同样是指黄坦。

黄培文字狱案的供词也给我们提供了同样的证据：

又问黄培："这《好我十二君》果然是倡和逆诗么？"

据供："这《好我十二君》诗内，俱写的是号，原是犯人姐夫宋继澄作的，内黄封岳就是犯人的号……朗生即黄坦，黄汤谷即黄堉，黄子友即黄壎，蓝伊水即蓝湄，黄子明即黄堁，黄子厚即黄坫，黄虎溪即黄坪，黄振侯即黄贞麟，蓝元芳即蓝启蕊，蓝季芳即蓝启华，黄永光即黄贞明，这林寺便是宋琏外甥至亲，诗内字句并无妨碍，怎么是倡和的逆诗呢？"

---

① 《山东文献集成》第一辑第19册《黄氏家乘》，山东大学出版社2006年版，第707页。
② 宋继澄：《含章馆诗序》，《山东文献集成》第一辑第18册《黄氏家乘》，山东大学出版社2006年版，第383页。
③ 宋继澄：《含章馆唐诗选序》，《山东文献集成》第一辑第18册《黄氏家乘》，山东大学出版社2006年版，第380页。
④ 宋继澄：《夕霏亭集序》，《山东文献集成》第一辑第18册《黄氏家乘》，山东大学出版社2006年版，第409页。
⑤ 周翕鐄：《即墨诗乘》，清道光二十年刻本。
⑥ 《明清即墨黄氏诗抄》，第48页。

由此可见，宋继澄在崂山与黄家人的结社唱和等活动，黄坦也是积极参与其中的。

黄坦与宋继澄直接交往的明证，就是宋继澄为《崂山志》写的序言：

> 山之有志也，志其盛，与夫山所自有，率皆述其山之得于人者也，而人之得于山者不少概见。崂无志，志之自黄侍御先生，则先生之所自为，俯仰于崂山沧海间者也。先生直谏触奸，退而处潜，风雨晦明，天地之纪，庶其在兹。而先生曰："吾其以白草寒烟发二崂之光乎？"于其中而遭逢，曾不为先生易其居焉，此岂易持之人道哉！惟崂盘结耸峙，收齐鲁之秀，会大海气，蓄而不洩，持地维于永终，而有以获乎？节之所止，其徵动发舒、卓然特立者，造化之形容也。君子比德焉，彼浮而不切之缘，判乎其不相入矣。故先生志之。

序后题"海上病叟宋继澄澄岚氏题"。序中认为黄宗昌之德高，可比崂山，所以才能在崂山的山水间自由徜徉，并为崂山作志。这不仅是对黄宗昌的高度评价，也反映了作者自己的志趣。虽然没有明确的资料证明宋继澄作序，是应黄坦之邀，但从时间来看，黄宗昌去世于顺治三年（1646）六月八日，也就是说，明亡后仅仅两年多他就不在了，而宋继澄在崂山的活动主要是明亡之后的事情。再者，顾炎武是顺治十四年（1657）来即墨时为《崂山志》作序的，已经是十一年后了，由此推测，宋继澄作序，当是应黄坦之邀。这是黄坦与宋继澄在崂山最直接的交往活动。

清康熙元年（1662），黄培吟诗哀悼明皇室，诗中有不满清室之语，其仆人姜元衡去京城控告，康熙下旨查办。宋继澄受株连入狱，幸免于难。出狱后，回乡撰书，整理文稿，曾作诗纪念黄培：

> 十年魂梦执金吾（yù），犹是当时七尺躯。牙签架上书多在，赤土匣中剑已无。未离城市伤人事，壁间长挂五陵图。赋诗日几篇，饮酒日几觚，秋风入木声凋枯，览镜长嗟眉与须，五十始哀悲丈夫。莫谓金吾非名儒，海内人多读谏书。（《金吾行为黄封岳作》）①

---

① 《山东文献集成》第一辑第19册《黄氏家乘》，山东大学出版社2006年版，第708页。

新醅蚁泛紫霞觞,日日高吟树德堂。梦是金吾方武士,天留绿野自文章。萧家故有千秋券,鲁子能多几囷粮。极目云烟相潦倒,南山苍对已回阳。(《赠封岳》)①

诗中对黄培念念不忘,可见两人感情颇深。宋继澄卒于康熙十五年(1676),享年83岁。墓在万柳村。

王小舒先生在其文章里曾写过这样的话:"黄培居家期间除了自己写诗宣泄,还经常与其叔宗庠、宗臣,族兄黄堳、黄坦,族弟黄曛、黄堔、黄垍,儿子黄贞明,侄子黄贞麟,还有即墨蓝氏家族的蓝湄、蓝启蕊、蓝启华以及来自莱阳的姻亲宋继澄、宋琏父子等人在其居所丈石斋结社唱和,交流切磋,姜元衡《南北通逆》在状文中称之为'丈石诗社'。其中黄氏、蓝氏家族的作家也就是后来宋继澄在《好我十二君》一诗中提到的黄坦、黄堳、黄垻、黄堔、黄垍、黄坪、黄贞麟、黄贞明、蓝湄、蓝启蕊、蓝启华、宋琏这十二位亲戚朋友。另外黄培现存的诗集中也确实有一些叙述诗友聚会的作品。"② 这段话从另一侧面说明黄坦与宋继澄父子一同参加了黄培组织的结社唱和活动。虽然没有看到黄坦与宋氏父子直接唱和的诗,但很有可能是黄培文字狱案后毁掉了。黄氏诗人留下的诗集大多残缺不全,"黄坦、黄贞麟仅两卷,且都经过删选,这种情况是清初特殊的历史环境造成的。……《秋水轩诗集》现存作品144首,《紫雪轩诗余》是黄坦的词集,据说'多至千余首',现已佚失。"③ 黄培文字狱案发生、发展过程中,亲朋好友尤其是诗友们怕受牵连,纷纷毁掉与黄培及结社唱和有关的诗歌,蓝湄(字伊水)等人趁黄培不在,"启户搜毁,倡和类多焚毁,今仅存其虚泛"④。这也就不难理解黄坦与宋继澄父子直接交往的资料仅剩《崂山志》里的一篇小序了。

宋琏(1615—1694),字林寺,一字殷玉,号晓园,宋继澄次子。"幼而颖敏,精诗、古文。"(《莱阳县志》卷三)崇祯十二年(1639)举

---

① 《山东文献集成》第一辑第19册《黄氏家乘》,山东大学出版社2006年版,第709页。

② 王小舒:《明清之际即墨黄氏家族的政治劫难及其诗风转变》,《文史哲》2016年第3期。

③ 同上。

④ 即墨市政协文史资料研究委员会编:《清初中国北方最大的文字狱案——黄培文字狱案》,新闻出版局2001年版,第194页。

人。天启末，与其父一起加入复社。入清后，与父亲隐居万柳山庄，征辟不就，终老田园。其父曾为黄宗昌作传称赞黄氏父子的为人："君子之际斯时也，宜何居与？余以为心与迹无与，为剖是非在千古，而人之品以定也。……坦读书克家，思继其志。"① 宋琬称赞黄宗昌是真正的君子："治从礼，乱从义，正其命，足以周身。黄侍御耻不从君子之类，魄力在天壤，固其所不能危者哉！"② 并为黄坦的遭遇鸣不平："余悲其志，迹其行，而惜其遇之不古也，然不失为守道君子矣。"③ 传记中频频提到的"君子"二字，是对黄氏父子的最高评价。

---

① 宋继澄：《黄侍御传》，《山东文献集成》第一辑第18册《黄氏家乘》，山东大学出版社2006年版，第85页。
② 宋琬：《黄侍御传》，《山东文献集成》第一辑第18册《黄氏家乘》，山东大学出版社2006年版，第95页。
③ 宋琬：《秋水先生传》，《山东文献集成》第一辑第18册《黄氏家乘》，山东大学出版社2006年版，第159页。

第五章

黄肇颚与崂山

清朝光绪年间（1875—1908），即墨人黄肇颚寄情于崂山山水，又秉承祖德，在其八世伯祖黄宗昌《崂山志》八卷的基础上，立志编纂《崂山续志》，后经整理、修改为《崂山艺文志》。为此，他曾十游崂山，对崂山的一山一峰一涧一洞皆亲历其境，探其幽微，记其形状，辨其真伪，条分缕析，亲访山居村民，掌握了大量一手资料。全书对崂山的名胜古迹、宗教源流、传闻逸事、金石碑文等进行了较为详尽的记载，并将历代有关崂山的诗文辑录列于下，这对于崂山文化研究具有重要的参考价值和意义。

第一节 黄肇颚的生平与学识

有关黄肇颚生平事迹，主要见于《即墨黄氏家乘》，散见于书、序等文章中，但所载都较为简略。结合上述典籍，对黄肇颚生平考述如下。

黄肇颚（1827—1900），字仪山，号仲严，即墨人，明代兵部尚书黄嘉善的后裔，清代光绪年间贡生，候选训导。祖父黄守平（图5-1）为道光十八年（1838）岁贡，字星阶，号苕田，以教书为生，长于《周易》，著有《易象集解》十卷及《漱芳园诗草》，编纂《黄氏家乘》二十卷，辑《黄氏诗钞》六卷，《清史稿·文苑传》有传。

黄肇颚生父为黄念勗，廪生。[①] 黄念勗生有二子，长子黄肇颐，为咸丰壬子举人，历城县教谕。黄肇颚为次子，出嗣为二叔黄念昀子。黄念昀

[①] 黄肇颚：《例授奉直大夫府君黄公行述》，《山东文献集成》第一辑第19册《黄氏家乘》，山东大学出版社2006年版，第522页。原文："兄讳念勗，廪膳生，即不孝本生父。弟讳念勗，增广生，出嗣。俱先殁。"

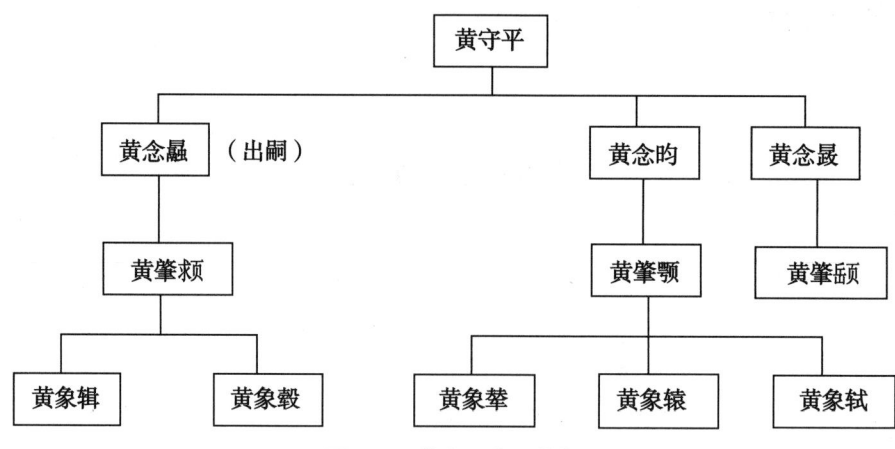

```
                    ┌─────────┐
                    │ 黄守平  │
                    └────┬────┘
        ┌────────────────┼────────────────┐
   ┌────┴────┐      ┌────┴────┐      ┌────┴────┐
   │黄念聂(出嗣)│      │ 黄念昀  │      │ 黄念晟  │
   └────┬────┘      └────┬────┘      └────┬────┘
   ┌────┴────┐      ┌────┴────┐      ┌────┴────┐
   │ 黄肇颏  │      │ 黄肇颚  │      │ 黄肇颐  │
   └────┬────┘      └────┬────┘      └─────────┘
   ┌────┴──┬──────┐    ┌─┴──┬─────┬─────┐
┌──┴──┐┌──┴──┐  ┌──┴──┐┌──┴──┐┌──┴──┐
│黄象辑││黄象毂│  │黄象莑││黄象辕││黄象轼│
└─────┘└─────┘  └─────┘└─────┘└─────┘
```

图 5-1　黄守平支系简表

为道光二十年（1840）恩科举人，"先君子工文词，少年时艺，每为人传诵，何文安公，刊为童试艺，示程式。尤善书法，恒越数百里，正书屏联，藏以为珍。间作古今体诗，多不自收拾，仅存《崂山述游草》一卷"①。黄念昀长于书法，以唐楷为主，结构规整，又不失清丽之美，通晓经史子集，民望极高，后加知州衔，除知县，坚辞不就，曾设账"青裕书塾"。道光年间（1821—1850），即墨举人江恭先曾任安州知府，因刚直不媚上官，辞归故里，在崂山青峪村设"青峪书院"。"青峪书塾，距华阴东北五里，江莲峰仿'华阳书院'作也。塾居山半，讲堂三楹。左厢室以妥诸生，西为主人精舍，再西小楼一，奉其封翁木主，其下厢室磴道通焉。外有井径竹园，松槲茂密，郁有佳致。莲峰延余，课其子存愔、存怿业，肇颚随侍焉。"②"戊申、己酉间，延先君子课其子存愔、存怿业，颚与堂弟颏，随侍讲席"，③ 黄念昀在此执教，黄肇颚及其堂弟黄肇颏也"随侍讲席"，就读于青峪书院。

黄肇颚母亲杨氏（1804—1831），年二十八殁，为"武庠生讳龙旂女"，继母孙氏（1809—1864），享年五十六，"例赠布政司理问讳应荷

---

① 黄肇颚：《例授奉直大夫府君黄公行述》，《山东文献集成》第一辑第 19 册《黄氏家乘》，山东大学出版社 2006 年版，第 522—529 页。

② 黄肇颚：《钦加知州衔拣选知县海门黄公年谱》，《山东文献集成》第一辑第 19 册《黄氏家乘》，山东大学出版社 2006 年版，第 245 页。

③ 即墨市史志办公室、崂山区史志办公室编：《崂山续志》卷八，山东省地图出版社 2008 年版，第 295 页。

女。庶邓氏，于先君子殁之三日身殉尽节"。①

黄肇颚秉承诗礼忠孝之家风，为人醇厚，事必躬亲。侍奉父母、兄长尽心尽力，为父亲作有《钦加知州衔拣选知县海门黄公年谱》《例授奉直大夫府君黄公行述》，为母亲、继母写有《先妣杨宜人先继妣孙宜人行述》，② 与兄黄肇颐共同作有《例赠文林郎府君黄公例封太孺人先妣杨氏行述》，③ 黄肇颚为弟弟黄肇颁作有《五品顶戴优廪生肃臣黄公年谱》，"同治壬申之三月，余偕孙某、李某同游崂山。二十三日，途中始闻吾三弟肃臣之殁，抵家其殁四日矣。未获与之诀，亦未获视其含殓也。余既拟一志稿，复为次其行事以志，余痛俾其后世子孙，有以想其梗概焉"④。从中可见黄肇颚与家人的深厚情谊。此外，他还收养无依侄女，接济孙氏族姊，德行高洁，素有声望。王塛《黄仪山先生传》曰：

（黄肇颚）先生仲也，性醇谨，能承家学。自其少时，无子弟之过，事父母先意承志，婉肃而能竭力，事所后如其所生，持家教子，言必称先，常惕然曰："吾高曾矩镬庶几无失。"事兄曲尽敬爱，老而弥笃；生平力敦古处，细行必矜。门庭净洁，卷帙饬整。上丁祀孔，肃衣冠，独先至。春秋拜墓，必徒行。人无贤不肖，皆可与语，而非义非道事，无敢与言者。

好施予，喜宾客。收养无依侄女，终其身。周恤孙氏族姊，岁以为常。其他戚族之称贷者，尤难缕述。学品粹然，乡党翕服，或来请业，或乞解纷，宾从杂沓于门，莫不饮宴款接，如其意以去。而家仅薄田六十亩，衣食或不给不恤也。其学以敬为主，以忍为用，自事亲持躬，以至戚里僮仆乞丐，无少懈慢，或时遇艰苦横逆，未尝有几微怨忤。为文曲折奥衍，凌轹大家。远近大家者众，若郑杲及族弟肇

---

① 黄肇颚：《例授奉直大夫府君黄公行述》，《山东文献集成》第一辑第19册《黄氏家乘》，山东大学出版社2006年版，第529页。

② 见《山东文献集成》第一辑第19册《黄氏家乘》，山东大学出版社2006年版，第530—532页。

③ 同上书，第508—521页。

④ 同上书，第258页。

黉，皆擢高第，有时誉。先生乃以廪贡，候选训导终其身，视外名淡如也。①

晚年适逢国变，忧心抑郁，终年七十四岁。

> 卒年七十四，是为光绪二十六年庚子九月，是时国家新构拳匪之祸，强邻拥兵入京师，天子狩于长安，天下皇皇如不终日。先生既痛秉钧者之误国，又叹草莽臣无因，抒其议论为涓埃之补，口不言而心抑郁，此其所以病且死也。其自挽有云："从此伸脚长眠，犹得赵家一片干净土。"②

黄肇颚一生秉承家学，工书法，早年摹颜体，晚年更喜苏体，尤善劈窠大书，向其求书者络绎不绝。

> （黄肇颚）工书法，初摹颜，晚爱苏，坚卓潇洒，特饶风韵，求书者踵相接。尝手录《诗义折中》《尚书注解》《唐代丛书》《太平广记》《金刚经》、伯祖守和公所著《周易集解》、祖守平公所著《易象集解》及先世诗文若干卷，又雠校《邑乘》八卷，《节孝录》四卷。先生虽沉潜于学，而自视欿然，未肯著述。晚年乃辑崂山人物、金石、诗文，为书二十四卷。③

黄肇颚诗文留存不多，目前仅有诗13首（五言排律2首，七言律诗1首，七言绝句10首），文共8篇（家人行述3篇，家人年谱2篇，自序1篇，跋1篇，迁葬告文1篇）④。据《明清即墨黄氏诗抄》载，⑤ 略将其

---

① 王埨：《黄仪山先生传》，《山东文献集成》第一辑第18册《黄氏家乘》，山东大学出版社2006年版，第320—321页。

② 同上书，第322页。

③ 同上书，第321—322页。

④ 行述有《例授奉直大夫府君黄公行述》《先妣杨宜人先继妣孙宜人行述》《例赠文林郎府君黄公例封太孺人先妣杨氏行述》（黄肇颐、黄肇颚），年谱《钦加知州衔拣选知县海门黄公年谱》《五品顶戴优廪生肃臣黄公年谱》。

⑤ 《明清即墨黄氏诗抄》，第522—523页。

诗文整理如下：

寿兄（五言排律）

弟年五十三，兄年五十九。年才过半百，髯白如老叟。犹忆儿时事，病卧兄相守。窗前日曈曈，布单架在牖。坎坎鼓声击，敖荡将弟诱。次第渐就塾，追随无弗友。此际此时景，此情此谊厚。人到中年后，时命多不偶。忧离不可居，衣食劳奔走。憔悴复憔悴，心情半灰朽。回首忆当年，憪然怅何有？兄今逢初度，花朝春荠韭。弟亦无奢愿，奢愿无乃苟。但愿如今年，年年此聚首。年年花好在，花下饮春酒。灯影照醉颜，颠倒滇筋斗。即今作初龄，再算到丁丑。重寻少时乐，入出共携手。醉罢一局棋，世事等敝帚。以此旷天怀，颐养以为寿。

寿兄八旬初度（五言排律）

兄年正八旬，口授曾孙读。回忆此时景，似嗣先祖服。先祖当暮年，课书曾孙读。曾孙复曾孙，祖孙再世续。先阴六十春，情事我亲目。往者随其化，来者方有穀。兄今逢初度，酌酒为兄祝。强饮与强食，诒曾孙百福。

元旦忆辂姪（七言律诗）

每逢佳节有怀思，游子天涯何所之。须识功名原是寄，那堪骨肉顿长离。髫头稚子不知父，白发双亲正忆儿。书剑飘零已七载，当归底事无归期。

哭子韶叔（七言绝句）

其一

镇日药炉镇日烟，支离病体久缠绵。蓦然撒手尘埃去，那有金丹可驻年？

其二

寿年短长总难知，年华四十未为衰。堪叹洒尽哭儿泪，却听老亲又哭儿。

其三

青山埋骨是何年？制就哀词泪涕涟。方抱西河丧子痛，黄门又赋悼亡篇。

其四

一死真成不白冤，谁知内助有贤媛。无端剜却心头肉，面向夫姑不敢言。

其五

事到其间不必瞒，家书瞒得齿牙寒。世间多少相蒙事，溃决横流收拾难。

其六

严慈父母一身肩，中馈无人得不然。最是无情惟此路，钟情儿女任弃捐。

其七

孤女孤儿哭可哀，高堂白发为心摧。诸多未了心头事，应有魂灵泣夜台。

其八

家计萧条望眼穿，迢迢泗水有书笺。世间无数违心事，应谅宦囊少俸钱。

其九

日日穷愁日日催，劣无佳趣一心灰。贫病即是催归路，一觉翻成避债台。

其十

平生传授凤相关，话到伤心泪暗潜。讵料半生同学者，重来执手哭涞山。

《崂山艺文志》自序（光绪丙申季秋）

余居近崂山，相距数十里，恒以不获游为憾。岁壬寅，侍先太孺人省亲蓝氏山庄，得游华楼山西路诸山。越三十年，始作山东路游，历览华严、明霞山海诸胜。自是间岁一游，或越数岁一游，于前所未经者，若塘子观、小蓬莱、内外九水诸处，辄步履往焉，往辄数日，数十日不等，岁在癸巳年，就衰矣，犹贾勇游铁瓦殿，蹑巨蜂，跻其巅，俯瞰数百里，峰峦起伏，罗列若田中畦塍然，盖于山之奇胜，寻览殆遍矣。窃思崂山秀甲东海，其策杖蜡屐而来者踵相接也，而兴皆有尽，若夫山灵所托，取无尽藏，前之人精神所留，后之人见闻所资，则逸士题咏，高人著述，有足多也。昔人著《武夷山志》《岭海名胜记》，类取古今人文诗，汇为巨帙。今崂僻在海隅，名公巨卿，屐齿之所不到，较之武夷精舍、潮州韩祠，不无间然。然其间经学循绩，栖隐仙释，多有与武夷、岭海彼此相辉映者。至若揽胜寄怀，载笔记游之士，亦俱足发山间之积藏，而与二崂同其流传也。爰裒而辑之，得古今人文诗若干首，分为若干帙，名曰《崂山艺文志》，则亦犹《武夷山志》《岭海名胜记》之意也。夫顾犹有憾者，学不足以征故实也，识不足以定去取也，才不足以申论断也。倘名家硕学删削而增订之，则有望于后之览者。①

迁葬告文（黄肇颐、黄肇颚）

维光绪四年岁次戊寅四月庚辰朔，越十四日癸巳，不孝男肇颐、肇颚率孙象轸等谨以香楮之仪，哭告于我父母之灵，曰：呜呼！迁葬岂人子之心哉，迁而又迁又岂人子所忍言哉？我父母归窆岁有年矣，亦何敢发动塚穴，惊我父母之灵，不安于地下哉？然而凶星剋制，存殁均殃，生者有横折之患，地下无安妥之日。想我父母，必有怨恫于不孝而无从告语者。而不孝乃犹执不敢轻迁之义，

---

① 见《山东文献集成》第一辑第18册《黄氏家乘》，山东大学出版社2006年版，第519—520页。

濡延以至于今。至于今而又何说也？辛未之灾，轸妇云亡，当以历代未有之变，即乩坛虔问，告以葬失穴场，迁不轻迁，不孝亦以为祸出一旦，未必茔兆之实职其咎。及丙子岁，掖邑翟虞臣以勘舆术来墨，不孝延请审度，告曰：坐穴为氐土貉，而未方之高真官，属井木犴，以木尅土，当大凶，未年凶，丑年亦凶，须设术以禳之，筑一火星，当可救解。讵知天笃降丧，祸谪难逭，两孙幼读，具见头角，不越五日，俱以疹亡，则又何祸之如是惨也？向者卜兆观东之时，不孝非有成心，亦以机缘撮合，我母适病，一惟天所位置，数世积德，当无大殃，讵谓岁在丑未，凶煞斯乘，六年一运，辄殒生命，我父母地下之灵，更不知若何惨恻也，岂不痛哉！今为我父母更卜新兆，于水磨河祖茔东，原奉我父母柩而更迁焉。以此易彼，庸知必胜，然以拨沙之法，行当可免殃煞，以安我父母体魄，后人亦赀庇荫，安分读书，以延先业。呜呼！事已至此，乃始议迁，纵令如愿以偿，易祸为福。而前此十余年内之灾逼煞临，亡者不复生，夭者不复续，固已心摧肝折，而罪悔之无可赎也。呜呼恸哉！尚飨。

迁观东原有记，而无此记，再迁不可为训也。先人窀穸已定，而或以门祚之衰，家道之乖，归咎于先茔，开塚发穴，无论不忍，抑且不敢，兹则泉壤不安，生命短折，岁星一周，天心悔祸，凶煞尅制之敌，自翟虞臣口中发之，故不敢迁，不忍迁，而又不得不迁，此亦情之无如何矣。存告文以志当日事情，而记则非所宜也。后世相地，不能不请地师，要之龙穴沙水，四者俱须审谛。近世地师，只论穴场水口，以地理五诀等书，行其术，其所谓冠带沐浴临官，亦若于局有合，究之龙脉不谛。沙法不明，即所谓合局之地，已于阳错阴违中，犯星曜之凶煞，而家受其殃，轻则荡废，重则凶亡，其害有不可胜言者矣。翟虞臣曰："诸凡安葬，安能尽得吉地，但以拨沙之法行之，以避凶煞，而迎吉曜，当可保清安。"此言殊可信也，后之人其慎之。①

---

① 见《山东文献集成》第一辑第18册《黄氏家乘》，山东大学出版社2006年版，第767—770页。

重修族谱跋（黄肇颐、黄肇颚）

　　吾族一资之未修，百有四十年矣。自七世伯祖太保公，创为宗派图，厥后九世伯祖浦江公、全吾公，先十世祖计部公，相踵重修，始于一世，迄于十二世，嗣系递承，宗支相维，而同生一本之谊，于是寄焉。今日者族益繁，而有流徙之户，派益远而多乏嗣之支。先大父乡饮公在日，廑怀族属，每于春秋，会祭始祖墓前，偕族人馂余享堂，辄议修举，采各支谱，考世尊系，于旧谱所不载者，续至十八世，录为一帙，而修谱之举，终不果。且当是时，其以支谱来续者，多在同五世祖以下之支，至同五世祖而上各支，其里居既域于乡僻，而经数世不拜祖墓，辄有同姓不宗之疑，甚至式微而后流离播迁，并莫详其祖之所自出，而族人亦以不同宗外之。呜呼！一本之亲，而流散离异若是，如之何其弗思以合之也。同治丙寅，族兄肇煊，倡议修谱，兼搜博采，凡我族人，各以谱会，向之流徙各支，历考其宗图、坟墓、碑碣、遗契无讹，而后叙入，爰得同始祖以下者若干支。兴祖派下，则有客派店、八哥庄各支；亨祖派下，则有九六夼、蒲渠店、小水、大寨、演泉各支；玘祖派下，则有姜哥庄各支；稳祖派下，有流亭、南宫、程哥庄各支。经百余年之离异，一旦而气同枝连，合为一谱，其各从宗率族，以岁时会祭始祖墓前，以无失生同一本之谊，庶在是矣。抑又思之，吾族自有明立宗，历今五百余岁，传世十九族，衍派繁其未登诸谱者多矣，若墅祖派之寄籍高密，惊世祖派之寄籍胶州，以及各支之寄籍辽东，其世系不可得而考，其子姓不可得而问，又安得取证于宗图、坟墓、碑碣、遗契，悉登诸谱，以无失我同生一本之谊，是又不能无后望矣，是役也！始于丙寅冬，迄于丁卯秋，九阅月而告竣，载笔纪录，一廪先大父旧例，惟分嗣双桃，旧例未著，各据其支谱书之，于名义诸多不符，厘订之责，用俟来者。

条谱叙支拟案附

　　流辛支：此支自庆远堂与樕叙起，奉族多有异言，现汝超买地印契，则支谱叙入，汝超派下自非无据，但汝超业买地税契，并非流离播迁之户，而世字辈与老谱两岐，汝超以上，又旧宗旧主之俱无，不无可议。所绘茔图，称有胶州贞猷支古坟一丘，不知贞猷以上，系丛祖之从昆弟，丛祖为迁流亭之祖，而丛祖以上之支，何以亦葬流亭？于理亦属难解。至于印契作"超"为"潮"，疑是笔下随便，可置无议，其应否叙入谱内，谨候定夺。时下既有印契为据，可否照支谱叙入谱内，将其来历事由，附载俟考。

程哥庄、南宫二支：克家祖以下三支，长支住曹村，二支住南宫，汝忠支下，又自南宫迁居程哥庄。曹村支流落，所奉神牌，现在南宫，其新神牌系南宫守切所题。克家祖义行图，尚在南宫，其为克家祖派下无疑。栋子守均，系自东城林姓过继回宗，其为正支、义支，尚须再考。

店上八哥庄支：老二支兴祖后，旧有住臧一支，后人流落，并其旧宗谱，亦携至辽东，留墨者只两三户，守宝之子成法，于咸丰初年，航海负宗谱以归。山阴温杓为传新宗，案其宗图，与老谱间有不合，山阴、阿龙，俱言兴祖后老二支无疑，应是一宗。

大寨支：此支自克显叙起，称为庆夏后，而叙于老二支汝珍派下。按臧村宗谱，汝珍系臧村人，而庆夏之先，早居大寨，则庆夏之不系于汝珍可知，且雍正乙巳修谱时，庆夏当生十有余岁，果系汝珍派下，老谱何以载配周氏，而不载成童之丁？克显现在兑根，有玉昆、庆霞两古名，则庆夏及为亨祖后汝震之子庆霞，玉昆为汝震之从兄，非汝珍派也。可否以老谱为据，改为老三支，叙庆霞于汝震派下，谨俟定夺。

演泉支：此支现住演泉，以阳运为始迁祖，而伊支旧宗图载其始祖为真全，与老谱不合，又仁胜、仁强、仁福俱与福胜、福强、福高、福友名复，仅隔两世，不应诸孙俱犯祖讳。现有世琇、世球买地白契二纸，颇是古物，则伊两支人为世球世琇之后，亦非无据。可否照支谱叙入阳运派下，将其来历事由附载俟考，谨候定夺。

小水支：此支为继贤祖后，久经失迷，按其宗谱派系，俱难核清，但宗谱中载成文配崔氏，三子，成德配王氏，五子，老谱所未载，抄谱无从考者，伊与文登谱合，其为咸祖之同支无疑。伊同居小水，又分源头一支，源头为继贤长支，成智后，成智墓碑即今尚在，居小水者，则继贤三支。咸祖胞兄能之后也，是为一宗无疑。

九六夼、蒲渠店、高哥庄三支：此三支俱系思聪祖后，蒲渠店与九六亦、东关仁里诸支，同七世祖，高哥庄与伊三支同五世祖，旧传东关为老二支，诸多义支，近生东关仁里家，亲启神主函，历核诸代奉祀，实系老三支，八世傑祖之后，所谓老二支者，即八世傑、汶、俊分支之二支，非谓兴祖后老二支也。蒲渠店为傑祖后，九六亦为俊祖后，所送支谱，于义支分剖俱清。高哥庄一支，自来未经传闻，而九六亦支下，以生出嗣于蒲渠店，如林子出嗣于高哥庄，则均为思聪祖之后无疑，似宜各照支谱叙入，无庸多议。同治丁卯年清明节前缮单。

河南支、茔里支：守（该字后有一空格）谱载寄养外宗，配蓝氏一子，承乔归宗，此误也，盖出嗣于老三支，非寄养外宗也。案其所后之总谱，多大寨演泉九六亦先世名讳，则其为出嗣老三支无疑，非外宗也。但承乔有弟，未经入谱，盖修谱以后所生，宗谱即其所携来者也，但未知其所生之时，其父何年，其母何氏，宜详细查核，而后可叙入也，宗谱开列于左。

十世：世从、姜氏，世礼、王氏，世玑，世珏，世瑜、毛氏，世佩、吕氏，世璋、修氏，世瑶、邹氏，汝乾、李氏，汝震、刘氏，世彦、孙氏，世夏、刘氏，世修、孙氏，世述、王氏。

十一世：恕、臧氏，廉、姜氏，机，敬，恒，恺、栾氏。

十二世：仁业、吴氏，仁本，仁礼、宋氏，仁信、王氏，仁同，仁贵，复林、仁伟、王氏，仁林、徐氏、王氏、林氏。

按世礼应即世理，世修应即世琇，世述应即世球，仁礼应即仁里，余多与谱合。惟世从姜氏，世彦、孙氏，世夏、刘氏，及十一世、十二世多未入普。

承乔所后黄家庄老四支之子守恺，盖即所谓寄养外宗者也，但承乔既已归宗，其弟即可入谱，不宜再行归宗。

黄家庄支：黄家庄老四支，谱载敬武子如龙，出嗣于东关，老四支敬远派下，称嗣一子如龙，非也，如龙敬远亲子，非嗣子也。敬武派下之如龙亦非如龙也，名曰人知，盖人知出嗣于东关老三支之义支，造谱稿者讳之，改作如龙也。是宜更正。

光绪二十六年闰八月中瀚 肇颚识①

---

① 见《山东文献集成》第一辑第19册《黄氏家乘》，山东大学出版社2006年版，第811—821页。

黄肇颚留存诗文不多，其文字大多简练自然，不崇华饰，行文较流畅，内容多限于地方、家族人物或家族事迹，尤其是《重修族谱跋》中对家族变迁史，及各支脉源流的梳理简洁明了，脉理清晰。这一点与《崂山艺文志》所体现出的人文情怀与家族印记相互印证。黄肇颚的著述主要有《崂山诗乘》《崂山续志》（即《崂山艺文志》），另据《即墨黄氏家乘》载，黄肇颚还著有《侍颜楼诗草》，[①] 还曾参与清同治版《即墨县志》编修的采访事宜。

清同治十三年（1874），黄肇颚辑《崂山诗乘》八卷。晚年居于华严庵，秉承祖德，历经十年，十游崂山，遍访胜景，收集了大量一手资料，在黄宗昌《崂山志》的基础上，于清光绪八年（1882）辑成《崂山续志》十卷，为手抄本。光绪二十二年（1896）黄肇颚对《崂山续志》进行了补充、修改，编成《崂山艺文志》二十四卷，亦为手抄本，[②] 兄黄肇颐为之作序，其分类、整理及缮写由三子黄象辕、黄象辇、黄象轼完成。《崂山续志》详尽介绍了130余处崂山名胜，200余个景点，每处详载四周道路、里程、碑石、逸闻传说、物产、掌故等，辑录历代名人以崂山为题材的诗文，并将诗文分列各名胜景点之下，共辑有历代248人的1500多篇作品，搜罗较全，内容丰富，但百年来仅有手抄本流传。《山东文献集成》第三辑第19册收录的《崂山艺文志》为山东大学图书馆馆藏民国国立山东大学图书馆抄本二十四卷，前附有全书艺文辑录的作者姓氏表。至2008年11月，山东省地图出版社出版发行《崂山续志》十卷，这对崂山文化的研究、宣传都具有积极意义。

第二节　《崂山艺文志》写作背景与结构体例

黄宗昌父子合著的《崂山志》，是崂山第一部山志。此后，其族人黄肇颚秉承家学，详考崂山山水，辑录历代与崂山相关的诗、赋、游记，撰成《崂山续志》，最后修订为《崂山艺文志》。这使得崂山自然景观和艺文资源得以系统呈现，是崂山人文发展史上又一标志性成果。

[①] 《山东文献集成》第一辑第17册《黄氏家乘》，山东大学出版社2006年版，第590页。
[②] 《即墨黄氏述略》，第47—49页。

一　写作背景

清朝后期，国家虽已千疮百孔，但经过两千年的沉淀与传承，其文学、艺术等领域都显示出耀眼的光芒，从一定程度上说，可谓是一个"集大成"的时代。修志是中国延续几千年的传统，据初步估计，宋、元以前纂修方志约 2000 种，明约 3000 种，清代现存志书 6000 余种，而佚志数也大体与之相当，民国方志 1200 余种，历代所修的旧方志约为 20000 种。① 依方志而言，清朝也是我国地方志编纂的全盛期，各省、府、州、县都设立志馆或志局，请硕学鸿儒和地方士绅参与修志。康熙十一年（1672），康熙采纳大学士卫周祚的建议令天下郡县分辑志书。乾隆年间，更是"下至府、州、县，虽然僻陋荒岨，靡不有志"。②

在这样的时代背景下，黄肇颚发扬家族热爱崂山的传统，在黄宗昌《崂山志》的基础上，于四十七岁的盛年，辑成《崂山诗乘》，后又辑《崂山续志》。考其写作缘由，一则源于对崂山山水的欣赏与热爱。故广泛搜罗与崂山相关的游记、诗赋，置于案头，便于时时展阅以当卧游。其《崂山续志》自序云：

> 余居近崂山，相距俱数十里，以不得游为憾。岁辛丑侍先太孺人省亲蓝氏山庄，得游华楼诸山，今四十余年矣，山之向背渺不复忆。壬申复作东山游，快睹华严、明霞山海诸胜，旬余旋返，犹以不获全游为憾。因思二崂大观具载古今人文诗中，爰广搜博采，汇为是编，置诸案头，时展阅以当卧游。③

二则为弘扬家学，补崂山艺文之详。其兄黄肇颐在《崂山续志序》中云：

> 吾家距崂山数十里。自先八世伯祖侍御公以胜朝遗臣抱戚山居，

---

① 黄苇等：《方志学》，复旦大学出版社 1993 年版，第 37—38 页。
② ［清］张松孙、谢泰宸纂修：《蓬溪县志》，乾隆五十一年刻本。《张松孙序》，转引自黄苇等著《方志学》，复旦大学出版社 1993 年版，第 217 页。
③ 即墨市史志办公室、崂山区史志办公室编：《崂山续志·自序》，山东省地图出版社 2008 年版。

著《崂山志》，嗣后操觚之士，凡游山者多有志，然皆各据所游历而载之笔，而于山之全胜，历载形势，附以艺文以著山之大观，则多未之详。吾弟仪山好山游，既于甲戌年辑《崂山诗乘》。凡山之道里远近、古迹兴废，历询山居人，而又岁一再游焉，席帽布履，越壑度谷，于山中名胜，历探其幽奇，积十有余年，爰成是编。盖山之大观略备于是矣。①

之后黄肇颐在《崂山艺文志》序中又说："于是编所未备者，匡所不逮。"② 萧应椿宣统三年（1911）六月在序中也提到其书"网罗旧闻，绍述先志，其致力可谓勤矣"。③ 进一步点明黄肇颚继承先人之志而作此书。而观《崂山艺文志》，其名胜下皆作有小序，小序中常提到"前志云"如何，即引述黄宗昌《崂山志》，如卷五"黄石宫"条下"宫为崔道人修真处，建于有元。前志云'小径崎岖，自下而上、凡三级，上中下分焉，径颇狭'"④。又如卷八"浮山"条下有："前志云：'倚危峰，面大海，登其巅，古迹岛其封出者。俯视海色，与日光相起伏，濒海诸峰若浮而出也。'"⑤ 再如卷九"玉蕊楼"条下"前志云'余不取，不能屈志于时相，思先生之所守，在山泽而不以山泽也'"⑥。凡《崂山志》书中所载名胜，黄肇颚载《崂山艺文志》中大多加以引用，其例甚多，在此不一一赘述。由此观之，黄肇颚发扬祖德、继承家学的撰述目的甚为显豁。

三则为总结崂山人文遗产，使之流传久远。黄肇颚在作于光绪二十二年（1896）年的《崂山艺文志》自序中说：

---

① 即墨市史志办公室、崂山区史志办公室编：《崂山续志·黄肇颐序》，山东省地图出版社2008年版。

② 《山东文献集成》第三辑第19册，《崂山艺文志》，山东大学出版社2011年版，第115页。

③ 即墨市史志办公室、崂山区史志办公室编：《崂山续志·昆明萧应椿序》，山东省地图出版社2008年版。

④ 《山东文献集成》第三辑第19册，《崂山艺文志》，山东大学出版社2011年版，第179页。

⑤ 同上书，第226页。

⑥ 同上书，第241页。

第五章 黄肇颚与崂山

> 窃思崂山秀甲东海，其策杖蜡屐而来者踵相接也，而兴皆有尽，若夫山灵所托，取无尽藏，前之人精神所留，后之人见闻所资，则逸士题咏，高人著述，有足多也……今崂僻在海隅，名公巨卿，展齿之所不到，较之武夷精舍、潮州韩祠，不无间然，然其间经学循绩，栖隐仙释，多有与武夷、岭海彼此相辉映者，至若揽胜寄怀，载笔记游之士，亦俱足发山间之积藏，而与二崂同其流传也。爰衷而辑之……①

为此，黄肇颚亲历崂山，遍访山民，跋山涉水，举凡崂山的山水、名胜、道路、碑石、宗教源流、人物、传闻、物产等皆辑录在案，广泛搜罗与崂山相关的游记、诗、赋等，积十余年乃成《崂山续志》十卷，约40万字。

至于《崂山续志》之名，黄肇颚曾在自序中提及。清光绪八年（1882）辑成后，一客见此书之后提议宜名《崂山续志》，但黄肇颚认为自己与先祖黄宗昌《崂山志》的写作目的不同，先祖黄宗昌是借著述之笔以记其志，而自己却是托记事之笔刻画崂山之面目性情，非先祖"志"之本义：

> 客见之曰："崂之胜概在是矣。贵宗侍御公著《崂山志》，得是编以继之，于山益有光矣。是宜名《崂山续志》。"噫，续志云乎哉！先八世伯祖侍御公际胜朝之季，抗论宜兴立朝大节，具有本末，不幸见忌于时，退而假笔著述以著素志之所存，于是成《崂山志》。今欲托记事之笔，刻镂溪壑，藻绘山灵，崂之面目性情即惟妙惟肖，已非先侍御公命志之本义矣。②

后客云："志者载笔纪实之事也。《武夷志·九曲》、《岭海记·名胜》，每取古今文诗汇为巨帙。在古人取材宏富，编辑浩瀚，究其取义，亦惟扬诩山川人物，用志不朽，不必别有寄托。崂僻在海滨，虽无若武夷

---

① 《山东文献集成》第一辑第18册《黄氏家乘》，山东大学出版社2006年版，第519—520页。

② 即墨市史志办公室、崂山区史志办公室编：《崂山续志·自序》，山东省地图出版社2008年版。

精舍、潮州韩祠诸大儒，以及崖门三忠其人者；然其间忠孝循良，栖隐仙释，其人其事卓有可传，亦侍御公所不弃，而未庸泯没者。搜辑而载之笔，以名续志，乌乎不可？"① 黄肇颚因此"从客言"，名之《崂山续志》，并强调"是编专以名胜为主，而以人物附其后，别无寄托"。② 后在光绪二十二年（1896）对《崂山续志》进行补充、修改，编成《崂山艺文志》二十四卷，自序云其书"是亦山灵之所托也，名曰《崂山艺文志》"③。

二 纲目结构

《崂山续志》全书分为序、凡例、正文、剩言四部分，约40万字。在体例上，仿照《岭海名胜记》及《武夷山志》，"《岭海名胜记》会城内外略志形胜，罗列诗文具多，是编仿之"，"至总志、分志之例，则仿之《武夷山志》"。④ 后在写于光绪二十二年（1896）季秋的《崂山艺文志》自序中，更是直接点明"得古今人文诗若干首，分为若干帙，名曰《崂山艺文志》，则亦犹《武夷山志》《岭海名胜记》之意也"⑤。

卷首为《崂山续志》辑录之纲领、图考、脉络、列传。正文共十卷，分为总志、分志、补遗、附载、丛谈五部分。卷一、二、三为总志，辑录了综合记述崂山的游记、诗、赋等，反映崂山的总体面貌。卷四、五、六、七为分志，根据西北、西南、东路三条线路，将崂山众多的名胜古迹串连起来，逐一介绍，并于其后缀以古人游记、诗、赋。"所载文诗，以人之年代为先后，一人而兼数体者，则略分体例"，⑥ 文

---

① 即墨市史志办公室、崂山区史志办公室编：《崂山续志·自序》，山东省地图出版社 2008 年版。

② 即墨市史志办公室、崂山区史志办公室编：《崂山续志·凡例》，山东省地图出版社 2008 年版。

③ 《山东文献集成》第三辑第 19 册，《崂山艺文志·凡例》，山东大学出版社 2011 年版，第 116 页。

④ 即墨市史志办公室、崂山区史志办公室编：《崂山续志·凡例》，山东省地图出版社 2008 年版。

⑤ 《山东文献集成》第一辑第 18 册《黄氏家乘》，山东大学出版社 2006 年版，第 520 页。

⑥ 即墨市史志办公室、崂山区史志办公室编：《崂山续志·凡例》，山东省地图出版社 2008 年版。

体则按先文后诗的顺序。其中，西北路山（卷四、五）共记名胜 58 处，西南路山（卷五）共记名胜 34 处，东路山（卷六、七）共记名胜 46 处，合计 138 处。卷八"补诸崂也"，为崂山诸山之"补遗"，"补遗附载之山纷然错出，地不一山，山不一径，殊难一线贯穿"，"境内之山，皆支本乎崂，而渐推渐远，脉络纠纷，未便强为牵合"，① 尽力做到不滥不遗。卷九为"附载"，"若崂山之外谷，不尽系崂，则列之附载"，② 记西路、南路、东北路崂山之外谷。卷十为"丛谈"，分为山、人、仙、释、技、鬼、金石、物八类，"考古卷中有其目无其事，搜辑补入，以广见闻"。③ 最后为"剩言"，记述黄肇颚自己对崂山山水、山民、物产、金石等的所见所感（表 5-1）。

表 5-1　　　　　　　　　《崂山续志》纲目结构简表

序	凡例	卷首	正文										剩言
			总志			分志				补遗	附载	丛谈	
			卷一	卷二	卷三	卷四	卷五	卷六	卷七	卷八	卷九	卷十	
2篇	15则		文15篇	文7篇	赋2篇诗347首	名胜28处	名胜64处	名胜26处	名胜20处	35处	32处	140则	42条

后经修订的手抄本《崂山艺文志》共二十四卷，分为序、凡例、艺文姓氏、正文、賸言五部分，正文又分为总志、分志、附志、丛谈、志余五部分。全书结构、纲目、辑录内容基本与《崂山续志》一致，但分卷不同，数量上略有出入，现略列表于下（表 5-2），以备查阅。

表 5-2　　　　　　　　　《崂山艺文志》卷目对照表

序	2篇
凡例	11则
艺文姓氏	248人

---

① 即墨市史志办公室、崂山区史志办公室编：《崂山续志·凡例》，山东省地图出版社 2008 年版。
② 同上。
③ 同上。

续表

			序		2 篇
正文	总志			卷一	考记赋 6 篇
				卷二	游记 13 篇
				卷三	诗 80 首
				卷四	诗 89 首
	分志	分志一·西北路上		卷五	名胜 11 处
		分志二·西北路中		卷六	名胜 20 处
		分志三·西北路下		卷七	名胜 31 处
		分志四·西南路		卷八	名胜 32 处
		分志五·东山路一		卷九	名胜 11 处
		分志六·东山路二		卷十	名胜 14 处
		分志七·东山路三		卷十一	名胜 14 处
		分志八·东山路四		卷十二	名胜 6 处
		分志九·补遗西北、西南路		卷十三	名胜 19 处（西北 12 处，西南 7 处）
		分志十·补遗东山路		卷十四	名胜 19 处
	附志	附志一·补遗		卷十五	名胜 21 处
		附志二·补遗		卷十六	名胜 13 处
	丛谈	丛谈上		卷十七	40 则
		丛谈下		卷十八	33 则
	志余	志余·记		卷十九	文 9 篇
		志余·游记		卷二十	文 2 篇
		志余·游记		卷二十一	文 3 篇
		志余·游记		卷二十二	文 3 篇
		志余·诗		卷二十三	诗 87 首
	膳言			卷二十四	42 条

  清光绪八年（1882）黄肇颚辑成《崂山续志》十卷，后历经十多年的修订、补充，遂于光绪二十二年（1896）在《崂山续志》的基础上辑成《崂山艺文志》二十四卷。由于《崂山艺文志》百年来仅存有手抄本，与《崂山续志》对照，大致可知黄肇颚进行了如下修订：

  一是《崂山艺文志》在《崂山续志》基础上增加的内容。首先，《崂山艺文志》在篇首加入艺文姓氏，将全书辑录艺文作品的作者以朝代先后为序排列，共计248人，上至唐代李白，下至《崂山艺文志》成书的光绪年间，并附有简单介绍，以便查阅。其次，《崂山续志》中有不少名胜下并无小序，如"老君洞""会仙山""响云峰""云门峰""碧天洞""跃龙峰""贮月潭""龙窟"等，在《崂山艺文志》中都增加了小序，使得全书修订后的体例较为统一，且增加了部分作品，辑录也更为全面。此外，各分志下增加了对各名胜地理位置的介绍。如《崂山续志》卷四，开篇写明"此叙西北路山也。以华阴为入山通衢，自驯虎山而南至华阴，自华阴而北至黄石宫、慧炬院等处，南至华楼一带止焉。凡为名胜三十一处。"① 而《崂山艺文志》中所记如下：

> 驯虎山距邑南十五里，再南五里童使君祠在焉，东三里为王乔崮，又南五里许为凤凰峰，峰之南麓为慧炬院，又南三里为西莲台，又东北三里为下黄石，又东北三半里为中黄石，再北上里许为上黄石。自此南下五里为白沙河。②

与此相类，其他各分志下也都增加了名胜地理位置的文字说明，在此不一一赘述。

二是《崂山艺文志》在《崂山续志》基础上有新的调整。首先是全书纲目的调整，由序、凡例、正文、膳言四部分调整为序、凡例、艺文姓氏、正文、膳言五部分，正文由卷首、总志、分志、补遗、附载、丛谈六部分调整为总志、分志、附志、丛谈、志余五部分，但内容大致相同。其次是通例的调整。《崂山续志》共15则通例，而《崂山艺文志》中调整为11则。其中，辑录作品的原则作了较为明显的调整。《崂山续志》中并未对辑录作品的作者有明确规定，辑录时人文字。但在《崂山艺文志》中，黄肇颚明确提出时人文字"例不入编"，置于卷末"志余"之中，以待辑录。再次是具体内容的调整。如《崂山续志》中的"补遗"部分，《崂山艺文志》分志九、十（卷十三、十四）分别列入中西北、西南、东路的补遗，另有附志中补遗二卷（卷十五、十六），"补遗附载之山，纷

---

① 即墨市史志办公室、崂山区史志办公室编：《崂山续志》，山东省地图出版社2008年版，第127页。

② 《山东文献集成》第三辑第19册，《崂山艺文志》，山东大学出版社2011年版，第173页。

纭错出，地不一山，山不一径，未便强为贯串"①。由是观之，黄肇颚在修订时将原"补遗"分作了崂山三路中的名胜补遗，及崂山山脉难以划分清楚的名胜补遗两部分。

三是《崂山艺文志》在《崂山续志》基础上删减的内容。修订后有部分辑录的作品被删，如原《崂山续志》名胜"驯虎山"下收录有董锦章《驯虎山怀古》一首，而《崂山艺文志》中"驯虎山"名胜下仅有小序，并无作品辑录。这种情况虽然较少，但确实存在，书中也未见特别说明。

总之，对照《崂山续志》及《崂山艺文志》纲目可知，后者在前者的基础上，进一步厘清了崂山诸山脉间的名胜，虽然各分卷在数量上有所出入，但辑录总数变动不大。在纲目结构上大略保持一致，但《崂山艺文志》在《崂山续志》的基础上编辑了艺文姓氏，并将原"卷首"部分编入分卷之中，正文部分除总志、分志、丛谈的体例外，将原来的补遗、附载合为附志，另加入志余一部分，并按照记、游记、诗的体例进行分类。这一体例既继承了方志横排门类、纵贯时间的叙述传统，同时也参考了此前艺文志以时间为经，按文体排列组织的编纂传统，并结合崂山地理特点，以线贯之，以点联之，层次明晰，布局更为合理。

三 体例缺失

作为一部专门辑录崂山艺文的地方志，《崂山艺文志》全书几十万字，② 汇集了丰富的材料，在保留崂山艺术、人文资料及展现崂山自然名胜方面，无疑具有非常重要的价值。该书以游山道路为主线，在介绍名胜、古迹的基础上，将历代文人歌咏崂山的作品系于名胜、古迹之后，其体例诚如作者所说，主要参考了《武夷山志》和《岭海名胜记》，但作为山志与艺文志的结合体，加之百年来仅有手抄本流传，白璧未免微瑕。就笔者所见，其体例方面的缺失主要表现在如下几个方面。

（一）类目编排上的不严密

"类目编排"是志书编纂中不可回避的重要问题。所谓"类目"，即

---

① 《山东文献集成》第三辑第 19 册，《崂山艺文志》，山东大学出版社 2011 年版，第 116 页。

② 由于黄肇颚先以《崂山续志》为名，后修订时改为《崂山艺文志》，因此本节论述多以黄肇颚修订后的《崂山艺文志》为主。

一部志书的提纲。经过上千年的积累，志书的类目编排大致可分为平列体、纲目体等形式。所谓平列体，"即将志书所写的内容分列为若干个类目，一一胪列，各目之间全无统属"；① 所谓纲目体，即为中国编年体史书的一个变种。朱熹以"纲为提要，目为叙事"，"纲"仿《春秋》，"目"效《左传》，撰成《资治通鉴纲目》，创立了纲目体。纲目体的篇目结构是先设总纲，或大类，各纲之下再设细目，目以纲聚，以纲统目。此外，志书的类目设置还有很多。就《崂山艺文志》而言，采用纲目体，"篇帙繁重，纲举目张，网罗旧闻"，② 先设总志，又置分志，按照崂山的地理特点及游览路线，分为西北路、西南路、东山路三大部分，下设名胜，将诗文分别辑于其下，点线贯穿。其特点在于将名胜景点与历代诗文对应起来，使读者一目了然，但本书体例上的缺点也较为明显：

一是通例不全。通例主要包括规范志书编纂的原则性条款，如指导思想、编纂宗旨、修志断限、记述范围、人物收录标准、行文准则等内容。就《崂山艺文志》而言，其凡例部分共计11则，其中对指导思想、编纂宗旨、志名、时限、篇目体式都进行了说明，但纪年、计量、统计资料、人物编纂原则、排序标准等都明显缺失，因此全书在体例上并不完整，时有杂乱之感。

二是排序标准不明。由于通例不全，导致全书的排序标准混乱。《崂山艺文志》的编纂为先总后分，然而每一部分在辑录作品时必然会出现排序问题，但按照怎样的标准进行前后排序，黄肇颚在《崂山续志》十卷本中曾提到"所载诗文，以人之年代为先后，一人而兼数体，则略分体例"，③ 而在《崂山艺文志》二十四卷本中并未提及。就各部分辑录的具体作品来看，《崂山艺文志》并非是以作者年代为排序依据。因此，在辑录的具体标准上，也明显存在问题。最突出的有如下三个方面：

其一，因修订二十四卷本时并未提到辑录顺序问题，暂以十卷本的编纂标准为主，即在辑录时以作者年代为先后，即同一名胜下同一作家的作品应辑录在一处，同一作者的作品再略分文体，但从书中各部分具体辑录

---

① 王德恒：《中国方志学》，大象出版社2009年版，第48页。
② 即墨市史志办公室、崂山区史志办公室编：《崂山续志·昆明萧应椿宣统三年序》，山东省地图出版社2008年版。
③ 即墨市史志办公室、崂山区史志办公室编：《崂山续志·凡例》，山东省地图出版社2008年版。

的诗文作品来看，显然有违年代标准，有悖凡例。尤其是各名胜下列诗文，更多的是以文体顺序为准，即同一名胜下相同文体的作品辑录在一起，先文后诗，而文又大致按照庙记、碑记、游记的顺序辑录。但这个问题在本书的类目编排上既无说明，亦无体系，较为杂乱。如总志卷四中，先辑录（清）王大来的《山夜》等四首律诗，后又辑录（明）周燦《题黄孟坚鹦鹉岩》（七言排律），（明）周璠《崂山赤藤杖歌》（七言排律），（清）黄守平《鹦鹉岩》（古体诗），又辑录王大来的《崂山竹杖歌》（古体诗），① 同一作者同一名胜下的作品按文体分列两处。再如卷六"华阳书院"条下，依次辑录（清）蓝启华《华阳书院》、（清）蓝重蕃《华阳书院纪略》、（清）冯文炌《华阳书院记》、（明）周如锦《宿蓝侍御华阳山房》（五律）、（清）张大咸《游华楼夜入华阳书院》（五律）、（明）周璠《华阳书院》（七绝）、蓝再茂《山居》（五律）、（明）黄宗臣《题蓝侍御华阳书院》（五言排律）、（清）张侗《华阳书院》（七绝）、（清）冯文炌《华阳书院步前韵》（五律），同为冯文炌有关华阳书院的作品却被分于两处。② 又如卷八"巨峰"条下，先辑录（清）李云麟《游巨峰记》，后辑录（明）陈沂《巨峰》、（明）黄锡善《春日登巨峰》（七律）、（明）周璠《登巨峰最高处》（七律）、（明）范养蒙《同崔广文曙山登巨峰》（五律）、（明）高出《登巨峰》（七律）、（明）左懋第《思海上山》（五律）、（明）张允抡《巨峰即事咏怀》（五言排律）、（清）蓝启华《独登巨峰望海遥忆旧游和朗生舅韵》（五言排律）等。③ 又如卷九"不其山"条下，所辑诗文依次为（明）张允抡《康成书院记》、（清）周毓真《书带草赋》、（清）孙镇《不其山》（五言排律）、（明）周璠《康成书院》（七律）、（明）周如锦《书带草》（五律）、（清）黄垍《书带草歌》（古体诗）。④ 此外，各分志名胜下，如有与该名胜相关之文，则必先文后诗，其例众多，在此不一一赘述。由是观之，全书辑录作品时并非以作者年代为先后，实则是以文体为标准，同一文体下再根据作者年代进行辑录，但并未严格按作者年代先后来排列。

---

① 《山东文献集成》第三辑第19册，《崂山艺文志》，山东大学出版社2011年版，第170—171页。

② 同上书，第202页。

③ 同上书，第229—233页。

④ 同上书，第239—240页。

其二，若同一时代的作者，孰前孰后，其排序标准未有说明，在辑录时多有争议。如总志卷三辑录与崂山相关的诗歌，其作者按照先后顺序分别为：唐代李白，元代戴良，明代毛纪、蓝章、陈沂、蓝田、邵贤、杨盐、高宏图、左懋第、高出、黄宗庠、黄宗辅；清代顾炎武、李岩、黄塏、杨铭鼎等，后不详列。① 仅以此部分辑录的明代作品来看，毛纪列于他人之前，并未给出任何说明，显得较为随意。当然，在古籍中，尤其是在这类仅有手抄本流传的古籍中，这种问题较为常见，但这一问题对于《崂山艺文志》而言，确是增添了杂乱之感，从类目编排而言，可谓是一大缺失。

其三，若同一作者在同一名胜处有多首诗歌，孰前孰后，其排序标准亦未有说明。如按《崂山续志》十卷所言按文体划分，对照修订后的二十四卷本《崂山艺文志》，仅举以下几例以为佐证：

卷三：同为蓝田所作，依次辑录《崂山道中》（五律）、《崂山次韵》（七律）、《山居二首》（七律）、《山中漫兴》（六律）。②

同为王大来所作，依次辑录《山夜》（五言排律）、《历九水访双石屋毕临福》（五律）、《访双石屋毕临福》（五律）、《赠毕临福山居》（七律）。③

卷七"乌衣巷"条下：同为杨连吉所作，依次辑录《山居》（四言诗）、《移居山中》（五言排律）、《山居秋凉》（五律）、《冬日简玉衡弟》（七律）、《四弟每忆山中孤寂赋此慰答》（七绝）、《答四弟〈望南山〉用原韵》（七绝）。④

卷十二"太清宫"条下：同为王大来所作，依次辑录《夏日雨中作寄太清宫牧亭道人》（五言排律）、《太清宫访一了道人》（五律）、《太清宫同牧亭道人夜话》（五律）、《赠蔚亭道人》（五律）、《太清宫道中》（七律）、《同一了道人大石台观海》（七律）、《同翟式文刘子承云岩道人游八水河》（七律）、《太清宫雨后闲步》（七律）、《太清宫道中》（七绝）、《太清宫东山看云铺》（七绝）、《题任公洞》（七绝）、《太清宫雨中

---

① 《山东文献集成》第三辑第 19 册，《崂山艺文志》，山东大学出版社 2011 年版，第 146—150 页。

② 同上书，第 147 页。

③ 同上书，第 170 页。

④ 同上书，第 207—208 页。

听翟式文吹笛》（七绝）。①

综观全书可知，同一作者同一名胜下，大致按照先古体诗后近体诗的顺序，近体诗中又先辑录排律、律诗，后绝句，按传统分类准则，同一类中再按五言、七言排序，但仍存在诸多争议，且无任何说明，无法统一，时有疏误。

由上述例证来看，无论是十卷本《崂山续志》，还是二十四卷本《崂山艺文志》，排序标准对于艺文作品辑录都是十分重要的，而黄肇颚在编纂时并未对此进行过系统梳理，因此使得全书缺少统一的逻辑体系，在总志—分志的纲目体例之下，显得杂乱无章，在类目编排上来说可谓是一大疏漏。

三是缺少图例。地方志一般列有图考，以便于读者阅读、寻访。以《岭海名胜记》《武夷山志》为例，《岭海名胜记》附有岭海名胜全图，② 清代董天工在修纂《武夷山志》时，既绘有武夷名胜全图，③ 后在各名胜后附有分图，如一曲山水分见之图、武夷冲佑观图等，④ 各名胜间脉络清晰。《崂山艺文志》的体例结合了山志及艺文志的编写体例，以各名胜为主线，分为三路，但就西北、西南、东路这三路来说，由于在编纂时缺少图例，使得各名胜之间、崂山诸山的山势水脉不够清晰。如卷六云"驯虎山距邑南十五里，再南五里童使君祠在焉，东三里为王乔崮，又南五里许为凤凰峰，峰之南麓为慧炬院，又南三里为西莲台，又东北三里为华阴，又东北三里为下黄石，又东北半里为中黄石，再北上里许为上黄石。自此南下五里为白沙河"。⑤ 仅以文字说明，读者阅读时难免有琐碎、杂乱之感，如能配以图文，各分路、崂山各处名胜将更为直观。且黄肇颚在编纂《崂山志文志》时写明其书参考了《武夷山志》与《岭海名胜记》，但在图例这一部分却基本没有借鉴二书的做法，仅绘有崂山总图，缺少崂

---

① 《山东文献集成》第三辑第 19 册，《崂山艺文志》，山东大学出版社 2011 年版，第 289—290 页。

② ［明］郭棐编撰，［清］陈兰芝增辑，王元林点校：《岭海名胜记增辑点校》（上下册），三秦出版社 2016 年版。此书共 28 卷，每卷卷首均有绘制精美的名胜图与正文文字相配合。［明］郭棐编：《岭海名胜记》，广西师范大学出版社 2015 年版。

③ 福建省武夷山市市志编纂委员会整理、方志出版社出版：《武夷山志》，1997 年版，第 86—87 页。

④ 同上书，第 117—123 页。

⑤ 《山东文献集成》第三辑第 19 册，《崂山艺文志》，山东大学出版社 2011 年版，第 173 页。

山西北、西南、东路的各路分图，黄肇颚自己也认识到了这一体例问题，自云"山志有总图，兼有分图，方能详晰。今匀有方外友人善绘事者，代为绘县境图一，崂山总图一，列诸卷首，分图尚未成稿，容俟后补"①。这也是本书的一大缺憾。

（二）各部分体例不一致

黄肇颚在《崂山续志》的基础上重新修订为《崂山艺文志》，经过修订之后，原《崂山续志》十卷本的部分体例问题有所订正，如十卷本中辑录作品时是否加注作者官职、字号、籍贯，各分卷卷首标明的名胜总数与分列的名胜总数不一致等。但《崂山艺文志》二十四卷分为序、凡例、艺文姓氏、正文、膳言五部分，仍然存在着各部分体例不一致的情况，现按照纲目结构简述如下：

一是艺文姓氏。艺文姓氏将全书所辑诗文的 248 位作者按照朝代先后顺序进行汇总，列于全书开篇，"艺文中作者姓字爵里，详注篇首，后则直书其名，不复详注"，②如李白下细标其字、号、籍贯、官职，但元人戴良、朱铎，明人邵贤、刘月川、曹臣，清人林冠玉、赵熙煦、汪圻、王昇等作家，仅存姓名，其字号、籍贯等缺如，从体例而言，属于前后不一。

二是正文部分。按照《崂山艺文志》的编写体例，是将崂山分为西北、西南、东三路，后列各处景点名胜，写有小序，概述该处地理、人物、传说逸事、碑文金石等，后辑录诗文，其他相关景点名胜列入补遗。但由于编者囿于时代，自云"时人文字，恐其后有更订，例不入编，置诸卷末，名曰志余，以俟续入"。③ 但黄肇颚当时以待补空缺处理，他的后人在整理时，或限于学识未曾补入，现仅存手抄本，因而有不少名胜下并无艺文辑录，仅存黄肇颚所写小序，与全书体例不符，如以下多处名胜都有存在这种情况：

卷五："驯虎山""凤凰峰"。

卷六："高架岘""天液泉""碧落岩""烂柯桥"。

卷七："四水""六水""七水""八水""风口石屋""圈子里""滴水檐""中心岘""那罗岘""鹁子岘""高家岘""云头岘""狼鸥顶"

---

① 《山东文献集成》第三辑第 19 册，《崂山艺文志》，山东大学出版社 2011 年版，第 117 页。

② 同上书，第 116 页。

③ 《山东文献集成》第三辑第 19 册，《崂山艺文志·凡例》，山东大学出版社 2011 年版。

"双塔口"。

卷八:"石屋门""小崂山""登遥""砖塔岭""银壁洞""风口""束住岭""老君洞""金刚崛""灵旗峰""卦峰""白云庵""朝阳洞""自然碑""七星楼""新月峰""幕云崛""会仙山""响云峰""云门峰""碧天洞""跃龙峰""先天庵""贮月潭""龙窟"。

卷九:"潜虬峰""起仙台"。

卷十:"金蟾洞""滚龙洞""炼魔石""金钱洞""犹龙洞"。

卷十一:"那罗延山""华严洞""天池""窑货堤""宝珠山"。

卷十三:"龙泉观""王子涧""海庙""烟台顶"。

卷十四:"凝真观""灵圣寺""海云庵""关帝庙""槐树洞""经神祠""梯子石"。

卷十五:"小水祠""仙姑庵""汤泉""巉山""仙人宫""太阴观""莲花山"。

上述名胜数量众多,都未能与体例统一,显示出该书在这些部分还处于未定稿的状态,不能不说是白璧微瑕。

(三)个别地方不严谨

《崂山艺文志》虽然经过黄肇颚修订,但难免有其疏漏之处,又由于百年来仅有手抄本留存,在抄写过程中不免仍有漏误。就笔者所见,全书仍有不少疏漏,现列举如下:

一是未标明作品名称,亦未见注释为同前、失题或失考,不够严谨。由于二十四卷本仅存手抄本,且此类疏漏较多,对照《崂山续志》,疑为题目与之前相同,为方便手抄,并未标明,亦未见相关标记、符号,但不排除其中有失题未标明的情况,这对于艺文志的编写而言,实为漏误。兹举例如下:

卷一:仅标有作者黄凤文,[①] 疑手抄本误。

卷六:仅标有作者秦景容,[②] 赵鹤龄、周璠,[③] 朱仲明,[④] 黄念昀、

[①] 《山东文献集成》第三辑第19册,《崂山艺文志》,山东大学出版社2011年版,第129页。

[②] 同上书,第195、198、199页。

[③] 同上书,第199页。

[④] 同上书,第195、200页。

郭绥之。①

卷九：仅标有作者黄宗臣，② 疑手抄本误。

卷十：仅标有作者杨盐，③ 张允抡，④ 疑手抄本误。

卷十一：仅标有作者李诒经、黄玉瑚、黄植，⑤ 黄念昀，⑥ 黄宗臣，⑦ 蔡朱澄、尤淑孝、李佐贤、周芳亭、黄念昀。⑧

卷十二：仅标有作者范九皋、蓝中高、郭亭翕、李佐贤、黄念昀、匡源。⑨

卷十四：仅标有作者李佐贤。⑩

卷十五：仅标有作者张铨、黄守缃、匡源、刘廷桢。⑪

卷十六：仅标有作者黄玉瑚。⑫

二是未标明作者。按照《崂山艺文志》体例，如作者无法考证，则如卷四《乔木村庄》下标注"失名"，⑬ 如与之前诗文为同一作者，则下标"前人"。但以下几例未见注释为前人、失名或失考，疑为手抄本误。

卷三：《山行》"南山北山岚气"⑭。对照《崂山续志》卷三亦未标明作者，⑮ 疑为辑漏。

---

① 《山东文献集成》第三辑第 19 册，《崂山艺文志》，山东大学出版社 2011 年版，第 205 页。
② 同上书，第 246 页。
③ 同上书，第 254 页。
④ 同上书，第 261 页。
⑤ 同上书，第 272 页。
⑥ 同上书，第 273 页。
⑦ 同上书，第 275 页。
⑧ 同上书，第 279 页。
⑨ 同上书，第 295 页。
⑩ 同上书，第 317 页。
⑪ 同上书，第 330 页。
⑫ 同上书，第 334 页。
⑬ 同上书，第 164 页。
⑭ 同上书，第 147 页。
⑮ 即墨市史志办公室、崂山区史志办公室编：《崂山续志》，山东省地图出版社 2008 年版，第 82 页。

卷七：《白鹤峪悬泉水咏》。① 前一首为黄宗庠《登镜岩楼》，后一首《夏日镜岩楼即事》下标记"前人"。对照《崂山续志》卷五作者标记为"前人"，即同为黄宗庠所作，疑为二十四卷手抄本误漏标"前人"。

卷九：《玉蕊楼》。② 前一首为黄宗昌《故园》，后一首为《楼上晚眺》，作者下标"前人"。对照《崂山续志》卷六《玉蕊楼》"高楼暝色接层岑"，其下标记作者为张允抡，③ 疑为二十四卷手抄本漏写。

卷十二：《太清宫次邱长春韵》，④ 对照《崂山续志》卷七，作者应为蓝田，⑤ 疑为手抄误。《八仙墩》"混沌何年凿"，⑥《崂山续志》卷七标记作者为"释德清"，⑦ 疑为二十四卷手抄本漏写。

卷十五：《游雄崖白马岛》，⑧《崂山续志》卷九标记作者为"杨兆鲲"，⑨ 疑为二十四卷手抄本漏写。

三是体例及史实疏漏。如"艺文姓氏"中，李岩出现了两次。第一次划归于明，下标"字子潜，号圣石，莱阳人，崇祯丁丑进士，河南按察使，著有《峩山诗集》"。第二次划归于清，下标"字子潜，莱阳进士"，⑩ "崇祯丁丑"为崇祯十年（1637），据此，说李岩是明人或清人似

---

① 《山东文献集成》第三辑第 19 册，《崂山艺文志》，山东大学出版社 2011 年版，第 221 页。

② 同上书，第 242 页。

③ 即墨市史志办公室、崂山区史志办公室编：《崂山续志》，山东省地图出版社 2008 年版，第 212 页。

④ 《山东文献集成》第三辑第 19 册，《崂山艺文志》，山东大学出版社 2011 年版，第 287 页。

⑤ 即墨市史志办公室、崂山区史志办公室编：《崂山续志》，山东省地图出版社 2008 年版，第 274 页。

⑥ 《山东文献集成》第三辑第 19 册，《崂山艺文志》，山东大学出版社 2011 年版，第 294 页。

⑦ 即墨市史志办公室、崂山区史志办公室编：《崂山续志》，山东省地图出版社 2008 年版，第 286 页。

⑧ 《山东文献集成》第三辑第 19 册，《崂山艺文志》，山东大学出版社 2011 年版，第 331 页。

⑨ 即墨市史志办公室、崂山区史志办公室编：《崂山续志》，山东省地图出版社 2008 年版，第 342 页。

⑩ 《山东文献集成》第三辑第 19 册，《崂山艺文志》，山东大学出版社 2011 年版，第 119、123 页。

并非无据。但黄肇颚将顾炎武定为清朝人，在卷三辑录作品时，将李岩排在顾炎武与清代黄壎之间，明确把李岩当作了清人，这与"艺文姓氏"中对李岩生活朝代作明、清两可的说法是自相矛盾的。若以李岩为明朝人，则卷三辑录作品时，先顾炎武，次李岩，再次黄壎的排列，更有颠倒次序之嫌。① 据《莱阳县志》："李岩，字子潜，号圣石，晚号山樵。崇祯丁丑进士，授直隶曲周县知县，调河南滑县。滑饥多盗，岩躬挽强削平。征入司马部，除开封府守，以劳驻蘲大梁。升开归河等处粮务道按察使司副使，未几，丁外艰归。国变后，隐居大李格庄，以吟咏自娱。"② 与黄肇颚所辑应为同一人，但辑录时有疏漏之处。

总之，作为一部地方志，《崂山艺文志》结合山志与艺文志的写法，采用纲目结构，虽然在排序标准、辑录作品、编写体例、个别作者作品等方面不可避免地存在一定的疏漏疑误，但其对于保存与传播崂山文化无疑具有重要的价值与意义。

第三节 《崂山艺文志》的价值

十卷本《崂山续志》，记述了崂山的景点名胜、地理特点、宫观建置、物产民俗、金石碑文、人物传说，并辑录相关的历代诗文等，其辑录内容的广泛博杂决定了该书价值的丰富性与多元性，尤其是在历史文献、文学、民俗学、旅游地理学等方面具有重要的价值。二十四卷本《崂山艺文志》则是在此基础上进一步修订而成，二者有着非常密切的关系。因此，本节主要立足《崂山艺文志》，同时兼及《崂山续志》来讨论其价值。

一 史学价值

"各种社会、制度、种族分合之隐微蜕变不见于正史及它书者，往往于方志中见之；前代人物，不能登于正史，亦每见于方志；遗闻轶事，散

---

① 《山东文献集成》第三辑第 19 册，《崂山艺文志》，山东大学出版社 2011 年版，第 149—150 页。

② 王丕煦等纂，梁秉锟等修《莱阳县志》卷三之一中《人物·乡宦》，台北成文出版社 1968 年据民国二十四年铅本影印，第 912 页。

见杂书或集部中者,赖方志能以地为纲而有所统摄;地方经济状况,方志多有记述;建置废兴,可以窥见文化升降之迹;古迹金石可以补正史及文化之遗憾。"① 黄肇颚为编纂《崂山艺文志》,曾数次亲访崂山,遍访山人,"凡山之道里远近、古迹兴废,历询山居人,而又岁一再游焉,席帽布履,越壑度谷,于山中名胜,历探其幽奇,积十有余年,爰成是编"。② 这种不辞辛劳的田野调查,与文献相配合,从根本上保证了《崂山艺文志》所载崂山历史人物、道教文化、道观建筑等内容的可靠性,使之具有"窥见文化升降之迹""补正史及文化之遗憾"等多方面的价值。

首先,《崂山艺文志》的史学价值在于其对历史人物、历史事件资料的保存。书中辑录了李白、顾炎武、王士禛等名人之作,对于这些历史人物也附有简短的介绍,保留了其生平资料。如唐代著名诗人李白,黄肇颚在艺文姓氏中提到"李白山东人","少与鲁诸生隐于徂徕山,号竹溪六逸。天宝中,游会稽,与吴筠隐剡中","荐于朝,与筠俱待诏翰林。俗称蜀人,非也。"③ 其中所述李白的籍贯,明显与传统观点不同。作者的依据大概主要是"少与鲁诸生隐于徂徕山",徂徕山是泰山的姊妹山,位于今泰安市岱岳区徂徕镇。高凤翰"举贤良方正,县丞",④ 虽然简短,但为高凤翰生平考证提供了文献凭据。《崂山续志》《崂山艺文志》载郑玄、孔融、司马昭等著名历史人物事迹曰:

> 山阴旧有康成书院。《三齐记》云"郑玄教授之处,有草丛生叶似薤,长尺许,坚韧异常,隆冬亦青,名书带草;又有树号篆叶揪。皆他处所无"。康成载前志。子益恩,孔融举为孝廉,及融为黄巾所围,遂赴难死之。益恩遗腹子,玄以其手文类己,名之曰小同,精通六经,乡人尊师之。为侍中时,尝诣司马昭,昭有密疏,未及屏。如厕,还,问曰:"卿见吾密疏乎?"答:"未见。"昭曰:"宁我负卿,勿卿负我。"遂遇鸩而卒。山下旧有祠,明正德间,邑侯高允中重修

---

① 瞿兑之:《方志考稿·序言》,瞿宣颖著《方志考稿》,天春出版社1930年版。
② 即墨市史志办公室、崂山区史志办公室编:《崂山续志·兄黄肇颐序》,山东省地图出版社2008年版。
③ 《山东文献集成》第三辑第19册,《崂山艺文志》,山东大学出版社2011年版,第117页。
④ 同上书,第122页。

之，今圮。山后有庄名书院者是其地。山民瓜分其地，地下往往得砖石，其遗址也。①

《高密志》载其轶事数则，录之。玄年十一二，随母还家，正腊会同列十数人，皆美服饰，语言闲通，玄独漠然如不及，母私督数之，曰"此非我志，不在所愿"也。康成师马融，三年无闻，融还之。康成过树阴下假寐，梦一人以刀开其心，谓曰子可学矣。于是寤而即返，遂洞精典籍。后东归，融曰："诗书礼乐尽东矣。"马融笇浑天不合，召玄一笇便决。及玄学成声归，融忌焉，玄亦疑有追者，乃坐桥下，在水上据履。融果转式救追之，告左右曰："玄在土下水上据木，此必死矣。"遂罢追。……案袁绍屯官渡，逼玄随军，不得已载病至元城，卒。葬于剧东。后因墓坏，归葬蛎阜。②

书中对郑玄生平逸闻的辑录，与《后汉书》卷三十五、《世说新语》、《异苑》及《太平广记》中所引《郑玄别传》中的记载大略相同，从地方志的角度保存了历史人物生平事迹。

除历史人物外，书中还收录了万历二十八年（1600）十月初三皇帝敕谕：

> 敕谕崂山太清宫住持及道众人等：朕发诚心，印造道大藏经，颁施在京及天下名山宫观供奉。经首护敕，已谕其由。尔住持道众人等，务要虔洁供安，朝夕礼诵，保安眇躬康泰，宫壶肃清，忏己往愆尤，祈无量寿福，民安国泰，天下太平，俾四海八方同归清净善教，朕成恭己无为之治道焉。今特差道经厂侍经惜薪司左司副何堂，赍请前去，俾虔恭安，各宜仰体知悉。钦哉！故谕。③

此外，还记录了如黄巾军、白莲教、明代大礼议等重大历史事件。虽然只有寥寥数句，但从地方志书的角度为历史资料的保留做出了独特的贡

---

① 即墨市史志办公室、崂山区史志办公室编：《崂山续志》，山东省地图出版社2008年版，第207页。

② 《山东文献集成》第三辑第19册，《崂山艺文志》，山东大学出版社2011年版，第238—239页。

③ 同上书，第285页。

献。如书中收录了万历二十三年（1595）耿义兰等讼于朝廷的《控憨山疏》，辑录蔡澄申毁宫及与白莲教勾结之事：

> 妖僧蔡澄申，先年投拜冯保为义父，递运银两上五台山，构称无遮大会，后保犯事抄没，妖僧将银隐匿。万历十一年间，逃入山东，冒称皇亲出家，改名德清，一号憨山，一号明朝，一号云高，一号洪润，结党白莲教等教头目张鸣桂，举僧人自煞、大义、大伦等，钻贿汉经厂内相张本，于万历十三年二月内假称敕旨赍奉前来占山，势逐住官道士刘真湖，拆毁太清宫圣像三百余尊，打死道士张德容，碑像、人尸投于海内，改宫为敕建海印禅寺，改山为那罗延山。①

又如明代大礼议，发生于正德十六年（1521）到嘉靖三年（1524）间，因明世宗以地方藩王继承皇位，大臣们围绕世宗究竟应以生身父母，还是以明武宗为皇考展开了激烈的争论，这其实是一场关于皇统问题的政治争论。《崂山艺文志》记蓝田事迹时也提到了大礼议：

> 子田，字玉甫，号北泉，母梦大星降庭而生。以嘉靖癸未进士，授河南道监察御史。时大礼议起，疏凡七上，偕同官撼门哭，廷杖几毙。出按陕，张璁掌院事，落职归，讲学可止轩中。论荐二十余疏，终不起。少司寇著《八阵图说》。《述旧集》云："武侯不可见，独垂八阵图。八阵垂至今，谁复读其书？蜀寇黠如鼠，敢踏长安土。崔符遍原野，烽火夜常举。守官避其锋，有如五技穷。武侯不可见，涕泪当西风。先生独雄烈，冲冠指毛发。不能歼其魁，何颜对灵阙。拉枯更摧朽，八阵图非虚。借问当时人，曾闻此图无？不日余氛定，功成孰能竟？剽奄如不死，何由保身命？武侯亦已远，剑门亦已通。八阵图有说，千载留汉中。"《大礼议》云："先生千载人，风期薄云汉。十年官御史，折槛愧直谏。世宗时议礼，纷纷孰能辨。先生七上书，痛哭含元殿。国是必须争，那敢容一线？大杖捶百余，瘦骨为之断。臣言无不可，死与先帝见。自分无生理，飞血溅人面。直指长安西，

---

① 《山东文献集成》第三辑第19册，《崂山艺文志》，山东大学出版社2011年版，第284页。

何人巧相陷。一抚并一按，行人再三叹。慷慨赋归田，掉头去云栈。山色看嶙岣，海潮助悲怨。烟云看不足，寸心关庙算。昔读先生诗，涕泪至今遍。转瞬隔今古，流风似昏旦。永嘉江上宅，年年逐流电。"①

明世宗登基不久，便与杨廷和、毛澄为首的明武宗旧臣们之间关于以谁为世宗皇考及世宗生父尊号的问题发生了争议。以内阁首辅杨廷和为首的"继嗣"一派要求世宗改换父母，而当时张璁上疏责廷臣之非，提出了"继统"的理论。至嘉靖三年（1524年），以世宗钦定大礼而结束，这是明朝历史第二次小宗入大宗的事件，也是明代历史上的重大事件。从《崂山艺文志》的记载来看，当时蓝氏家族中的蓝田也参与了明代大议礼，且因此事七次上疏，被处以廷杖，最终罢官落职。可以说，书中对于历史事件、历史人物资料的保存具有重要的价值。

除历史名人及重要事件外，书中也记录了一些不见于国史的地方历史人物或历史事件，如童恢、赵任、杨连吉、周笃昌等，这对于地方历史的梳理而言，具有其独特的价值：

> 汉童恢，字汉宗，琅邪姑幕人。少仕州为吏，治法廉平。司徒杨赐闻而辟之。和帝时，除不其令。吏民有过，辄随方晓示。若吏称其职，人行善事者，赐酒肴劝励之。耕织种收，皆有条章，一境清净，牢狱连年无囚，比县流人归化。民德使君，歌颂庙祀之。②

> 隐君名任，万历癸卯进士，大理寺评事，富著述，隐居于此。名其堂曰"皆山"，轩曰"白雪"，后以授文忠，是所谓太古堂也。周念东先生有《和匡谏议再入崂山访赵隐君》诗："城市君真隐，深山更访人。角巾原自惯，黄石转相亲。马熟林间路，花知洞口春。同心有巢许，耐可往来频。"文忠尽节后，转归胶西王大令锦。今聚族而处者，皆大令裔，所谓王家楼村也。③

---

① 《山东文献集成》第三辑第19册，《崂山艺文志》，山东大学出版社2011年版，第202页。

② 同上书，第173页。

③ 同上书，第178页。

巷为杨氏别墅。居之，自汇征先生始。先生讳连吉，字汇征，庠生。兄遇吉，字晋生，庠生。慷慨多谋略，明季土寇围城，擐甲夜出请师。围解，邑人以孝义旌之……进吉，字大复，庠生。弟还吉，字六谦，岁贡生，荐举博学宏词，乡谥文敏。兄弟皆邑居，先生独居乌衣。初乌衣为胡京兆山林。京兆，讳从宾，字应荐，以孝廉任宛平令。林下后，周叔文先生有《胡京兆乌衣巷》诗："山中何得乌衣巷？曾有乌衣隐此间。不是逢萌挂冠入，定缘房凤作州还。二崂旧属神仙窟，万壑森如虎豹关。风气最宜京兆老，可知鬓眉未能斑。"胡与杨为戚谊，后以授之杨，先生析得之。今绳绳繁衍者，皆先生裔也。曾孙士韶，字俞皋，乾隆乙丑进士。由庶吉士出为祁县、介休令，考课称最，以艰归里，遂不出。韶子中江，字西溟，诸生。博极群书，务求实得，立心制行，端亮古处，远近宗师之，学者谥文安先生。著有《西溟遗集》。子方桎，恩贡生，有学行，能继父志，著有《兵书》、《海上生诗集》，藏于家……大复先生品为八景，各有题咏。①

九水先生者，文登毕恬溪亨也。从戴东原先生游，精汉人训诂之学，以国子生主东郡启文书院，郡中缙绅无敢以年职诮者。孙渊如观察梓所纂书，多取先生说。桂未谷先生《说文解字义证》引先生说尤夥，嘉庆丁卯领乡荐，以大挑任县令卒官。爱崂山九水之胜，号九水先生，文曰《九水文存》。②

山前数里，有寺曰竹子庵，以郑板桥画竹得名。③

明季土寇据此，四出劫掠，邑人周笃昌计平之。④

《崂山艺文志》中保留了不少地方历史、地方人物的生平、著述资料，如赵任的隐居、明代崂山地区的土寇围城之劫、杨遇吉在土寇作乱时

---

① 《山东文献集成》第三辑第19册，《崂山艺文志》，山东大学出版社2011年版，第207页。

② 同上书，第210页。

③ 同上书，第223页。

④ 同上书，第224页。

夜出求援、蓝田上书进谏遭廷杖之难等。在《名胜》小序下的描述中，更是直接保留了地方人物的诗作或是他人的评价，如周念东《和匡谏议再入崂山访赵隐君》、周叔文《胡京兆乌衣巷》等，这些资料从地方志的角度为青岛地区的历史研究写下了珍贵的一笔。

其次，《崂山艺文志》的史学价值还体现在其对文献的辑佚、校勘。全书共涉及百余部典籍，尤其集中在"丛谈"部分。需要说明的是，由于《崂山续志》在前，《崂山艺文志》在后，但经修订后，《崂山续志》中引用的不少文献并未录入《崂山艺文志》中。因此，其史学价值多体现在《崂山续志》辑录的文献中，其中多涉及笔记小说、史书、地方志、诗（文）集等，① 现择要列举如下：

笔记小说：葛洪《神仙传》、杜光庭《仙传拾遗》、蒲松龄《聊斋志异》、纪昀《阅微草堂笔记》、王士禛《居易录》、袁枚《随园诗话》、钱谦益《列朝诗传》、王椷《秋灯丛话》、周燨《玉晖堂随笔》、王眉庵《记异》、薛用弱《集异记》、王嘉《拾遗记》、黄如鉴《鸡谈》、乐宫谱《耳食录》、杜延阊《谈略》、杜氏《采善录》、黄玉瑚《周蝶园传》、牛肃《纪闻》、唐仲冕《岱览》、《东方秘书》《寰宇记》。

方志类：《县志》《高密志》《名胜志》《元丰九域志》《三齐记》，马龙坡《崂山志》、马龙图《崂山记》、纪墨林《崂山记》、萧英斋《马山志·玉妃传》、矫希贤《山中御寇记》、杜曦《采访录》《验方新编》。

史书类：《史记》《后汉书》《隋书》《魏书》《晋书》《南齐》《新唐书·方技传》《明史·方技传》。

诗文集：张谦宜《絸斋文集》《絸斋杂著》、王千一《王千一文集》、周荣鉁《周荣鉁文集》、周如砥《青藜馆集》、周如锦《紫霞阁文集》。

《崂山续志》中引用的文献典籍中有部分已经散佚，幸赖书中保留下来的资料可以让我们可以一窥原貌，具有珍贵的文献辑佚价值。其中，王眉庵《记异》《东方秘书》、杜氏《谈略》《采善录》、黄玉瑚《周蝶园传》等仅在《崂山艺文志》中有所保留，大多为地方的笔记小说。牛肃所撰《纪闻》，书中所记多为开元、天宝年间之事，其中一些材料为《新唐书》《资治通鉴》《宋高僧传》等书所采用。原书大约宋以后亡佚，唯

---

① 《崂山续志》《崂山艺文志》中所引文献有只存书名而作者无法确定者，则只列书名，另有著述亡佚，仅在本书中引用者，依据其所引内容分类列出，以备读者查验。此外，各分类下仅按年代粗略排序，有不确定年代者，放于每类最末。

《太平广记》中存有 120 余条,《崂山续志》中也辑录了王旻求道之事。又如薛用弱《集异记》,《新唐书·艺文志》著录此书三卷,今本为二卷或一卷,共 16 篇。而《太平广记》卷四百四十二《畜兽九·狸》采入的《张华》一篇,正出自《集异记》①。《崂山续志》中的辑录与《太平广记》中的辑录大致相同,仅个别字词略有小异。

  张华,字茂先,晋惠帝时为司空。于时,燕昭王墓前有一斑狸,积年能为幻化,乃变作一书生,欲诣张公。遂问墓前华表。曰:"以我才貌,可得见张司空否?"华表曰:"子之妙解,为无不可。但张司空智度,恐难笼络,出必遇辱,殆不得返,非但丧子千岁之质,亦当深误老表。"书生不从,遂诣华。华见其总角风流,洁白如玉,举动行止,顾盼生姿,雅重之。于是,论及文章,辨校声实,华未尝闻。比复商略三史,探赜百家,谈老庄之奥区,被风雅之绝旨,包十圣,贯三才,箴八儒,擿五礼,华无不应声屈滞。乃叹曰:"天下岂有此少年!若非鬼怪,则是狐狸!"书生乃曰:"明公当尊贤容众,嘉善而矜不能。奈何憎人学问?墨子兼爱,岂若是耶?"言卒便请退。华已使人防门,不得出。既而又谓华曰:"公门置甲兵栏骑,当是疑仆也。将恐天下之人,捲舌而不言,智谋之士,望门而不进。深为明公惜之!"华不听,即使人御防甚严。丰城令雷焕,博物士也。谓华曰:"闻魑魅忌狗,所别者数百年物耳。千年老精,不能复别。惟有千年枯木照之则形见。燕昭王墓前华表,已当千年,遣人伐之!"使人既至,华表叹曰:"老狸自不自知,果误我事!"于华表得青衣小儿,长二尺余,将还,至洛阳而变成枯木。燃之以照书生,乃是一斑狸。茂先叹曰:"此二物不值我,千年不可得!"②

  再如黄如鉴所撰《鸡谈》三卷,现仅存清乾隆抄本一册,在《崂山续志》中保留了童府君驯虎、杨一正异事两条记载:

---

  ① [宋]李昉等编,汪绍盈点校:《太平广记》第九册,中华书局 1961 年版,第 3612—3613 页。
  ② 即墨市史志办公室、崂山区史志办公室编:《崂山续志》,山东省地图出版社 2008 年版,第 368 页。

即墨，古不其地，后汉循吏童恢故部也。至称童府君驯虎事，见《汉书》。县南十里有石橛，相传为府君所置。与虎约曰："石橛坏，汝再来。"虎即颔之而去。余儿时，橛高犹尺许。二十余年来，不泐者数寸尔。壬子五月，为牧童所碎，邑侯更立新石。是日，登遥村民，具报有虎猫攫耕牛。墨三面阻海，不知其何自而来。①

杨一正，天顺间于山中得异书，每遇旱，请祷者不令置坛，但书"霹雳"二字于役人手中，令其急握，开之则雷轰雨沛。顷刻之期，未有爽者，尝与友人偕行遇雨，数里不少沾濡，人呼为"杨童子"。②

除文献的辑佚价值外，《崂山续志》中所引诗文、史书，也具有一定的校勘与版本对照价值。如《崂山艺文志》中辑录的李白《赠王屋山人》一诗，在《全唐诗》中诗题为《寄王屋山人孟大融》，两相对照，可以发现有两处异文：

我昔在海上，崂山餐紫霞。亲见安期公，食枣大如瓜。中年谒汉主，不惬还归家。朱颜谢春辉，白发见生涯。所期就金液，飞步上云车。愿随夫子天坛上，闲与仙人扫落花。③

我昔东海上，劳山餐紫霞。亲见安期公，食枣大如瓜。中年谒汉主，不惬还归家。朱颜谢春辉，白发见生涯。所期就金液，飞步登云车。愿随夫子天坛上，闲与仙人扫落花。④

《崂山续志》十卷成书于光绪八年（1882），《崂山艺文志》二十四卷于光绪二十二年（1896）修订完成，因此在文献引用上大多为清代存留的版本。从一定角度上说，对于文献典籍的版本、流传研究有一定的参

---

① 即墨市史志办公室、崂山区史志办公室编：《崂山续志》，山东省地图出版社2008年版，第361页。
② 同上书，第365页。
③ 同上书，第146页。
④ ［清］彭定求等：《全唐诗》第五册，第一百七十二卷，中华书局1980年版，第1769页。

考价值。

此外,《崂山艺文志》的史学价值,还体现在对崂山金石碑文及历史古迹的记载上。"崂山金石,惟晋唐为最古,汉则鲜矣,但自宋元以降,已多剥蚀不完,有可辨者,必为开载。否则或但标年代,或仅著姓氏,要必详其所在,惧湮没也。惟是足迹难遍,遗漏尚多,阅者谅之。"①崂山碑文石刻众多,有些现已无法辨识,而《崂山艺文志》中的考记无疑为我们提供了一手资料,具有重要的研究价值。如"童使君祠"条下载:"庙曰通真宫,建于皇庆二年,东真武殿,后娘娘殿,西为使君祀,后寝殿。延祐元年达鲁花赤普颜不花撰《童公庙碑记》,剥蚀难辨,多绘驯虎事。水旱螟蟥,祈祷不衰。祠后使君墓,周以垣墙。墓前石碣一书'童公之墓'。"②又如"华阳书院"条下记"东有石曰谈经,再东曰松关,皆镌有大字……门前大石屹立,镌名人诗,皆剥蚀不可读"③。书中所列碑刻较多,仅举几例:

> 华楼:内奉玉帝、老君、关帝各一殿。有明天顺八年甲申即墨营指挥明威将军、尤茂、朱源等,及乾隆间重修碑。宫之左为"名山第一"碑。明万历间,守察二道汝南魏体明、古卫蔡叔逵立。再东为华表峰,诸胜俱统于华,故宫称华楼。宫后再上,有洞室四,各设神像,其中山之阴真武殿一座,为华楼下院……华楼秀丽庄严,为诸名胜冠,磨崖多仙迹,足为名山生色。宫东北石壁,镌王祖师作"一别终南水竹村,家无儿女亦无孙。三千里外寻知友,引入长生不死门"。大德四年正月日书……再西,马丹阳答王师祖作"琼浆玉液不须沽,舌上甘津不暂无,学得飞仙既寂法,灵苗秀草永难枯"。丹阳诗东,镌"天有三才日月星,地有三才水火风,人有三才气血精"……元礼部尚书王思诚(至正壬辰四月以农事行山东诸峰,次即墨,登华楼诸峰)品为十二景,各有题咏。属而和者若干人,共

---

① 《山东文献集成》第三辑第 19 册,《崂山艺文志》,山东大学出版社 2011 年版,第 116—117 页。

② 同上书,第 173 页。

③ 同上书,第 202 页。

得诗若干首。诗石列学官，多剥蚀不完，择其可读者，分系各名胜下。①

迎仙岘：邹提学善更今名，檐下横镌"迎仙岘"大字三及邹善款识。②

梳洗楼：楼之阴横镌"华表峰"大字三，楼之西侧镌洞明真人作。③

聚仙台：华表峰右侧，有敧石如台，是名聚仙，横镌"聚仙台"草书字三。华楼之阴复篆刻之。④

翠屏岩：峭壁矗立，秀削如屏，高数丈，石色苍翠，故名翠屏。魏守道题"翠屏岩"大字三。其西蔡巡道复草书之，横镌额上，字各径数尺，下为陈鲁南书，字差小。岩之东有石横镌"东海胜游"大字四，亦蔡道书。⑤

天液泉：邹提学题"天液泉"三字于石。⑥

碧落岩：岩为宫后石壁，上镌"碧落岩"大字三，其东镌"灵峰道院"四字，草书之。碧落岩少东，镌长春师父手卷二。⑦

南天门：台上镌"最乐处"草书大字三，江都邹善题。台前有断碑，余"胜览"二字。字约二尺余，盖"华楼胜览"也……碑之东石方屏二，东一屏镌"万历间廪延李戴诗"，稍西一屏为"吴郡毛

---

① 《山东文献集成》第三辑第19册，《崂山艺文志》，山东大学出版社2011年版，第186页。
② 同上书，第190页。
③ 同上书，第190页。
④ 同上书，第193页。
⑤ 同上书，第194页。
⑥ 同上书，第198页。
⑦ 同上书，第199页。

在诗"。碑西一屏则黎阳王在晋诗也。①

黄肇颚在《崂山续志》《崂山艺文志》的编纂、辑录过程中，数访崂山，亲探名胜，其间翻阅古籍，搜罗勾连，又席帽布履，越壑穿谷，详细地考察了崂山存留的摩崖石刻，确定镌写作者，残缺不完者也多标记出来，择其可读者辑录于书中。可以说，正是由于其严谨的辑录态度，为我们留下了宝贵的历史资料，尤其对于地方史的研究作出了其独特贡献。

二 文学价值

《崂山艺文志》的文学价值主要体现在其对文人诗文作品的辑录，其中不乏如李白、顾炎武、王士禛、纪昀、高凤翰等名家。李白《赠王屋山人》已见前引，其他几位诗人的作品，如以下几首，均给崂山增添了无限的荣光。

> 崂山拔地九千丈，崔鬼势压齐之东。下视大海出日月，上接元气包鸿蒙。幽岩秘洞难具状，烟雾合沓来千峰。华楼独收众山景，一一环立生姿容。上有巨峰最崒岉，数载榛芜无人踪。重崖复岭行未极，涧壑窈窕来相通。天高日入不闻语，悄然众籁如秋冬。奇花名药绝凡境，世人不识疑天工。云是老子曾过此，复有济北黄石公。至今号作神人宅，凭高结构留仙宫。吾闻东岳泰山最为大，虞帝柴望秦皇封，其东直走千余里，山形不绝连虚空。自此一山奠海右，截然世界称域中。以外岛屿不可计，纷云出没多鱼龙。八神祠宇在其内，往往棋置生金铜。古言齐国之富临淄次即墨，何以满目皆蒿蓬？捕鱼山之旁，伐木山之中。犹见山樵与村童，春日会鼓声逢逢。此山之高过岱宗，或者其让云雨功。宣气生物理则同，旁薄万古无终穷。何时结屋倚长松？啸歌山椒一老翁。（顾炎武《崂山歌》）②

> 何许藏名久，秦山深上海。半夜白日出，风雨苍龙吟。静侣行道

---

① 《山东文献集成》第三辑第19册，《崂山艺文志》，山东大学出版社2011年版，第200页。

② 同上书，第149—150页。

处，不闻樵采音。清冷鱼山梵，寂寞成连琴。晓就诸天食，暝栖檐卜林。因知安居法，一契无生心。我亦山中客，悠悠悔陆沉。(王士禛《赠崂山隐者》)①

陡壁东溟上，登临意豁然。鲸鱼吹海浪，鸥鸟破暝烟。足外真无地，眼中别有天。餐霞谁到此，千古说青莲。(纪昀《八仙墩》)②

为访华严海上行，仙人楼阁眼初明。盘空磴折松为槛，挂月峰寒玉削屏。仙塔遥连潮色动，危岩倒落涧云生。不知下界通行处，一路烟霞接上清。(高凤翰《华严庵》)③

涧水从天下，奔流万派喧。跳珠凌水末，飞雪溅云根。寒欲生毛发，清真洗梦魂。时逢采药者，或恐是桃源。(高凤翰《鱼鳞口看瀑布》)④

这些诗作均为咏崂山之作，或写景抒情，或抒怀咏志，带有鲜明的个人特色，或如顾炎武之学力深厚，或如王士禛之清切流丽，或如高凤翰之自然质朴，都与崂山一起流传下来，成为中国古代文学研究的宝贵资源。关于黄肇颚的崂山叙写，将在下一节中具体论述，在此不再赘述。

三 旅游地理学价值

茅盾曾说过"我国地方志书，源远流长，种类繁多……似可组织人力，即以地方志中适合于旅游者之多方面兴趣而引人入胜者，编写导游指南"⑤。地方志中有关地方自然风光、人文名胜的记载是最为翔实、集中的，对于地方旅游发展而言，具有重要的借鉴参考价值。《崂山艺文志》亦是如此，其旅游地理学价值主要体现在以下两方面：

---

① 《山东文献集成》第三辑第 19 册，《崂山艺文志》，山东大学出版社 2011 年版，第 169 页。
② 同上书，第 294 页。
③ 同上书，第 269 页。
④ 同上书，第 220 页。
⑤ 茅盾：《茅盾杂文集·夜半偶记》，三联书店 1996 年版，第 955 页。

一是对崂山地理的详尽记录。由于《崂山续志》《崂山艺文志》中只有崂山总图,因此在各名胜景点下的小序中多用语言来描述相关的地理状况,包括地理位置、周围环境、前后距离、道路状况、宫观建筑等,并特别指明崂山山路之险曰:

> 入太清宫,无越窑货隈,梯子石两路。而梯子石尤危险异常,千仞悬空,下临无地,一失脚,随波臣去矣。若由八水河西,凿山通道,得免梯子石之险,功德不细。昔憨上人夙有此志,事未成而迁败,惜哉!识此,以俟后之能者。①

这实际上已经具备了旅游指南的特点,而书中对崂山具体景点地理方位的描述,也为游山者提供了重要参考:

> (白云庵)庵东上二里许为慈光洞,壁穷径绝,上有隙,梯而上。从隙中下寻径,三四里为自然碑。碑之上有七星楼、新月峰。再三四里为幕云崮、美人峰。再二里许乃可蹑巅之趾,是则所谓上巨峰者也。自白云庵右折而东南下者,会仙山也。从山左下而复上,约三四里为响云峰。峰之下为碧天洞。前一峰为跃龙峰。从在壑悬削处探级下,十里而至先天庵……自海门涧水曲折流,巨石交锁潭为多,其著者为龙窟。②

> (内九水)水源自巨峰,为九水上游。由太和观前东南行,曲折以至玉鳞口,是为内九水……两岸之山,奇峭诡谲,古色斑驳,荒野寂历,杳无人踪。视九水风景又殊焉。③

---

① 《山东文献集成》第三辑第19册,《崂山艺文志》,山东大学出版社2011年版,第414页。

② 即墨市史志办公室、崂山区史志办公室编:《崂山续志》,山东省地图出版社2008年版,第2页。

③ 《山东文献集成》第三辑第19册,《崂山艺文志》,山东大学出版社2011年版,第218页。

>（鹁子崮）峰皆秀特，叠石层层，中嵌崖壁，容数百人可游。①

此外，还对崂山村庄、市集、人口进行了简单记录：

>东山之社，曰"松林"，曰"肖旺"。西山之社，曰"聚仙"，曰"文峰"，曰"郑瞳"。散处两山之间者，村庄百余所，守山庵子不可以计数。东山之市曰"王哥庄"，西山之市曰"华阴"，曰"李村"。百货丛集。商贾负贩，山中之阛阓也。王哥庄，即太平村，《九游记》所称"烟景四五家"者。二百年来，居民数百余户。他处之村庄宜称是，他处之无村庄而后有村庄者，宜复称是。②

又如以下几例：

>女姑山现存龙王庙及娘娘庙。山西旧为口岸。渔筏商舶居民行户，丛集其间。庙则天妃宫也。再南四十五里为青岛口岸。岸下陡滩，堪泊巨舟。女姑行户诸家往往于青岛置行栈以便捆载。③

>登遥，三面环山，南临大海。登遥之西曰岭西，再西曰西登遥，东曰大河东，膏壤千亩，居民七百余户，有老死不知城市者……登遥旧有口岸，设武弁，为胶州汛地。盖自古设为海防，以备不虞。嘉庆间海寇登岸，劫掠居民，则海防之驰久矣……秋间椒梨熟时，渔筏之外，船舶捆载，与江南通贸易。④

再如"文忠尽节后，转归胶西王大令锦。今聚族而处者，皆大令裔，所谓王家楼村也。楼今圮。村之前为华阴集，椒梨柴炭，纷纭贸易，几处山店，供游客憩止"⑤。再如"七水"条下，记"居者三四舍，儿童见人

---

① 《山东文献集成》第三辑第 19 册，《崂山艺文志》，山东大学出版社 2011 年版，第 224 页。
② 同上书，第 411 页。
③ 同上书，第 226 页。
④ 同上书，第 227—228 页。
⑤ 同上书，第 178 页。

至，皆惊遁去。有山神祠，曰七水庙子，以名其村"①。"五水"条下还记载了其形成原因，推测为雪水上涨使山谷溃堤，因而形成崂山五水："其西北石壁镌'天启四年正月十九日，天开异境'十三字。盖雪水泛涨，溃决山谷，河流始大，记异也。"②

此外，书中还记录了崂山民风，"山中人多力，非独水土使然。多有运气排功者，各有师傅，递相授受，以治弱疾，往往奏效。鼻收口出者为清气，曰'罗汉功'。从口出入者为浊气，曰'霸王功'。罗汉功以皮排排气，霸王功以手不以排。山中多射生手，然火器取禽鸟命中。丁卯之役，捻匪窜入华阴，山中人毙贼多名，得力以此"③。这些资料，对于崂山地理、民风民俗的研究等都具有重要价值。

二是对崂山旅游资源的详尽记录。崂山自然物产丰富，如鳆鱼、仙胎鱼、西施舌等，黄肇颚在辑录作品时较完整地保留了当时当地的物产特色，这对于游者而言，可谓是大有裨益。

> 山分东西，形势异，而物产亦不同。东山险峭，西山秀丽；东山多石，西山多土；东山多松竹，西山多椒梨。④

> 漆亦生太清地，山人不知取法。焚之则臭恶难闻，不可以为柴。芟刈之，多不令生殖。⑤

> 菌蕈之属，山中多有，惟其罄产者良。松生者，曰"松板"，梨生者，曰"梨笋"。有所谓"天花菜"、"凤头叶"者。盖山深草厚，郁热蒸积之气所结而成，食之，味逾口蘑，他处所无也。⑥

又如在"白沙河"条下写道："（白沙河）河发源巨峰，历玉鳞口、

---

① 《山东文献集成》第三辑第19册，《崂山艺文志》，山东大学出版社2011年版，第217页。
② 同上书，第217页。
③ 同上书，第413页。
④ 同上书，第412页。
⑤ 同上书，第413页。
⑥ 同上书，第413页。

九水而下，至女姑入海。自华阴集东为矫家河，西为马家河，统称白沙河。河产仙胎鱼，大者五六寸，方秋取食，鲜美异常品。渔者下流截以竿或牵以绳，鱼见横影则不过。"① 仙胎鱼产自崂山白沙河，王卓如在《仙胎鱼》一诗中赞曰："天花为结灵根芽，玉鳜金鲤味莫加"，"登盘大噱维其嘉，灵液津津沁齿牙"。② 西施舌，也是崂山独具特色的海味，黄凤文、黄承護、杨友晋等人都曾赞扬过西施舌的鲜美异常，如黄承護在《西施舌》中云："光润细腻肉晶莹，玉屑到口费品评。美人长项解媚妩，无肠公子笑横行。多少鲜鳞难比拟，聊将西子锡嘉名。"杨友晋称赞："昨夜雪花大如手，故人遗我双斗酒。酒美盈卮殽盈楄，西施之舌尤适口。"张绍侃也称赞其美味："渔父献蛤味芳烈，问名名唤西施舌。枉把美味比美人，此其取义何以说？"③

除自然资源外，黄肇颚对崂山旅游的道教宫观和文化资源也进行了较为细致的梳理。如对铁瓦殿的介绍云：

> 殿故巨丽，尽覆铁瓦，甲诸宫观……康熙间毁于回禄。石柱林立，无片瓦之覆。道光间，金道人者就中架草阁一间，供天帝铜像，前台三十余级……铁瓦径尺有二寸，其色黝深，背铸男妇捐施姓氏。檐瓦多铸龙形，尤工致。④

又论白云庵曰："以今考之，白云庵之名，隶属之铁瓦殿，兹所称白云庵，故玉清宫也。今称上庵，基址犹存。有万历间重修碑……玉清宫之迁建在明正德间，兹犹有万历间重修碑"；"容俟再考。"⑤ 诸如此类的记载，书中所在多有。其中对道教宫观源流、建筑特点等所做的考证，对于崂山文化旅游的规划、开发都具有一定的参考意义。

总之，《崂山艺文志》对崂山地理和旅游资源的详细记载，不仅可作

---

① 《山东文献集成》第三辑第19册，《崂山艺文志》，山东大学出版社2011年版，第184页。

② 同上书，第172页。

③ 即墨市史志办公室、崂山区史志办公室编：《崂山续志》卷三，山东省地图出版社2008年版，第125—126页。

④ 同上书，第235页。

⑤ 同上书，第236页。

为游山者的游览指南,对于崂山地理学、文化资源研究、崂山文化旅游的开发等,都具有重要的参考价值和现实借鉴意义。

第四节 黄肇颚的崂山叙写

黄肇颚对崂山山水甚为喜爱,其《崂山续志》自序云:"余居近崂山,相距俱数十里,以不得游为憾","壬申复作东山游,快睹华严、明霞山海诸胜,旬余旋返,犹以不获全游为憾",① 这种特殊情结是他编纂《崂山艺文志》《崂山续志》的重要原因之一。与黄宗昌《崂山志》"抗论宜兴立朝大节,具有本末,不幸见忌于时",因而多"假笔著述以著素志之所存"不同,《崂山艺文志》虽自称"托记事之笔,刻镂溪壑,藻绘山灵,崂之面目性情即惟妙惟肖"。② 但该书在实际的人事、景观的叙写中,却不仅多有儒者悲天悯人的现实关怀、仙家超拔凡尘的奇思妙想,更有强烈的家族印记。因此,黄肇颚的崂山叙写,无论内容,还是表现手法,都有其独到之处,也为崂山文化史增添了一抹独特的亮色。

一 人文思考与现实关怀

黄肇颚《崂山艺文志》的崂山叙写,主要表现在他为自然及人文名胜所作的小序中。这些小序文字简洁,语言清丽典雅,或摹写地理形胜,或叙述历史源流,如"(五水)水渐平,声渐缓,故亦曰玉笙涧。错而居者三五室,曰杏树庵。"③ "(神清宫)宫居芙蓉峰前,峭壁危崖,奇伟秀丽。殿阁参差,松篁掩映"。④ 但黄肇颚的崂山叙写,并不仅仅限于对景点名胜的摹写,其中也多有深沉的人文思考和现实关怀。

黄肇颚常常在景点描摹之外,将自己的思考寓于其中,将景、情、思熔于一炉。如"九水"条下:"山水幽胜之地,文人学士往往托名。苟其

---

① 即墨市史志办公室、崂山区史志办公室编:《崂山续志·自序》,山东省地图出版社2008年版。

② 同上。

③ 《山东文献集成》第三辑第19册,《崂山艺文志》,山东大学出版社2011年版,第217页。

④ 同上书,第303页。

人实有可传，则人与山均不朽矣。"① "华楼"条下云："华楼古称名胜地，谈者谓仙人所居。而仙人不世出，即有修真养性之士，往往不为人识，人亦不能识。"② "王乔崮"条下云："事所必无，理所不居，一洞一壑，每假仙真以相夸耀。目其高，颜其色，王乔崮、黄石宫，皆是类也。"③ "玉皇洞"条下云："自道光间，移老君殿东，形势失矣。不知何时复其旧也，令人生慨。"④ 又如下面的文字，都将作者情感、思考融入其中，不乏真知灼见：

> 崂山，理大物博，生物之盛。各随其地之所宜，以给生人之求。又其人勤苦俭约，生老不见外事，但使兴其利，除其弊，相安于熙皞作息之中，可称乐土。然以今日大势观之，地狭而有人满之患，往往无田可耕，无山可樵，谋生之机日蹙，变作之巧日兹。人心风俗，不无可虑者矣！⑤

> 崂山旧称九宫、八观、七十二庵。今统计，僧道寺院，不过数十处，有日减，无日增，深堪浩叹。顾人事有废兴，神明有代谢，亦归诸无可如何之数！乃有貌如故，而位置失当，令人抑郁不快者。华楼玉皇殿，旧在翠屏岩下，玉皇洞前高敞坦阔，天然形势。住持者贪尺寸之地，移建老君殿东，作一带长廊之式，误已。夫太平宫之下迁玉皇殿，为其近于山巅而多风也。兹胡为者，形势失而名胜亦坏，煞风景甚于烧琴煮鹤。书此，望后之人能更正焉。⑥

> 崂山之隐逸者也。当其初，深山汹穆，生其间者榛榛狉狉，僧道寺观亦无雕镂富丽气象，山之所以葆其真也。数百年来，蚕丛日益

---

① 《山东文献集成》第三辑第 19 册，《崂山艺文志》，山东大学出版社 2011 年版，第 210 页。
② 同上书，第 185 页。
③ 即墨市史志办公室、崂山区史志办公室编：《崂山续志》，山东省地图出版社 2008 年版，第 129 页。
④ 同上书，第 152 页。
⑤ 《山东文献集成》第三辑第 19 册，《崂山艺文志》，山东大学出版社 2011 年版，第 411 页。
⑥ 同上书，第 413—414 页。

辟，精华日益泄，人烟日益稠，策杖蜡屐之士日益集，隐逸而近于炫矣！士君子功业喧赫，声华烂如，欲其归真返璞也，亦难矣。①

名人墨迹世所共珍，而传与不传，若有数存乎其间，而不系乎时代之远近、久暂。同一画壁也，孝真存而板桥亡矣。（枣园东庵画壁，风竹、雨竹，卓乎名家，传为宋孝真笔。石门山南竹子庵壁，郑板桥画风竹、雨兰，剥落已尽。而宋竹犹存。）同一题壁也，高平存而耳枝亡矣。（先六十伯祖高平公，题浮山朝阳庵诗三百余年，至今画诸梁间。刘耳枝读书钱谷山天齐庙，书满墙壁，住持者铲削而堙之，尽去其迹。）夫石有时灭，况在庙壁存者能保不亡乎？所可惜者，其疥壁一洗而空诸所有。其煞风景，岂止赘西子之面乎？惟然而存者，愈足宝贵矣！②

这些文字均在景观名胜的描摹之外，表现了黄肇颚的理性思考，他对崂山宫观倾圮、移建失当、人心风俗之变及名人墨迹存废的感慨，均已超出了客观的描写，显示了一位理想主义者忧世伤时的现实关怀。

黄肇颚还十分关注崂山民生，如山民劳作之苦、渔民之险等，如书中云"农务既毕，山事方兴"，"刈草错薪，胚胝从事，皆戴星出入，作苦甚于农人。"③"山民以薯蓣度日、间以草易粟，无过秋穑。春夏之交，多食野菜。"④"沿海多渔户。乘春网鱼。载酒米，然鞭爆。渔者联桴而下，盖十室九空焉。惊涛孩浪之中，银鳞山积，顷刻可以致富，呼吸亦或蹈危。况参鲅又没水而求之！"⑤黄肇颚在景点名胜外突出人文因素，或如以下几例：

口岸之名者，南则女姑，东则金口。此外若沧口、沙子、登遥港诸口岸，筏网所聚，间或贩运粮石，巨舟无可泊也。海船所泊，多在

---

① 《山东文献集成》第三辑第19册，《崂山艺文志》，山东大学出版社2011年版，第414页。
② 同上书，第415页。"六十伯祖"应为"六世伯祖"，似为手抄误。
③ 同上书，第412页。
④ 同上。
⑤ 同上。

二口矣。自烟台口岸兴，而金口始衰。船行税课，不及昔之一。女姑以青岛为口岸，青岛夙称要地。近以海洋不靖，建立海防行署，练勇丁守之，居然重镇矣。即墨山僻小邑，不敢曰"恃陋不备"，而抱"杞人之忧"者，不虑海防之不严，窃虑勇丁之难遣也。①

山中之弊有三，一曰官炭。山中诸社，岁纳炭几万斤，给以官价……无窑之地，则亩捐摊买以应官。一曰"官行"。署中以"天棚"为名，各庙斫伐，岁无艺，否则折价入官。一曰"拨夫"。拨山民抬山兜也。凡官署有事于山，则地保传呼丁壮应役。男夫间或出海，虽妇女或有不免。夫斫竹拨夫，不知所由始。炭之始事，不过芹献微意，讵知相沿成例，弊遂至此哉！今竹与炭，属有定章矣，竹以四百竿，炭以五千斤，而拨夫尚为民瘼，可勿恤哉。②

庙山，民山之外，为官山，为荒山。官山者，营中牧马厂也，无甚草树。今营中既不牧马，亦无马可牧，货恶弃地，里合招佃，开垦栽种，依照四社山、钱谷山例，纳款充公，则官民两便外，此若退出之海滩，私垦之山场，往往致兴讼端，连年不休。均宜仿照此例，入官为是。僧道与民构讼，久矣。庙富而民贫，则易激变；庙孤而民众，亦易滋事。断斯狱者，勿矜才，勿规避，公允焉可矣。夫以道人之激变，信有罪矣。岷聚众抢掠，庸非罪乎？乃或以聚众之难了案，而避重就轻，既无救于山林之毁伤，复益长其桀骜嚣凌之气。蹊田夺牛，允当之谓何？识者早知异日之必有事也。不数年（前光绪九年，后十七年）而果有其事，事且更甚于前长民者。官以庙之富而好讼也，思有以禁之。更定新章，除庙地百步之外，尽归民佃，似乎矫枉而过正矣。夫以僧道自有之地，举以与民，其心固有所不甘，谓其地不足百步之数，将奚所取而益之僧道乎？此又事之难通者矣！乃刹那之间，新争初试，而诸山重重，昔之抢掠只太清，兹之斩伐，几遍二崂。致令狱讼繁兴，无可解免，则禁之不啻助之也。然而，山灵真浩

---

① 《山东文献集成》第三辑第19册，《崂山艺文志》，山东大学出版社2011年版，第412页。

② 同上书，第413页。

劫矣。所望后之司牧者，其善为山灵护法。①

由此观之，黄肇颚在书中不仅以崂山景点名胜为重点，阐述崂山的地理、道路、宫观、金石，辑录历代文人作品，更在亲访崂山的过程中注意到了崂山口岸海防、官炭之弊、僧道与山民矛盾等事，并提出了自己的思考。可以说，在自然景观外，《崂山艺文志》的人文之思更得以凸显，字里行间无不透露出黄肇颚对于崂山的现实关怀。

二　出世奇思和小说笔法

崂山为道教名山，不少笔记小说中都记载有崂山的奇人及神仙鬼魅。《聊斋志异》中的《崂山道士》《香玉》等篇尤为著名。而在黄肇颚笔下，崂山中建筑、人物也往往有其神异之处，如"白云洞"条下云："徐坐全，号端阳，宁海人，失怙，事母孝，出家后留心导引之术。面壁石室中不出。后忽游关外，栖大沽山之白云寺。门人踪迹得之，坚请归，自此绝粒无言，终日不出户。光绪改元四月整衣冠，拜朝暾，遍拜诸道侣，入室端坐化去。"② 这篇小传，虽然简短，却很好地勾勒出一位世外高人的特殊的生平行迹，显示出作者对仙家神秘世界的态度。

书中在"名胜"小序下，也有叙事生动、情节完整的神奇故事。如"华楼"条下有关"老道士"的记载，就很有代表性：

> 华楼宫老道士，有道隐君子欤？仙人化身欤？不可得而知也。道士形容丑怪，执樵苏之役。高密张生，假馆宫中，意颇忽之。生买二牛，虑无人遣送，道士曰："吾为君送之。"逡巡间已失牛所在。比归，问家人，案其时正在顷刻也。一日为其徒说《易》，道士窗外听之，呼曰："君所述，皆俗说也。"试叩之，名理出人意表。生受其学，遂以说《易》擅东方。一日，薄暮大雷雨，见诸天神围绕道士房如作礼状，比晓雨止。道士门反扃，寂无人矣。③

---

① 《山东文献集成》第三辑第 19 册，《崂山艺文志》，山东大学出版社 2011 年版，第 414 页。

② 同上书，第 316 页。

③ 同上书，第 185 页。

作者以寥寥几笔塑造了一个"形容丑怪"却道术高明的道士形象，通过顷刻间送牛、说《易》、诸天神绕房作礼等情节，突出了道士的神异。道士形容之丑怪与道术之高明，张生起初的轻忽与后来的惊诧、拜师受学，在简短的文字中产生了巨大反差，俨然一篇志怪小说。这种小说笔法在书中虽然并不常见，但却是黄肇颚《崂山艺文志》区别于黄宗昌《崂山志》的重要特点之一。

三 景观描摹的家族印记

对崂山的热爱，是黄氏族人共有的特殊情怀。这不仅表现在《崂山志》《崂山艺文志》的编纂中，也可从《崂山艺文志》所载录的黄氏族人生平事迹及题咏崂山之作得到说明。黄肇颚在书中记载了大量黄氏族人及其生平事迹。名胜下的小序多为介绍地理、历史、金石、宫观建置等，而黄肇颚在部分小序中往往以黄氏族人的生平事迹取代了对名胜景点的介绍，这一点与黄宗昌《崂山志》、周志元《崂山志》都有很大的不同。如"起仙台"下小序曰：

> 先九世祖墓在焉。九世祖讳墿，字子由，庠生，性友爱。痛女兄弟之所以死，致罹于讼，斋志以没，年三十八岁。赠奉直大夫户部山西清吏司主事，葬起仙台。世称先八世祖茔为东大林，九世祖茔为西大林云。①

整段文字都在叙述其九世祖黄墿生平，对起仙台的地理位置、周边状况或环境却只字未提。又如"浮山"条下小序云：

> 山有庙曰朝阳庵，先六世伯祖高平公读书处也。公讳作孚，字汝从，号䚟斋，嘉靖癸丑进士。时分宜当国，杨忠愍上封事死，公愤腕甚。一日过分宜门，诵忠愍被法时口占语，分宜衔之，除为高平令。分宜赠之行，弗受。二年，入观罢归。分宜败，不复出。今庙壁上公所题诗犹存。②

---

① 《山东文献集成》第三辑第 19 册，《崂山艺文志》，山东大学出版社 2011 年版，第 246 页。

② 同上书，第 226 页。

在以下几例中，本应以景观介绍为重点的名胜小序，分别被黄念甗、黄宗昌、黄宗晓、黄贞麟、黄坦、黄念昀及他自己的生平事迹所取代。

　　玉蕊楼：先八世伯祖侍御公仿康成作也……，侍御公既隐居不出，张并叔、宋澄岚两先生，皆教授于墨，而并叔居玉蕊楼几十年不去。并叔载前志。澄岚名继澄，亦莱阳人，天启丁卯举人，善古文词倡宗风，结诗坛，与邑士大夫唱酬无虚日。子晓园连乡人董莺谷樵皆与焉。樵故布衣，连亦名孝廉……（澄岚）羁历下久不归，几罹不测，文字之祸烈矣。国初，晓园子避公车不就试，居白榕庵三阅月乃去。事载《山游记》。其后读书于此者，为韩良辅先生。先生理学名家。①

　　上庄：先八世祖所考卜也。八世祖讳宗晓，字昱伯，雅志山林，以潞安卫经历归，营菟裘而老焉。当是时，先九世祖已即世，先十世祖方幼，上奉两世亲，性至孝，刻励读书。通籍后，筮仕列上考，入国史《循良传》。此《上庄管窥》所称后兴者欤？十世祖讳贞麟，守方振，号振侯，顺治戊戌进士，授凤阳司理。时大旱，守率僚属祷祀弗应，乃取大案之未剖者，立决坛下，遂雨。改盐山令，飞蝗入境，祝以文，遂食草苗不害稼，擢户部主事，以诖误归。延赵世五先生别墅，课邑中子弟，文风丕变。《述旧集》云：胜国当季年，兵戈极天表。东海更惨烈，乱离不能保。吾祖方数岁，八口寄于草。屋宇荡飞尘，仓皇匿诸岛。（朝饥拾橡栗，暮宿傍虫鸟。）时我曾王父，忧心怒如捣。慈亲年八于，有子尚幼小。日夕对烽烟，惊心转相抱。乾坤会旋转，遭家独不造。曾王父不年，憖凶倩谁扫？发愤益读书，典坟极搜讨。夜半冰雪深，孤灯坐清晓。高科弱别余，甘棠饮名早。司理古濠梁，如山法难挠。解释几千人，薰获敢颠倒？官裁更盐山，颜色为之槁。百室亦何择，岩疆阅旱潦。民贫已难医，寇盗聚城堡。终宵不能寐，忧心几时了！御侮兼恤灾，三年见秔稻。单骑历乡村，谆谆善为宝。忠孝乃为人，不然愧安饱！量移得农部，涕泪满周道。万娃

---

① 《山东文献集成》第三辑第 19 册，《崂山艺文志》，山东大学出版社 2011 年版，第 241 页。

齐呼天，婴儿失襁褓。国史纪循良衔恩列上考。崂山围上庄，西风千树杪。园林百余载，可如昔时好。孙行余最季，弹指已衰老。先绪慎无忘，海波日浩渺。子七人，长大中，以孝廉令武康。狱者橐千金以进，或曰："其理直，受而出之不为枉。"曰："直则直耳，金胡为者？"次美中，拔贡生。次鸿中，即学士公。后次理中，母得危疾，刲股和药以进，以孝廉令新城，称廉明，擢知涿州。次位中，岁贡生。次敬中，即先十一世祖见后卷十四。次奭中，举人，黄陂令。①

华岩庵：先九世伯祖浦江公所建也。先是慈霑上人客于墨，侍御公高其行，建刹城西北隅居之，即今准提禅林也。当明社之初尾也，胜朝诸遗老计欲航海南渡，图中兴业。既南都不守，高相国以不食抗节，知事无可为，遂遁迹空门，饭依慈霑。故慈霑弟子有八十一宗。侍御公建刹那罗延窟之西北，以妥僧众，是为古华严庵。乃志未竟而毁于兵，庵以废。浦江公重整先绪，同慈霑鸠工集事，建刹今地，是为今华牌庵，载《县志》。准提、华严两庵，施地各千亩。两庵各供侍御、浦江两公木主于殿东北隅，示不忘，亦所以报也。浦江公，讳坦，字朗生，号惺庵，侍御长子，以副贡令浦江，沽己爱民。致仕后，每习静于两庵间。年八十余，礼佛毕，退至小书室，谓从者"尔等姑退，吾欲少憩。"久之不出。潜视之，鼻涕垂膝，端坐逝矣。慈霑载前志。②

登遥：先叔午乔公，尝设帐焉。公讳念矗，字午乔，号裴庄，增广生，事亲以孝闻。先大父晨夕喜小饮，每沽以进，夜侍寝，不入私室者九年。殁之日，先大父在堂，远近闻之皆叹惋，有流涕者，年四十八。叔祖帙邻公诗哭之："五十犹慕情蔼然，萱帏奉事妇能贤。不归私室稳亲梦，对榻依依阅九年。青天碧海雨茫茫，撒手尘埃返帝乡。嗣母生严俱白发，哭儿泪点染衣裳。有子试乡归已迟，有兄谒选滞京师。可怜弱女柔肠断，泪眼相看属纩时。将信将疑情何极，万端

---

① 《山东文献集成》第三辑第19册，《崂山艺文志》，山东大学出版社2011年版，第248页。

② 同上书，第266页。

千绪语莫详。书卷尘封门自掩，一庭秋菜雨中荒"。①

> 青峪书院：于戏！此余读书处也！书院距华阴集东北五里，为莲峰先生别墅。戊申、己酉间，延先君子课其子存悟、存怪业，余与堂弟颓，随侍讲席，昕夕无间，今三十余年矣。馆主人蒙难，堂弟不禄，先君子弃养。山馆萧条，蛛网尘封，书窗灯火，回首怅然！先生讳恭先，字敬亭，姓江氏，莲峰其号也。以道光甲午举人，莅临城、柏乡尹，安州牧。所至勤于政，案无留牍，旧沿陋规，革除殆尽。以刚直不能媚上官，诖吏议归。咸丰辛酉，捻匪扰及胶。先生率乡团防堵石濑河，贼自下游渡，公奋勇击贼，马蹶死之。恤赠道衔，崇祀昭忠祠，乡谥忠烈。先君子讳念昀，字丙华，号海门，道光庚子举人。试礼闱不遇，留都就拣选职，以弟殁归里，自是家居养亲不复出。邑令至，多以通家谊相结契。先君子非公事不见。署吏尝私叹曰："黄孝廉不向公门说一事也！"辛酉之役，以防守劳钦加知州衔。于是，先君子老矣。部中方以截取知县用，辞不就。主讲邑之崂山书院，而以成就后学终焉。卒年七十五。书院居青峪山半，讲室三楹额曰"青裕书塾"。居高而远望，视华阳书院为轩豁朗敞，左厢室以妥诸生，西为主人精舍，西北小楼祀其封公木主。②

在黄肇颚笔下，崂山的一山一水，一草一木，一屋一舍，都成为黄氏人事更迭和家族变迁的见证，镌刻着黄氏族人的印记，这种对于家族史的高度关注可谓黄肇颚《崂山艺文志》的一大特点。如与黄宗昌《崂山志》加以对比，这一特点更加明显。如对"白鹤峪"的介绍，黄宗昌《崂山志》中的小序虽写到了黄宗庠生平，但还是用较大的篇幅对周围环境和山水奇观做了描摹，而黄肇颚笔下的小序却主要以黄宗庠父子生平为主：

> 吾仪庭所尝啸歌于此也。自华阴而南，经黑牛石委折入两山夹涧，水从中出，千章之木与巨石累累错而立。涧以石萦，亦以石阻，

---

① 《山东文献集成》第三辑第19册，《崂山艺文志》，山东大学出版社2011年版，第227—228页。

② 同上书，第300页。

阻愈萦也。水来急，不得直下，激而成声，盈涧上下，折而得诸澎湃中者，高下远近与俱深矣。峪之南有削壁，望若屏，巅头悬泉，自上而下如疋练。曰"天落水"。水落成潭，清冽可自鉴也。仪庭癸未成进士，归尝悒悒，恐置身无所，入白鹤峪。曰：庶几老此乎？作"镜岩楼"，读陶诗，临颜楷，断余事，以自励，惜吾不获见其所终。而崂山之魄力相成，固有如是者。①

先八世叔祖镜岩居士别墅也。居士讳宗庠，号仪庭，荫生，崇祯癸未进士，通政司观政。晚筑镜岩楼于白鹤峪，自号镜岩居士……子垍，字子厚，号澄庵，康熙癸卯举人。博学善属文，夙多病，日坐卧图史中以自娱。书法出入晋唐。诗古文词，雄深雅健，主骚坛数十年，为邑诗人冠。文集曰《白鹤峪》。②

可见，与黄宗昌《崂山志》的"白鹤峪"小序相比，《崂山艺文志》中的"白鹤峪"小序，进一步舍弃了地理环境和山水美景的描写，几乎完全变成了讲述黄氏族人生平事迹的小传。这固然与黄氏族人多在崂山筑有楼舍、殿宇，甚至一生生活于其中有关，但这种以族人事迹强势介入，甚至取代山水景观介绍的写法，从文体而言，已超出了山志及艺文志的体例，因而更典型地呈现出《崂山艺文志》强化家族印记的特征。

综上所述可知，作为山志与艺文志结合体的《崂山艺文志》，融景点描摹、人文思考与现实关怀为一体，并以小说笔法表现仙家奇思，在客观景点名胜的叙述中，强势加入家族人物事迹，为崂山景观打上鲜明的家族印记，从而形成了独特的叙写风格。

总之，黄氏族人素有崂山情结，黄肇颚对崂山的一山一水、一草一木更是饱含深情。他多次深入崂山，亲自探访、考察，撰成《崂山续志》，并在此基础上完成了《崂山艺文志》的修订。该书融合了山志与艺文志的特点，辑录崂山历代文人作品，并按照西北、西南、东三路分列于各名胜下，虽然结构体例未必尽善尽美，但书中保存了文化名人、历史大事、

---

① 苑秀丽、刘怀荣：《崂山志校注》，人民出版社2015年版，第36页。
② 《山东文献集成》第三辑第19册，《崂山艺文志》，山东大学出版社2011年版，第220—221页。

地方史实、金石碑文等资料，详尽记录了崂山周围的地理环境、物产资源、民居民俗等，为崂山文化和青岛文化的研究留下了珍贵的资料，具有较高的史学、文学、文献及旅游地理学价值。其鲜明的人文思考和现实关怀、独特的家族印记及小说笔法，则使该书在普通的山志和艺文志之外，形成了自己独特的叙写风格。

第六章

黄氏家族与崂山建筑

作为即墨当地望族的黄氏家族,其族人或隐居崂山著述读书,或在崂山建书院教育子弟,或为高僧修建寺庙。因此,崂山历史上有很多建筑,都与黄氏家族有关。这些建筑除了族人居住和子弟读书外,也是黄氏家族与外界交流,及提高家族文化声望的重要平台。在崂山文化的总结、传承和扩大崂山之影响等方面,发挥了重要的作用。

第一节 黄氏家族与上下书院

黄氏家族重视对子孙的教育,他们最初在崂山修建的建筑并不是用来居住,而是作为书院培养族中子弟。黄氏家族最先修建的书院为下书院,位于石门山西麓山谷中。明嘉靖年间(1522—1566),由黄作圣、黄作孚于此筑院宇,设家塾,习称"书院",黄氏子孙多就读于此。其佼佼者有:黄宗昌,天启二年(1622)进士;黄坦,崇祯十二年(1639)贡士;黄宗庠,崇祯十六年(1643)进士等。曾就读于下书院,考取功名者还包括明兵部尚书黄嘉善。黄氏一族到黄嘉善这一代,更加重视子孙教育。由于下书院离山下村庄太近,为避农耕山樵之扰,隆庆年间,在原址东上三里许之石门山主峰下再造房舍,即上书院。族内子弟白天在上书院读书,夜晚回下书院就宿,故有上、下书院之称。下书院正、厢房各3间,筑院墙,占地约1亩。上书院为木砖结构,顶苫草,清初始废。上下书院是黄氏家族在崂山修建的第一所建筑,作为黄氏家族的家塾,延请名师,培育族中子弟。后世黄氏子弟多就读于上、下书院,成为其家族文化与崂山文化交流融合的重要场所。

如今旧址虽在,但当年的建筑和痕迹早已荡然无存,上、下书院只是作为地名一直沿续至今。下书院旧址上两间崭新的仿古房舍明显为近几年所建。春夏季节每逢周末或节假日，游人倒也不少。但人们似乎并不在意那个遥远的书院，更不会想到这个大山深处的小院落，四百多年前竟然走出了大明王朝权倾朝野的兵部尚书、即墨黄氏最杰出的代表人物——黄嘉善。

第二节　黄宗昌父子与玉蕊楼

玉蕊楼是黄氏家族的第二所书院，为黄宗昌所建，位于不其山之阳，距东汉末年大经学家郑玄讲学的康成书院西南约二公里。黄宗昌因刚直不阿受到排挤，明崇祯十年（1637），罢官回归即墨，至此筑一座别墅，作为起居与家族书院之用，"黄宗昌归里后，于崂山之不其山东康成书院南里建造玉蕊楼别墅，隐居其中。并以玉蕊楼为落脚地遍游崂山，寻胜探奇，吟诗述怀。"① 玉蕊楼为二层楼房，廊、亭宽敞，设计考究，院落门厅布局精致，峰峦环抱，溪水常流，古松修竹，景色幽邃。黄宗昌为什么要在崂山不其山临近康成书院的地方建玉蕊楼，据他在《崂山志》里所言，是出于对郑玄在此传道授业的仰慕：

  玉蕊楼，余所景慕康成先生而作也。遐想当年，先生持人纪于天地，于斯托处，以身教焉，山与为灵，草与为馨，即所居而披服蒸动，成造化之德。以余不敏，其何能私淑？窃取少继前徽，忧心孔艰，先生岂诏我矣。

  尝抚躬自按，今之泉石也，丰树修篁，自在天壤，日兮月兮，于予何有？乃回首先生故址，宿草荒烟中，恍若有得焉，又隤然如失焉。是知君子之自立，固无所借资，而山川人物，实有相待而成者。则人道在斯，先生之启予何多也。

  将恐将惧，服先生之教，亦何容于恐惧乎？将安将乐，食先生之泽，亦何取夫安乐乎？梦梦者，天也；而昭昭者，先生之生平也。嗟

---

① 孙鹏：《即墨史乘》，方志出版社2010年版，第66页。

乎！知困者行不殆，虑始者持必终。予虽不敏，敢忘斯义？①

黄宗昌还为其族中弟子聘请名师，"张允抡，字并叔，号乐栎，莱阳人。明崇祯甲戌进士，授户部主事，出任江西饶州太守，明亡后，更号栎里子，受聘于崂山玉蕊楼，授徒十余年"，② 张允抡作有歌咏玉蕊楼的诗歌两首：

> 高楼暝色接层岑，薄霭霏微裹客襟。饮涧归牛依曲巷，择枝倦鸟入幽林。无家泪溅芳春色，没齿悲生落日心。最羡虞卿工著作，蹉跎虚愿到于今。（《玉蕊楼》）

> 夕阳东北口，苍翠锁山隈。昨夜明月里，穿花此路来。（《楼上晚眺》）

明末清初莱阳名师教学即墨者，还包括宋继澄、宋琏、董樵、赵其昌等，都是当时莱阳地区的名师名儒。

黄宗昌于崂山隐居及其所建玉蕊楼对黄氏家族影响颇大。玉蕊楼不仅是教育族中子弟的书院，还成为黄氏家族与崂山隐者和当时客居即墨的文人雅士诗酒唱和、结社吟诗的主要场所，几乎是黄氏家族一个标志性的文化中心。时称"崂山七十二君子"的文人雅士常会聚于此。明天启七年举人、莱阳人宋继澄，善古诗文，入清不仕，居即墨，与黄、蓝诸望族文儒之士在玉蕊楼结诗社唱和，即墨诗坛气象为之一新。

玉蕊楼也是黄氏父子在崂山隐居著书的主要场所。黄宗昌在玉蕊楼完成了崂山第一部山志——《崂山志》。黄宗昌去世之后，其子黄坦因黄培案被罢官回乡，继承父志，入崂山玉蕊楼隐居，续写黄宗昌尚未完成的《崂山志》，并请当时游历崂山的名儒顾炎武作序。顾炎武的《崂山志序》有言"故御史黄君居此山之下，作《崂山志》未成，其长君朗生修而成之，属余为序。"③ 顾氏在明亡后遨游北方，曾在玉蕊楼居住过，并留有

---

① 苑秀丽、刘怀荣：《崂山志校注》，人民出版社 2015 年版，第 108 页。
② 青岛市史志办公室：《崂山简志》，五洲传播出版社 2002 年版，第 279 页。
③ 苑秀丽、刘怀荣：《崂山志校注》，人民出版社 2015 年版，第 16 页。

《张饶州允抡山中弹琴》诗：

> 赵公化去时，一琴遗使君。五年作太守，却反东皋耘。有时意不惬，来蹑劳山云。临风发宫商，二气相絪缊。可怜成连意，空山无人闻。我欲从君栖，山崖与海濆。

黄肇颚在《崂山续志》卷六《玉蕊楼》有云：

> 玉蕊楼，先八世伯祖侍御公，仿康成书院作也。甲申后，侍御公既隐居不出，张并叔、宋澄岚两先生，皆教授于墨，而并叔居玉蕊楼几十年不去。（并叔载前志）。澄岚名继澄，亦莱阳人，天启丁卯举人，善古文词。时墨无习诗者，澄岚起倡宗风，结诗坛，与邑士大夫唱酬无虚日。子晓园连、乡人董莺谷樵皆与焉。樵故布衣，连亦名孝廉。澄岚以先世不归，几罹不测，文字之祸烈矣。国初，晓园子避公车不就，居白榕庵三阅月乃去。事载《山游记》。其后读书于此者，为韩良辅先生。先生名邻佐，邑廪生，以理学名家。术士吕某能隐形，稠坐中辄失所在，良辅捉其襟不得遁。吕谢曰："公有道者，非术所能欺也。"楼今圮。楼东为邋遢石，系三丰遗迹。①

玉蕊楼现已不存，旧址所在的村庄，系清末所立，因其地有玉蕊楼遗址，故名楼上村。1976年因修书院水库，村民迁新址，原村废弃。

第三节 黄氏家族与上庄别墅

黄宗昌之后，黄宗晓于崂山鹤山修建上庄别墅。黄宗昌在《崂山志》卷七"别墅"条下，也有"上庄管见"一条，对上庄别墅的修建起因和环境都有记载：

> 上庄，吾昱伯所考卜者。当山与人之不相入也，上庄自在天地

---

① 黄肇颚：《崂山续志》，山东省地图出版社2008年版，第211页。

间，茅次三四舍耳，而昱伯恍然遇之，修平攘剔，造化相得之理，亦自有时，则昱伯之生平不偶。"①

除了说明黄宗晓修建上庄别墅的原因，黄宗昌对上庄别墅的构造与环境也做了描写：

> 卜居上庄，作堂于前，曰"快山"。后植竹，环列于亭，曰"竹凉"。亭出而登山，因势筑台，折而西作亭，曰"来鹤"。庄前西南下凿池临流，前后诸杂树以万计，悉数之不得。②

上庄别墅之快山堂在黄氏家族诗词中多有出现，由此可见上庄别墅也是黄氏族人经常聚集活动的地方之一。

黄宗晓之后，隐居于上庄别墅的为黄宗晓之孙黄贞麟。黄贞麟，黄氏家族第十世代表人物。黄贞麟也曾外出为官，后受黄培文字狱案牵连，罢官回乡，居于其祖父所建的上庄别墅。黄肇颚在《崂山续志》中对此也有提及：

> 先十世祖讳贞麟，字方振，号振侯，顺治戊戌进士，授凤阳司理。……擢户部主事，以诖误归，延赵世五先生于别墅，课邑中子弟，文风丕变。《述集》云："……国史纪《循良》，衔恩列上考，崂山围上庄，西风下树杪。园林百余载、可如昔时好。"③

黄贞麟归隐崂山上庄别墅之后，悉心教育子女，聘请名师，其子多功成名就。他们父子三进士，更是传为美谈。《崂山续志》卷六《上庄》载：

> 世五先生讳其昌，青州颜神镇人，康熙乙未进士。东游崂，遂止焉，设帐上庄别墅。为文力更明派，一归雅正。学者翕然宗之，各得其意以去。周侍御、先学士公其高足也。"夕靠亭"主人赠诗云：

---

① 苑秀丽、刘怀荣：《崂山志校注》，人民出版社2015年版，第109页。
② 同上。
③ 黄肇颚：《崂山续志》，山东省地图出版社2008年版，第219—220页。

"崂山深处鸟嘤嘤,有客停车采杜蘅。一代文章留《视》草,千秋声价重连城。溪边驻旆青霓卷,洞口传经白鹿鸣。为问他年调鼎日,可能重忆海鸥盟?""扫径重迓长者车,惠然冠盖贲庭除。始来山舍频看竹,不向侯门去曳裾。云近莲花峰矗矗,香生书带草如如。月明清夜凭阑望,早有星光映敞庐。"后选县令去。

周侍御祚显,字有声,号星岩。为诸生有盛名,由进士令富川,擢御史,有《禁旗籍代讼》等疏,终兴泉道《述旧集》云:"蝼屈即蛟龙,鹤鸣笑雁鹜。先生磊落人,千丈拔流俗。少小贫不支、霜风削肌骨,单衾夜如铁,孤眠似蝟缩。更深坐短榻,残香当明烛。句读多淆乱,声犹出茅屋。慕庐韩宗们,当时老尊宿。颠倒先生文,一朝刮双目。青云逼骢马。声价动辇毂经济原文章,何人矢苦读?几度游上庄。烟云已反覆:先生不可见,萧萧万竿竹。"

学士公字仲宣,号海群,晚成进士,选庶常,累迁侍读学士,视学楚南,督楚者觊知资之。谓曰:"校士须幕客,苟募书役;可得数千金。盍图之?"谢曰:"使者以老书生受主恩厚,不诸生市而书役市乎?"楚督改容称叹。《述旧集》云:"花萼凋零甚,风流那可忘。承家原礼乐,阅世有文章。虎观千秋业,鸡林一瓣香。青藜常藉火,白发尽成霜。诗骨崂峰起,文澜渤海长。诸生来自鲁,学士重于唐。视草移莲炬,判花占玉堂。君恩需双阙,臣节励三湘。心借清流鉴,才堪玉尺量。十年颇牧地,一旦水云乡。翰墨留残帙,薜萝非旧庄。子孙能继起,好为护青箱。"庄有竹凉亭、来鹤亭、藤台、荷池诸胜,今皆圮,惟快山独存。①

上庄别墅的快山堂是黄贞麟长居之所,黄垍多有题快山堂的诗作。黄贞麟还请宋继澄为快山堂写了一篇记,题目即为《上庄快山堂记》,详细描写了快山堂的地理位置、形貌特征及他们在此地的交游:

即墨之东迤南,可二十里,渐入山。山多松,径出松中,上下环曲,见水来去,令人目力幽远。又十余里,山石巘叠者顿如矗秀,层峰外见,黝然尺五,其与天亦如许。所由径渐就平,南山益纡,而南

---

① 黄肇颚:《崂山续志》,山东省地图出版社2008年版,第220—221页。

以折于东，而北乃多余地焉。北山趋东者，连崤覃远，松壑相接。于其中忽脱高就下，起为圆突，则抱而不脱。下为庭舍曰上庄，面势旷逸，近可七八里，远十余里，山水襟对，无不秀善。来路自西山见大海在东，即南北未合者几许，海以封之。以上庄四顾，海诚在东，固不见也。则妻叔黄昱伯先生之所相建也。万历己未，余娶于黄，登先生之堂，时居城之东门外，未知所谓上庄者。壬辰冬十一月，余来送葬，先生之孙振侯，延饮于庄，则先生为古人者有年矣！门径堂奥不侈不隘，布置尽明雅，堂曰"快山"，先生所自颜也。堂西有书舍，振侯与二三宗长肄习其中。又西有径北出，侧有竹园，万竿齐立，有亭以"竹凉"名。亭畔多杂木，先生手植者，蟠大可爱。北遂及山松，不知若干亩，则所谓"来冈圆突"也。松下或置石，或作台，或作亭，亭名"来鹤"。远近可憩息，即各异致。又东分脊别涧，山力益厚，水土之气益聚，先生万年之宅在焉。余不习地家言，然欣欣于先生之相卜，且以为天启之也。夜读振侯所为举子业，则许其捷得，言果不谬。余诚知文耶？抑地之灵耶？丁酉余以授徒来居即墨，戊戌春正月，振侯延余及琛儿饮于庄。余既再游，与妻叔邻庭、妻弟封岳步眺尤详。昱伯先生知有今日哉！果天启之也！振侯请为《快山堂记》，因述而记。①

宋继澄之子宋琏（字林寺）也作有《上庄偶记》一文，记述了自己游上庄的感想：

丙寅秋七月，馆中闲居，表弟方振念余之岑寂也，邀入上庄。上庄余所习游，又畏暑，不得怡心山水间。与表侄、表甥、暨吾婿言文事，为从来快心日。既而思，吾所操何道，所司何事，乃优游于此耶？夫世之欲逸而得劳，欲劳而得逸者，概不由人。而人之贤否，不求之于所以然，而役之于不必然，则遇合之缘。期于吾无愧，亦难言之矣！吾闻上庄，在昔仅一二茅舍耳！识其地之非常者，惟外叔祖昱伯先生。天下事患无基耳！有其基而增修廓大，不失其天而人事尽焉。即今而观，其扬诩顾不大哉，不然而"花萼"者岂萼自为华乎？

---

① 黄肇颚：《崂山续志》，山东省地图出版社 2008 年版，第 221 页。

"快山"者岂山自为快乎?"来鹤"、"竹凉"非其性情,而物之浮而不切者,于我何有矣!学问之道,夫亦端其本而已,而世不察也然则吾何适哉?请以异日与方振再作上庄游。①

除了上引诗文外,还有不少描写上庄别墅和快山堂的诗作,仅黄肇颚《崂山续志》就著录33首。如黄宗庠《雨中忆上庄竹园》:"不寐听寒雨,游情到竹林。影添山翠重,香如草堂深。玉响风临砌,春声鸟和琴。如何花尽发,犹自问徽音。"写出上庄环境之幽美。黄鸿中《上庄别墅杂咏·快山堂》:"卜筑四山中,山高堂亦畅。快哉堂中人,时时纳朝爽。"这些诗歌所咏都是全盛期的上庄,在黄承腾《上庄感旧六首》所呈现的已是"竹坞菊篱尽草莱,快山堂下野花开"(其五)的衰败景象,其六曰:"堂前燕子不飞来,老树婆娑根已摧。绿水青山谁做主?教人欲去首重回。"上庄的兴衰,其实也从一个侧面反映了黄氏家族的变化。

第四节 黄氏家族与镜岩楼

黄宗庠于崂山白鹤峪修建镜岩楼,后其子黄垍也隐居其中。对于镜岩楼结构及环境,黄宗昌《崂山志》和黄肇颚的《崂山续志》都没有记载,只知镜岩楼修建在崂山白鹤峪中。对白鹤峪的环境,黄宗昌在《崂山志》中写道:"自华阴而南,经黑牛石委折入两山夹涧,水从中出,千章之木与巨石累累错而立。涧以石萦。亦以石阻,阻愈萦也,水来急,不得直下,激而成声,盈涧上下,折而得诸澎湃中者,高下远近与俱深矣。峪之南,有削壁,望若屏,巅头悬泉,自上而下,如匹练,曰'天落水'。落成潭,清冽可自鉴也。"②

青岛市新编的《崂山简志》对镜岩楼有一些简要介绍:"镜岩楼,位于华楼山西北白鹤峪,楼筑于山涧西侧,此处危石乔松,阴云蔽宵,山秀潭澄,景物幽肃。楼为即墨进士黄宗庠所建。"③ 黄宗庠自号"镜岩居士",其诗有"百金买山陬,所惬在一泉"句。黄宗庠于崂山筑镜岩楼,

---

① 黄肇颚:《崂山续志》,山东省地图出版社2008年版,第221—222页。
② 苑秀丽、刘怀荣:《崂山志校注》,人民出版社2015年版,第36页。
③ 青岛市史志办公室:《崂山简志》,五洲传播出版社2002年版,第323页。

明亡后隐居于此。黄宗昌《崂山志》中记黄宗库"作镜岩楼,读陶诗,临颜楷,断余事以自励。"黄宗库有《登镜岩楼》《夏日镜岩楼即事》等诗,就是写于镜岩楼。

镜岩楼所在的白鹤峪有悬泉,非常壮观。黄坦作有《白鹤峪悬泉记》和《白鹤峪悬泉歌》,前者写悬泉有云:"仰而视之,浑如山挂鹅毛之匹练;俯而临之,又如天垂牛渚之长虹。"黄坦又有《山居即事》一诗,描摹镜岩楼及其周围景色曰:"华阴有别墅,一径入深溪。石控中流怒,沙平两岸低。危桥飞溜下,茅舍乱峰西。渔父休相问,桃源路已迷。"① 可惜镜岩楼因年久失修并未保存下来。

第五节　黄宗昌父子与华严寺

华严寺地处青岛崂山区王哥庄镇,位于崂山东麓返岭后村西那罗延山半腰,依山面海而建,属于佛教临济宗。它的建立与即墨黄氏家族有着渊源关系。明万历年间(1573—1620)黄氏将花园改建成准提庵,俗称后庵庙,粉墙青砖,高阶朱门,在整个清代都十分有名气,平时善男信女人来人往,香火很旺。后来黄氏家庙遭到了破坏,古庙原址上又建起了民宅和仓库等现代建筑。

华严寺本是即墨城准提庵的下院,在明崇祯时(1628—1644)黄宗昌捐建华严庵未成,毁于兵燹。清初其子黄坦重建华严庵。黄坦由原址向东稍平处重建,其设计布局严谨,建筑错落有致,是明末清初寺庙园林的典型风格。清顺治九年(1652)建成,始名"华严庵",又名"华严禅院"。1931年,青岛市长沈鸿烈更名为华严寺。为崂山中现存唯一的佛寺。清初重建后,宏伟典雅,为崂山古代建筑艺术之最,据传抗清英雄于七起义失败后,出家华严庵,法号善和。后被推选为方丈,死后遗骨埋葬于寺前路西之塔院。

整个庙宇分为四进,依山势修建而成,每进益高,成阶梯式院落。寺院一进为僧舍。二进为"藏经阁",飞檐斗拱,外饰花栏走廊,阁内藏清顺治九年(1652)刊《大藏经》1部7200卷、元人手抄本《册府元龟》

---

① 黄肇颚:《崂山续志》,山东省地图出版社2008年版,第187页。

1部142册，共计1000卷。1957年，经郭沫若鉴定，华严寺内的《册府元龟》是存世最早的版本，也是海内孤本，为国宝古籍。现为青岛博物馆镇馆之宝。另有明代高僧憨山和尚手书中堂一幅，书法及诗意均属上品。诗云："独立高台眺大荒，飞来空翠洒衣裳。一林爽气生天籁，无数昏鸦送夕阳。厌俗久应辞浊世，濯缨今已在沧浪。何当得脱尘埃去，披拂云霞坐石床。"阁中还存有大量明、清版刊印的经书及大量珍贵画像，其中有清道光年间续灯和尚到北京白林寺请回的《藏经》一部，共7200册。三进院落为大殿，内供奉释迦牟尼塑像，旁边供奉木雕那罗延佛像。四进为后大殿，称"大悲殿"，供奉观音菩萨；一侧为华严寺祖堂，供奉第一任方丈慈霑法师。

华严寺前，西侧有一塔院，四周环筑围墙，是寺中历代住持的藏骨处。院中的一座七级砖塔埋葬着第一代住持慈霑大师，有两株苍松紧绕塔身，虬曲多姿，名"松抱塔"。20世纪60年代，松树枯死。与砖塔相对的石塔为善和大师的藏骨处，即于七墓。塔院门前，有一石砌方形放生池。池北有一道流泉，从竹根下泻，注入池中。寺内不仅松竹繁盛，奇花异卉也很多，丹桂、耐冬、玉兰、紫薇皆大可合抱，其他如牡丹、杜鹃、芍药等亦有10余种。在寺前路西，是一片高大的竹林，青葱密茂，寺后山上多古松。抗日战争期间，日军侵占青岛，流亡的国民党青岛市政府就设在这里。

1932年，寺内共有房屋120余间。建筑面积2500余平方米，占地面积4000余平方米。1939年时住持为莲桥和尚，有僧40人。1959年时尚有6人。"文化大革命"初期，寺院遭破坏，寺内之神像、供器、经卷、文物、碑碣等全被捣毁焚烧。1982年，华严寺被列为青岛市重点文物保护单位。1987年局部修复。1999年，重修了"华藏世界门""莲花路""三圣殿""东西配殿"及"天王阁"等。

那罗延山下有巨石名"砥柱石"，上镌"山海奇观"四个字径一丈的大字。为乾隆十五年（1750）山东巡抚惠龄游崂山时所题，为崂山最大的石刻。自砥柱石研山路上行，苍松夹道，古木参天，林中大石有"烟岚高旷""东瀛晓色""无风海涛""莲池会海"等石刻。

黄宗昌的《崂山志》记载了华严庵的修建经过："余以那罗延窟西方哲人所演教处，慨古迹无存，卜筑于斯。拓而大之，不使前有盛事后无征焉。余之不聪，敬而始于时，亦或潜息其中乎？志未竟而毁于兵，天之不使有成，即此可睹。上人慈霑，真诚人也，可与图终，吾老矣，坦其继之。"①

黄肇颚在《崂山续志》中对华严庵的来龙去脉也有详细记载：

> 先九世伯祖浦江公所建也。先是慈霑上人客于墨，侍御公高其行，建刹城西北隅居之，即今准提禅林也。当明社之初屋也，胜朝诸遗老计欲航海南渡，图中兴业。既南都不守，高相国以不食抗节，知事无可为，遂遁迹空门，皈依慈霑。故慈霑弟子有八十一宗。侍御公建刹那罗延窟之西北，以妥僧众，是为古华严庵。乃志未竟而毁于兵，庵以废。浦江公重整先绪，同慈霑鸠工集事，建刹今地，是为今华严庵。载《县志》。准提、华严两庵，施地各千亩。两庵各供侍御、浦江两公木主于殿东北隅，示不忘，亦所以报也。浦江公，讳坦，字朗生，号惺庵，侍御长子，以副贡令浦江，洁己爱民。致仕后，每习静于两庵间。年八十余，礼佛毕，退至小书室，谓从者"尔等姑退，吾欲少憩。"久之不出。潜视之，鼻涕垂膝，端坐逝矣。慈霑载前志。慈霑之后，有性如上人者，深明《释典》，亦复戒行清高，为能嗣衣钵云。庵祀那罗延佛，后曰大悲殿，前为楼者十二楹，复道通焉。楼之东曰藏经阁，大部藏藏其中。殿之左为知客寮，右祖堂。檐下有泉，清冽。客寮前石刻徐抚军《观日出》《海市记》及《图咏诗》嵌墙壁间，载列于后。庵之前曰双池，曰塔院。浮图一座，为慈霑归藏处。东有砥柱石，镌"山海奇观"径丈字四，山东抚军惠龄笔也。庵北为"狮子岩"，岩之西为"莲池海会"，俱磨崖字。东为望海楼，西为挂月峰，与棋盘石邻矣。其余石刻尚多，不备录。②

可知，黄坦归隐后的主要活动场所即是准提庵和华严庵。

黄宗崇还为华严庵第一代主持慈霑大师作有《慈霑上人浮屠记》，从中可见黄氏家族与华严庵僧人交往之深：

---

① 苑秀丽、刘怀荣：《崂山志校注》，人民出版社2015年版，第52页。
② 黄肇颚：《崂山续志》，山东省地图出版社2008年版，第245页。

自那罗延窟东北下，有二道：其一西北上，为古华严旧址；其一迤折而东，约里许，稍得平势，石列而洞分，为今华严新构云。今华严自慈霑氏始，而其归藏之浮屠在焉。慈霑氏也，非有卿相之权，千金之富，足以动人而奔走之。闻其道泊然淡然，非有□□人亦爱于彼之有。然其死归是山也，其徒之悲思无怪已。自士大夫及归人孺子之无知，莫不裹粮跋涉，不遑宁处。远者多数百里，舍其稽事以来，盖数千人，庐不能栖，率露宿于松石间。及临其穴，皆不知涕之何从也。噫！彼独何修，而使人爱之若是？吾观近世以来，富贵之家厚其葬埋，凡世俗所相竞耀以为送死者，旌幢俑卫，荐设之具，甚美且备。然谋之贤知则不悦，以烦乡里则苦之，亦苟以悦愚夫淫侈之人而已。微论道路观者不知悲慕，至有子弟亲戚，服缌麻，襄祀事，而饮酒啖肉，笑谈自如者，又何心也？岂生者之凉薄风斯下欤？抑死者固不足为欣戚欤？嗟夫！卿相之权，千金之富，不能系死后之悲思，而非有求人者乃爱之。吾又以此叹慈霑之不偶然也！噫！一死耳，或无人而不思，或视之如遗，或称之以为快。古谁无死？而卒其可以死者几人哉？或曰，佛氏之教，中人膏肓，盖邪说之移愚民也。如是，然诵孔子，称先王，而自称为仁义者，反不能稍移夫愚民独何也？余于上人固有取焉，因述所见而为之记。时甲辰四月八日也。①

华严庵第二代住持善和大师，相传为明末清初胶东抗清义军首领于七。于七（1607—1701）本名乐吾，山东栖霞唐家泊村人，抗清英雄。生于明万历三十五（1607）年，初字小喜，后改为孟熹，因在同胞十人中排行第七，故称于七。于七是明末的武举人，其外祖父是明代抗倭名将戚继光。在胶东一带，于七先后两次率众起义抗清，但最终失败。于七之所以在起义失败后，来到华严寺出家，并最终躲过清军的追捕，很重要的原因是，华严庵是黄家的私产，于家和黄家是世交，于七和黄坦又是挚友。黄培等黄氏族人也曾通过董樵资助过于七的起义军。

享誉海内外，流传至今的螳螂拳也出自华严寺。善和大师（即于七）继任住持后，融合各门武术之精华，将螳螂捕蝉的轻、快、远、准、狠五法糅合在一起，创出我国武术形意门中的独家拳法——螳螂拳。

---

① 黄肇颚：《崂山续志》，山东省地图出版社2008年版，第245—246页。

以《华严庵》为题的诗词也不胜枚举，比如张允抡的《华严庵》：

  黄昏山云低，飒然过微雨。游人倦临卧，幸无霡濡苦。夜分禅堂白，起灭伊谁主。群动安息深，视听一无取。但闻沧溟潮，池底殷雷鼓。鸡鸣东天红，金轮波即吐。万象此先开，扶桑近庭户。山僧向此中，禅理尚可睹。何以供客斋？盘芋出晨釜。何以赠客行？削杖下山拄。微觉山水中，仆马来伛偻。惆怅云关别，下界犹尘土。

"文化大革命"初期，华严寺内之神像、供器、经卷、文物、碑碣等全被捣毁焚烧。1987年局部修复。现为青岛市重点文物保护单位。其内有一巨石，刻着《崂山华严寺重修碑记》：

  华严寺初名华严庵，明万历三十三年，公元一六零五年，即墨黄宗昌御史去官归里，同准提庵慈霑和尚，在崂山那罗延窟东北创建未成，即毁于兵火。其子黄坦复与慈霑选窟东滨海处修建。布局依山傍海，成四进阶梯式由低而高，依次为僧舍，天王阁，正殿，后大殿，占地四千平方米。慈霑八十四岁圆寂。第二代住持法号善和，原名于七，享年一百一十三岁，生前创立螳螂拳，为弘扬中华武术作出重要贡献。一九一二年，即墨东关帝庙和尚能义任住持，期间募资修建通海盘山石道。一九二三年，高山族后裔林玉瑞师从任栋法师，号群衡，于其住持期间，融合南北两派经韵，创立了崂山梵呗赞偈，并于公元一九三一年，将华严庵更名华严寺。一九四二年，其弟子果澄成为"文革"前，华严寺最后一任住持。华严寺于四百年间，屡经破坏修复。清乾隆年间曾遭大火，后殿及祖堂焚毁殆尽，经由源洽和尚募资修复，而其所受最大破坏乃"文革"间。寺中文物荡漾无存，所幸其中元明抄本《册府元龟》已由青岛市博物馆先行保存。

  改革开放以来，华严寺不断得到修复。一九九九年，崂山风景区管理委员会投巨资，以华严经为依据，对华严寺进行总体设计，营建其雕梁画栋和莲花图案，无不体现华藏世界之特征，尤以新增之华藏世界门及通达那罗延窟之盘山石道、法显浮雕、东海观音、增众塑像壁画，更呈异彩。二零零八年，崂山风景区管理局又先后投资，对华严寺周边环境优化整理。至此，古华严寺又复焕发青春，大开其华藏世界之门，迎接天下佛门弟子及八方游客，再度成为崂山一大景观名胜。

公元二零一零年春　　修国华撰文

华严寺现已开放为宗教活动场所。青岛市崂山区在积极制定规划，即将在华严寺周围建立国内唯一的以华严宗经典教义为依据的大型佛教文化风景旅游区"华藏世界"。届时，华严寺下方的"山海奇观"，上方的"那罗延窟"，将与华严寺连为一体。在"华藏世界"中，将出现数千尊随石形而雕造的佛像。同时还将修建一座宝塔，纪念法显从古印度求法归国在崂山登陆的历史盛事。

第七章

其他黄氏族人的崂山歌咏

文学与地域之关系极为密切，地域文化丰富了文学的样式、内容和风格，也为文学的发展提供了营养元素，构成文学发展变化的新质。黄氏家族与崂山渊源深厚，得地利之便，其族人徜徉于崂山之间，或隐居读书，或修道养性，或游览山水胜景，感受仙道魅力。而崂山的风景名胜及人文景观自然成为黄氏族人吟咏的重要对象。据笔者统计，仅黄肇颚的《崂山续志》中保存的黄氏族人歌咏崂山的诗文就有230余首（篇）之多，其诗歌创作更成为明清时期山左诗歌的重要组成部分。黄氏族人所写的崂山诗、赋、游记、碑文、杂记等为崂山增添了文化光彩。

第一节 黄氏族人歌咏崂山的诗歌

孔尚任《古铁斋诗序》曰："画家分南北派，诗亦如之。北人诗隽而永，其失在夸；南人诗婉而风，其失在靡。虽有善学者，不能尽山川风土之气。盖山川风土者，诗人性情之根柢也。得其云霞则灵，得其泉脉则秀，得其岗陵则厚，得其林莽则健。"[①] 黄氏家族的文学创作与崂山密切相关，套用孔尚任的话说，崂山就是黄氏族人"性情之根柢"，是他们重要的创作题材。就体裁而言，又以诗歌数量最多。

黄氏族人吟咏崂山的诗歌多以写景为主，或抒发归隐之志，或反映田园生活，体现了诗书之家深厚的文化积淀。在黄氏族人的笔下，崂山的一山一水，一草一木，烟霞云雾，都带有浓郁的仙道色彩。鉴于咏崂诗歌数

---

① 孔尚任：《古铁斋诗序》，孔尚任著、汪蔚林编《孔尚任诗文集》，中华书局1962年版，第475页。

量较多，本节拟立足山水名胜与道教宫观两方面，选取巨峰、九水、上清宫、华严寺等主要景点，对黄氏家族的崂山诗歌做一简要分析。

一　山水名胜与闲适之美

崂山屹立于黄海之滨，磅礴雄浑，盘桓百里，岩壑幽秀，水天相接，山海相连，独具山海奇观。徜徉于崂山，或遇海市蜃楼，或观云雾缭绕，或见群峰矗立，或闻鸟语花香。王羲之《兰亭集序》曰："仰观宇宙之大，俯察品类之盛，所以游目骋怀，足以极视听之娱"，但崂山之于黄氏族人，不仅仅是"游目骋怀""极视听之娱"的欣赏对象，也是他们生活的重要组成部分和歌咏的重要主题。黄氏族人对崂山山水的歌咏，展示了崂山多姿多彩的美，也从侧面表现了黄氏族人对闲适生活的向往。

崂山之美景，阴晴雨雪、旦夕朝暮多有不同。晴日观览，则幽秀清爽，黄守平《登城楼晴望》诗云："高楼坐对碧巉岏，下界平临睥睨看。地接苍溟新雨霁，天开林麓曙光寒。雄雌饮涧虹如带，崒崔凌虚云作冠。好是西山新荐爽，苔矶返照一渔竿。"雨中观望，则烟雨濛濛，远村绰约，黄宗庠《雨中望崂山》诗云："云山乍暝晦，倏忽千万态。风回岩岫边，雨洒原野内。良苗怀新茎，远村迷苍霭。村幽烟火疏，地僻衣冠废。我来乐暇旷，高坐成玄对。新诗答海鸥，白眼酬时辈。流光苦易掷，即景还生慨。富贵未可求，聊从吾所爱！"或雨后新晴，群峰洗净，万水澄澈，或烟笼寒水，鸟语相伴，落花随逝，或山外闲云，无心出岫，心境悠然：

> 夏云晴望后，苍翠郁疏林。返照群峰净，新流万壑深。凉风侵竹簟，爽气静人心。远近余清籁，宵来已入琴。（黄堚《雨后看山限林深心琴字》）

> 细雨轻阴笼晚霞，长堤高柳荫平沙。烟萝处处惟啼鸟，涧道霏霏半落花。云拥寒流下夕渡，人来谷口问山家。不辞闲淡探幽兴，谢客风流忆永嘉。（黄美中《雨后山行》）

> 山外浮云云外山，山空云静物闲闲。雨过扶杖山头望，又见闲云自在还。（黄敬中《雨后望崂山》）

雪中崂山，宁静肃穆，草木凝结，峰峦相接，落梅点缀其间，别有"孤舟独钓"之感：

绝迹凌虚百万峰，孤高削尽玉芙蓉。寒依塔顶栖归鹤，冷到松根卧蛰龙。石刹繁花含冻结，琼宫老树倩云封。揭来遥望殷红处，点缀苍松发耐冬。

崂山咫尺接蓬莱，万朵瑶花倒影来。大海苍茫迷去雁，浓云缈漫失层台。峰峦碍日凝飞白，草木无声杂落梅。曾否岩根潮拍处，渔翁蓑笠任徘徊。（黄守和《雪中望崂山》）

雪后崂山在黄玉瑚笔下若隐若现，其《雪后望二崂诸山》云："积雪没寒峰，苍茫连岛屿。遥知补衲僧，即在云深处。深巷无车辙，登楼看远山。萧萧林薄外，寒鸟破云还。"云深雪积，山林苍茫，人迹罕至，别具情趣。

无论是"名胜甲东海，千岩插碧霄"（黄体中《崂山》），"孤鹤来还去，群峰断复连"（黄坰《见山》），还是"寂寞黄华路，秋声处处幽"（黄宗辅《崂山》），"晴风云淡淡，春树鸟关关"（黄坰《东山》），崂山的春夏秋冬、风花雪月都被黄氏族人纳于笔下，成为他们文学创作中必不可少的重要主题，更承载着他们对闲适生活的畅想。

巨峰为崂山主峰，高出霄汉，四围山峦，环抱起伏，似有朝宗之意。登峰一览，众山皆卑，而海天无际，令人叹为观止。黄锡善《春日登巨峰》云：

石径迢迢转百盘，乘春高蹑巨峰寒。烟云飞去衣犹湿，杯斝传来兴未阑。碧海浮波迷远汉，青峦耸秀俯惊湍。乾坤纵览舒长啸，直欲乘风跨紫鸾。

诗中描绘出巨峰奇伟博大之势，诗人历经曲折蜿蜒之径，远涉巨峰。巨峰之上，春寒料峭，烟云环绕，远眺海天一色，波涛浮涌，旁观群峰攒聚，俯视惊湍急流，纵览天地万物，长啸抒怀，颇有乘风之意。全诗用语雄健，巨峰之高峻如状目前，将山水寓于胸臆之间，气象雄浑。

除巨峰外，黄氏族人对崂山各山脉多有吟咏，如黄体中《来山阁望三标》曰："三标矗矗屹东南，星斗环天侧影含。锁月二崂通曲径，萦回九水落寒潭。闲凭竹栏围青霭，高卧绝床梦碧岚。风雨阁中相对处，不须山顶结芳庵。"三标山山势挺拔，因山顶三峰矗立上接青冥，故名三标山。此诗境界豁达，黄体中以大写意的手法泼墨绘景，三标山之高峻壮丽，诗人的闲情雅趣可窥一斑。又如峰山，又作丰山，山下之滩产绿玉，黄宗庠在《丰山观海》中云："巨石盘空曲，沧波掩大荒。古今疑浩渺，天地觉微茫。日射龙潭静，风标雪岭长。三山休浪问，所愿在时康。"黄氏族人对崂山山峰的描绘，用语大多洒脱豪壮，气象阔大。可以说，崂山群峰矗立的地理环境已然融于黄氏族人的血脉之中，泄于笔下则自有乾坤浩荡之气，高蹈雅逸之趣。

崂山之水，以九水为最。九水发源于崂山巨峰北侧的天乙泉，泉水自最高峰奔流而出，穿行于高山峡谷之中，挟喷涌之势而成九道大弯，其间蜿蜒曲折，水势浩渺，称为九水。上游九道之水称为"内九水"，下游九道之水称为"外九水"（北九水）。黄氏族人吟咏九水的诗歌较多，在他们的笔下，泉声山色，怪石清溪，闲适淡雅，令人如有入武陵源之感：

削壁悬崖路忽穷，莓苔曲曲石流通。夕阳峰转浮云外，红叶霜深一径中。千载泉声清听远，三秋山色故人同。到来二水迷归处，不尽寒蛩万壑东。

三水嶙岣落照回，拂衣石磴满苍苔。山连鸟道云间出，行踏泉声树杪来。青霭无心随杖履，黄花有径认蓬莱。遥看新月东峰上，莫负重阳浊酒杯。

何处寒烟夜火明？东山苍茫似柴荆。披衣犹拂石岚坐，隔水遥惊犬吠声。空谷自来惟见月，野人相问不知名。迢迢寄宿溪光晚，南望深林白露清。（黄宗崇《九日同张季栎先生王僧虔游九水》三首）

怪石嶙岣路可封，一川九曲出盘龙。溪边疑有胡麻饭，身在桃源第几重？（黄塓《九水道中》）

凌晨游九水，笠屐大崂东。怪石含岈豀，清溪聚散通。寻途沿涧曲，激袖人天风。顿觉尘烦涤，泉声听不穷。

几折东复南，欣然异境探。松联高下翠，嶂涌浅深蓝。插鬓岩花好，逢源勺水甘。树险盘石坐，物外此清谈。（黄念昀《九水》二首）

黄氏族人描写九水景色的诗歌中，还有一些长篇写景佳作，如黄玉衡《九水歌》曰：

行过大崂入一水，怪石叠叠大如咒。水穿涧底涌石来，澎湃声震山谷里。置身顿觉异境开，万壑谡谡松风起。溯流曲向源头寻，二水逶迤深复深。削壁巉岩立泉侧，石磴泠泠鸣素琴。坐久不觉白云满，濛濛湿翠沾衣襟。咫尺相隔不数武，三水溶溶汇前浦。澄潭一亩浸空碧，岩花倒影可指数。旁列巨石古嶙峋，雨点苍苔渗石乳。山风忽送雷声喧，响应众峰万马奔。身历崖壁行且却，惊见四水波浪翻。双涧飞出玉龙白，珍珠万解倾山根。冈峦一拗复一折，五水攒石团白雪。幽径斜通沿溪行，前与六水近相接。飞泉一道出石窦，长鲸吞涛电光掣。扶筇徐到七水隈，天光云影相徘徊。人如山险道上过，水如鼍画溪上来。一峰当面疑无路，迢遥南下谷口开。谷口隐隐仙洞现，八水宏敞开生面。几湾秋水云烟瀚，浣洗山光净如练。隔岸渔樵相招呼，游人到此顿忘倦。九水风光迥不同，一峰一水环相通。山复山兮水复水，万顷茫茫大崂东。

诗人以磅礴的笔触描绘出一水至九水的不同风光，一水怪石林立，水声澎湃；二水逶迤濛濛，侧立险峰；三水空碧清澈，巨石嶙峋；四水波浪腾涌，双涧飞瀑；五水波涛拍岸；六水飞泉喷涌；七水云影徘徊；八水澄净如练；九水风光迥异。令人陶醉于山水之间，流连忘返。再如黄垍《九水仙古洞》，开篇将九水与九曲黄河相比，赞叹九水蜿蜒如巨龙腾飞，移步换景，巨石、雪浪、落日、古洞、山林错落于诗中，诗人由景生慨，既有一番仙渺之气升腾其间，又带着对古今时光的喟叹，意境飘然洒脱：

我闻黄河之水共九曲，一曲乃有千里长，龙门以下为积石，澎湃之势不可当。兹我初来游九水，大河蜿蜒如龙翔。每行一折为一境，其中别有天地藏。红叶满山山色变，忽飞绛雪与玄霜。河中巨石何累累，两岸夹立千仞冈。雪浪翻从石上飞，几回欲济无桥梁。土人为指骆橐峰，峰头瞥见落日光。薄暮欲投九水寺，荆棘满目寺荒凉。古洞高悬万木巅，中有道士羽为裳，数声清磬静尘纷，殷勤为我煮黄粱。君不见流水浩浩无今古，不分昼夜归东洋！

总之，崂山的山水、草木在黄氏族人笔下不仅仅是作为美景出现的，更是作为黄氏族人共同的精神家园。他们寄情于烟霞云雾，醉心于明月清风，将自己的生活与情感一并寄托于崂山。令黄氏族人向往的不仅是崂山的山水名胜，更是"只缘身在此山中"的自由与洒脱。

二　宫观、寺庵与交游赠答

崂山自古便有"洞天福地""神仙窟宅"之誉，山中宫观罗布，在全盛时期曾有"九宫八观七十二庵"。李白《赠王屋山人》云："所期就金液，飞步登云车。愿随夫子天坛上，闲与仙人扫落花。"崂山道观如太平宫、上清宫、太清宫、华楼宫、聚仙宫、神清宫、通真宫、玉清宫、黄石宫、白云观、太和观、大崂观、醒睡庵、修真庵等都很有名。这些道观与周围清秀幽美的自然风光融于一体，山水辅以灵气，宫观加以仙风，观之令人脱俗。而黄氏族人吟咏道观的诗作，不重在对建筑、法器的刻画，也很少直接采用道教语言或宣扬道教，而多以自然景物为中心，抒发悠远恬淡、超然出世之感。黄坦《宿修真庵》写修真庵不染尘嚣，诗云："贝阙珠宫气象殊，仙居远在海东隅。林泉风暖宜丹灶，霜露秋深长白榆。鹤舞千年松树老，客游三径月明孤。夜来更向蓬山上，醉我琼浆满玉壶。"黄宗臣《游上宫》写上清宫超然出尘的境界："秋林多佳气，古寺层岩下。前有双乔水，樾荫连精舍。幽岩返照来，石路清泉泻。跫然闻足音，黄冠忽相迓。短垣半已颓，庇屋惟藤架。庭际起高飙，空檐落古瓦。我来慕静理，玄谈向深夜。愿言忘得丧，陶陶观物化。"黄念昀《下清宫》别有一番幽远清丽："芝术芬芳石气浓，万山深处客扶筇。幽寻时有沾衣藓，美荫常悬偃盖松。翠巘四围初转屐，琳宫一簇不闻钟。地偏浑欲忘长夏，犹自偃红发耐冬。"再如描写太清宫（又称下清宫，下宫）的一批诗作：

登临时极目，势险步维艰。杳杳双鸿去，潆潆一水还。寒光分石渚，秋思淡云山。日夕望沧海，移情浩淼间。（黄宗臣《登下宫西

山》)

飞飞高鸟下云梯，回首东山路欲迷。日出扶桑峰未晓，恍疑身在海天西。

无边色相总空花，修竹千竿隐暮霞。一去粤东魂不返，云山依旧道人家。(黄玉书《游下清宫二首》)

闲著屐裙步晚晴，洞天深处白云横。海从绿石滩中转，人在青山道里行。远树层层分日影，洪涛汩汩杂泉声。扶筇直登憨僧阁，一抹烟痕见太清。

岩晓楼观任攀寻，静境悠然物外临。竹色一坡经雨洗，松风万壑带钟沉。张仙塔下云常满，徐福岛中水正深。安得琳宫无个事，篆香杳霭散琴音？(黄岩《游太清宫二首》)

太清宫三面环山，前临大海，"分建两院，东三官殿，西三清殿，道藏贮于是；再西三皇殿、救苦殿、吕祖祠。三清殿前，为海印遗址。其右胜水泉，其后八卦殿，驱虎庵在其东南，均圮。"① 万历二十八年（1600），崂山太清宫住持及众道人曾受敕谕，对印造颁布的道藏要虔洁供奉，朝夕礼诵，足见太清宫之重。崂山山水相接、白云鸿鸟、朝阳暮霞之景，加之太清宫的道教氛围，使得黄氏族人的诗歌中别具仙风道骨，有飘然遗世之美。

除道教宫观外，黄氏族人还留下不少描写华严庵的诗歌。华严庵为崂山现存唯一佛寺。黄宗昌捐造未成，其子黄坦后重建，于清顺治九年（1652）落成，始名"华严庵"，又名"华严禅院"。黄氏族人的这些诗歌中仍以写景为主，多有超然物外之意，如黄坦《宿华严庵次韵》："林梢晚生烟，寒光与树连。云归山雨后，松落海涛前。孤磬传清夜，长波没远天。一时人境寂，不复梦游仙。"整首诗围绕一"寂"字，动静结合，意境颇佳。再如黄宗臣《宿华严庵》诗云："秋色淡孤烟，危桥断复连。人过幽诸下，思发小山前。石气生寒雨，涛声卷暮天。夜阑清梵起，寂寞

---

① 《山东文献集成》第三辑第 19 册，《崂山艺文志》，山东大学出版社 2011 年版，第 285 页。

礼金仙。"诗人选取秋色、孤烟、危桥等意象，首联便为我们勾勒出一幅清幽之景。人过山下，思绪联翩。眼前为寒雨暮天，耳畔是涛声阵阵，静寂的夜晚中响起清梵，倍觉寂静超然。全诗用语清新凝练，意境超脱。再如黄㮗《宿华严庵》："深夜僧初定，空山月正明。心虚万感寂，梦冷一身清。近塔珠光绕，当窗竹影横。卧听群籁息，四面但松声。"同样是夜宿华严庵，但却更具清冷之感。深夜僧人刚刚入定，而屋外明月空山相映，清冷空寂。诗人看到窗上投射下的斑驳竹影，卧听万物声息，只听到四面松涛。又如以下几首：

　　万树浓阴一径斜，参差楼阁碧云遮。只今檀越春风里，犹识当年御史家。(黄玉书《华严庵》)

　　古刹结层岩，僧房石窦嵌。壁泉流厨水，门径护丛杉。霜隼云中下，鲛鱼海底镜。□□开法界，境地迥超凡。(黄玉瑚《华严庵》)

　　招提环杂树，塔铃遥相招。庙貌何巍巍，突兀入云霄。窟传那罗古，峰推挂月高。望海楼头望，浩荡大海潮。(黄植《华严庵》)

　　一榻高闲仙客居，朦胧云月映窗虚。趺枷到处尘缘息，惟有松风响木鱼。(黄植《宿华严庵》)

　　仙山楼阁好，高出碧云中。鹤点松梢白，花明石窟红。千岩迎旭日，大海禽长风。色相原非幻，开樽酒不空。(黄岩《游华严庵》)

　　扶桑隐隐起红涛，曙色渐开大小崂。雾散狮峰天半彻，云烘贝阙海门高。琪花迎旭明三岛，羽客凌晨策六鳌。谁觅瀛洲三界路，晴光万里点轻舠！(黄岩《望海石观日出》)

　　竹林暝色覆层檐，挂月峰头清影添。遍地云光如水净，禅窗夜坐话《楞严》。(黄岩《宿华严庵》)

　　峭然石壁矗云危，一隙凿来境倍奇。岂是三千如许大，翻将芥子

纳须弥？热中陡觉十分凉，色相般若任世忙。三昧可能传妙谛，从容指点木犀香。(黄岩《华严庵后有弃官入释凿洞修真者》)

纵目南楼望，山山隐晚村。藏经高建阁，荫竹少知门。云起松偏密，潮来月欲昏。先人金布处，殿宇此犹存。(黄㮃《华严庵》)

胜游参法象，策杖入禅林。竹密山犹影，楼高月倍深。蘧蘧初地梦，默默上乘心。况复中宵静，钟鱼彻梵音！ (黄念昀《宿华严庵》)

黄氏族人以道教宫观或寺院为题材的诗歌，经常出现的意象有竹、月、云、水、石等，清丽之景与玄思妙语浑然一体，颇具超世脱尘之思。

黄氏族人与崂山道士、僧人多有往来。其诗歌中不乏赠答唱和的篇章。如黄宗扬在《赠崂山道人》曰：

木青青兮欲发，鸟关关兮鸣春。泉瀄瀄兮触石，山隆隆兮入云。山中之人兮何为，将采药兮山根。鹿豕游兮道上，虎豹蹲兮河濆。石巉岩兮无路，谷谽谺兮少人。锄茯苓兮松下，掘黄精兮石门。入城市兮易酒，聊混迹兮红尘。卧黄炉兮沉醉，歌慷慨兮销魂。问姓字兮不答，指东山兮嶙峋。日薄暮兮归来，入山径兮黄昏。海月上兮皎皎，篱犬吠兮狺狺。山既高兮水长，将终老兮此村。

山高林密，道路蜿蜒曲折。道人翩然采药，采得茯苓、黄精，便拿去城里换酒，于红尘中行走一番。醉于黄泥炉边，兴起时慷慨高歌。问其姓名，他却指向嶙峋的东山。黄昏归来，海上一轮皎洁的明月，远处不时传来几声犬吠。山高水长，终老于此。诗中对道士徜徉于山水云泉间的闲适惬意、悠然自得甚为向往。

黄氏族人中，黄垍与耿道人、李一壶、方壶等道士交往颇多，其《赠耿太翁道子》、《题耿道子剪梅图歌》、《赠李一壶道人》二首、《题方壶道人》二首、《方壶道人赏花行》、《方壶道士歌》，皆赠道士之作，《方壶道士歌》曰：

方壶道士能避世，不言爵里与姓字。芒鞋布袜方山冠，首载青山足履地。年过八旬行绰约，双眸如电光磅礴。登山常握葛陂龙，还家未化辽阳鹤。不炼丹砂不辟谷，渴饮香醪饥食肉。青蛇在手气犹豪，白眼看天歌且哭。醉卧炉头人不识，鼾齁如雷彻四壁。夜阑酒醒月当空，笑倚东风吹铁笛。

　　黄珇写方壶道士"双眸如电"，"青蛇在手气犹豪，白眼看天歌且哭"；醉卧炉头，"鼾齁如雷"，但"夜阑酒醒月当空"，却"笑倚东风吹铁笛"，寥寥几笔，一位狂放不羁的道士形象跃然纸上。

　　除道士外，黄氏家族与佛教也多有渊源。如黄嘉善与憨山就有诗歌唱和，他存世诗作有《怀达观禅师西游和憨山韵》四首及《谢憨山上人过访》。后一首曰："羡尔长干隐，来过五柳家。谈空时拂尘，烧竹旋烹茶。片语成玄赏，千秋感岁华。不逢休惠早，那得见天花？"两人烹茶清谈，妙语激赏，大有相见恨晚之感。

　　除山水名胜、宫观、寺庵外，崂山的人文史实也是黄氏族人喜用的典故，如黄体中《崂山》曰："名胜甲东海，千岩插碧霄。望洋趋九水，拱岱屹三标。篆叶明书院，神鞭逐石桥。灵迹多恍惚，终古未遥遥。"东汉经学家郑玄曾在崂山授徒讲学，此诗用篆叶楸、康成书院、秦始皇鞭石建桥等人文史实，于山水清灵之外，也显露了崂山的人文底蕴。

　　总之，崂山山水、宫观、寺庵为黄氏族人的诗歌创作提供了驰骋想象的空间，而描写崂山自然和人文景观，表现与崂山僧道的交游的诗作，不仅增添了崂山的人文资源，也为后人留下了一段文士与僧道交游的佳话。

第二节　黄氏族人的崂山游记碑文

　　黄氏族人有着浓厚的崂山情结，崂山已然成为他们生活、著述与文学创作的重要组成部分。他们在诗中歌咏崂山山水，在碑文游记中记述览景行迹。黄氏族人以诗书传家，作品多收录于《黄氏家乘》，《崂山志》与《崂山艺文志》中也在各景点下分条存留。与诗歌相比，黄氏族人的游记碑文数量虽少，但却时有佳作。就内容而言，诗歌多写景以抒闲淡超脱之感，游记碑文则多记述，简洁生动，带有明显的家族印记。

一　情景交融与家族印记

黄氏族人的游记大多短小简洁,写景则清新明快,抒情则寓于景中,在记述出游时寄托自己的所思所感,情景相融。如黄垍《白鹤峪悬泉记》,短小精练,寥寥数笔就将白鹤峪的蜿蜒山径、累累巨石与磅礴水声呈现于读者眼前耳畔,对白鹤峪悬泉的喜爱之情溢于言表:

  白鹤峪悬泉,崂山名胜也。由华阴而南约里许,有巨石盘于路。色黝然黑,状如牛,土人名曰黑牛石。此白鹤门户也。委折而入,山径益盘错,不容车马,两山夹峙,中为涧水所经。两山之隙,松柏千章,浓阴蔽日,游者每憩息焉。涧之中。石累累若熊、罴、犀、象、虎、豹横踞中流。水键锢不得泄,其势愈怒,其声益横以肆,云涛所击,不闻謦咳声。如是十里,声渐以高,游人四顾错愕,不得其处。樵者曰:"峪之南有峭壁,苍茫崒嵂高数丈,望之如屏。其上为石门,水从中出如疋练,沍寒时冰著于壁如玉山,冰解如雷霆声。其下为潭,潭清洌凝注,游鱼可指数也。水自上而下,势澎湃如从天上落,名曰天落水。再数十武,即至其处矣。"既至果如樵言。夫崂固多胜概,当以白鹤峪悬泉为第一。①

再如黄鸿中《墨庄记》中写景精巧:"庄南向,三面皆山。山自巨峰逶迤而西,平冈复岭,层层回抱,而二崂之雄峻插天者皆隐不见。其西南一角,大海环之,烟波渺茫中,岛屿罗列,直接胶之珠山,远近掩映,适当其缺。凡游此,未尝不叹造物之巧于布置也。"② 又如黄玉瑚《八仙墩记》记述八仙墩之险:

  墨邑大小崂,绕海作屏障。重峰叠岭错落,不下百数。其最高为巨峰,穷日始得陟其巅。齐记所云:"泰山高不如东海崂",即此山也。其最险而奇者为八仙墩。山插入海,巨灵劈半成峭壁,约数百丈,下临洪涛,怒激如轰雷,令人毛发森竖。其路仅一尺径,更曲折

---

① 《山东文献集成》第三辑第19册,《崂山艺文志》,山东大学出版社2011年版,第221页。

② 同上书,第322—323页。

如羊肠鸟道。欲至者樵引路,缅系腰,直其身向内,目不敢下视,两足半悬空外手摸石始过。目少玄坠深涧矣。俗云:"摸阎王鼻",险可知也。过此忽宽平另一境界,横列高壁,色斑陆如碎锦,如彩霞,旁列八巨石墩若绣成。尘外仙境,目不暇赏,然海声愈猛,疑即龙窟。且以产毒蛇,不一尺,胎生即食其母,毒甚于蝮。人皆惧之,故游者多不尽兴。嘻,奇矣!险矣!古人叱车九坂,忠也。探奇而履危,僻也。客有至八仙墩者,为余述其险奇,余惊听之,窃谓异境,邑乘不可阙也,故略记其梗概。①

由于崂山与黄氏的深厚渊源,崂山的许多景点名胜都与黄氏族人相关,因而在记述时便不可避免地带有家族印记。如黄宗昌《浮山》云:"浮山倚危峰,面大海,登其巅,古迹岛其对处者。俯视海色,与日光相伏,濒海诸峰,若浮而出也。先大父未遇时,常肄业于此。阶前有银杏四,大而丰,不记年所,大父日倚徙焉,曰:'其贞其洁,期无负此树耳!'嗟!余不敏,敢忘所自哉。"②浮山有朝阳庙,为黄作孚读书处。黄宗昌在记述浮山时,写到阶前银杏,自然便联想起大父黄作孚未出仕时曾经说过此树贞洁,将来定然不负此树。文章回忆前人先祖,这种情况在黄氏族人的作品中常常出现。如黄宗崇在《浮山记》中也提及黄作孚:"先伯祖高平公,尝读书于兹。诵壁上句,纪隆庆辛未,则成进士十九年矣。方伯祖未遇时,其勤苦岩穴如此。及其始进,即为权贵所忌,不竟其志。伯祖处之泊如也,其优游于山林之乐,有以也夫!乃至今百年,而余始一登此山,览先人之遗迹,且不能竟日留!何也?"③黄守恪《游崂山记》写自己的交游:"嘉庆己巳,余馆于鹤山东之马山,友人姚志进约山游。自念斋中离索,嘉会难逢,遂于三月一日,偕及门李永春、何天祐等,杖策南征。"④再如黄宗崇《夜游九水记》云:"岁在乙巳。九月之前,昌阳张季棣先生,约以九日为九水游。及期,天朗气清,风日和爽,南抵华

---

① 《山东文献集成》第三辑第 19 册,《崂山艺文志》,山东大学出版社 2011 年版,第 294 页。
② 《山东文献集成》第三辑第 19 册,《崂山志》,山东大学出版社 2011 年版,第 95 页。
③ 《山东文献集成》第三辑第 19 册,《崂山艺文志》,山东大学出版社 2011 年版,第 226—227 页。
④ 黄肇颚:《崂山续志》,山东省地图出版社 2008 年版,第 20—21 页。

阴，为午食而进。道华阴东，可二十里抵大崂观。"① 黄象辕《游崂记》中记载："岁在壬辰，绂庭弟馆灰牛石山庄，暮春之和，为书招余。余跃然曰：'缘在是矣。'乃约四月上浣之期。"② 黄鸿中《墨庄记》中曰："墨庄者，吾叔申翁别野也，在邑南六十里"，"余壬辰春曾至其地，茅舍数椽，萧然世外，有武陵桃源之意，流连不能去。翁顾余言曰：此吾黄世业也。自我高平祖读书浮山，即有此庄，延及于今，几二百年。据而有之，于焉游息，岂惟是延我先泽，即以是为菀裘，娱吾老焉足矣。"③ 这些游记，或回忆先祖往事，或记录与友人的交往，几乎都带有明显的家族印记。

二 即事寄慨的说理立论

黄氏族人的文、记类作品除具有浓厚的家族印记外，也多感慨寄寓，或缘事而发，或因人生叹，其中多有自己的见解。尤以黄宗崇为代表。黄宗崇，字岳宗，康熙十一年（1672）岁贡生，能诗善文，字仿松雪，画摹思白，文章一变以古意作新声，著有《石语亭诗草》。黄宗崇《石语亭记》语言简洁，读之如清泉净流，亦可略见其志向：

余年四十，于世无所短长，而宾宾焉日持一编，宁澹自守，如乡愿所诮曰："古之人，古之人。"其见笑于流俗也。固宜甚矣，余之无能也，然犹曰："士各有志，从吾所好焉，它何求？冬一袍夏一葛，一亩之宫，环堵之室，左图右史，思掉臂于天地之间，独寥阔而谁与语？"乃作草亭于居之左，花竹果卉随意种植，不求名胜，菀柳森森，隐蔽垣外，树之所缺，青山缀之，南对石门，尤苍翠嶙峋，相看两不厌也。因翛然日与晨夕，啸咏其际，窃以为不笑我者，惟石门，石门其与我语乎？因颜其亭曰"石语"，盖自忘其无能也。已虽然，死生忧乐，日代乎前，石门不知也。今富贵贫贱之态，得丧祸福之遭，余既已知之矣。以我之所知，欲常对石门之所不知，石门其不

---

① 《山东文献集成》第三辑第19册，《崂山艺文志》，山东大学出版社2011年版，第212页。

② 黄肇颚：《崂山续志》，山东省地图出版社2008年版，第71页。

③ 《山东文献集成》第三辑第19册，《崂山艺文志》，山东大学出版社2011年版，第322—323页。

终笑我乎？愿自今无风雨寒暑，日与石门山色静对，于无言可矣，安用语为？安用语为！①

《崂山艺文志》卷七"石门山"下小序曰："山居华楼前，两峰对峙如门，中为中心崮，天将雨，云每从石门中出。旁有皇姑洞、仙人桥、千花顶诸胜。庙居山半，曰石门庵。建置无考，中奉观音，左三清，右准提，西院为精舍，山前数里有寺曰竹子庵，以郑板桥画竹得名。"② 此即文中所述之"石门"。作者澹泊自守，建草亭，草木环绕，南对石门，青山为饰，与石门相语，因名曰"石语亭"。生死祸福、富贵贫贱，为石门所不知，以作者之知与石门之不知相对，则相看两不厌。文章最后提出，愿今后无风无雨，无寒无暑，得以日日与石门山色相见，不必言语。全文由世人之语到作者自语，再到石门之语，最后则"安用语为"，文辞颇简，立意新奇，得自然意趣，超脱世俗之志可见一斑。又如其《玉皇殿碑记》曰：

> 嗟夫，虽有胜地，待人而兴。每恨海印弗终，谓二崂之不幸。今观冲阳之所成就，方新未艾，又何不幸于昔而幸于今也？兴废固有时哉！冲阳亦自不偶矣！顾天下之事，作者不难善始，而其后常易怠废，使后之人皆如作始者心，讵有兴废之感乎？余愿冲阳之弟子，皆世守师法，慎勿遗憾于二崂也。爰勒贞珉，以告后之人。铭曰："山不在高，有仙则名，惟兹大庙，冲阳是成。来者继之，勿陨庙声。庙貌翼翼，千载弗倾！"③

作者对憨山上人建海印寺未成，而冲阳道人建成玉皇殿的事实甚为感慨，并提出自己的看法：天下之事，不难善始，但后人却常易怠废。因此作者告诫冲阳之弟子，并"以告后之人"，"使后之人皆如作始者心，讵有兴废之感乎？"文章由小及大，立意较高，颇有见地。又如其

---

① 《山东文献集成》第一辑第18册《黄氏家乘》，山东大学出版社2006年版，第599—600页。

② 《山东文献集成》第三辑第19册，《崂山艺文志》，山东大学出版社2011年版，第223页。

③ 同上书，第337页。

《浮图记》：

> 自那罗延窟东北下，有二道：其一西北上，为古华严旧址；其一迤折而东，约里许，稍得平势，石列而涧分，为今华严新构。云今华严自慈霑氏始，而其归藏之浮图在焉。慈霑氏也，非有卿相之权，千金之富，足以动人而奔走之。闻其道泊然淡然，非有□□人亦爱于彼之有。然其死归是山也，其徒之悲思无怪已。自士大夫及妇人孺子之无知，莫不裹粮跋涉，不遑宁处。远者多数百里，舍其穑事以来，盖数千人，庐不能栖，率露宿于松石间。及临其穴，皆不知涕之何从。噫！彼独何修，而使人爱之若是？吾观近世以来，富贵之家厚其葬埋，凡世俗所相竞耀以为送死者，族幢俑卫，荐设之具，甚美且备。然谋之贤知则不悦，以烦乡里则苦之，亦苟以悦愚夫淫侈之人而已。微论道路观者不知悲慕，至有子弟亲戚，服缌麻，襄祀事，而饮酒吠肉，笑谈自如者，又何心也？岂生者之凉薄风斯下欤？抑死者固不足为欣戚欤？嗟夫！卿相之权，千金之富，不系死后之悲思，而非有求人者乃爱之。吾又以此叹慈霑之不偶然也！噫！一死耳，或无人而不思，或视之如遗，或称之以为快。古谁无死？而卒其可以死者几人哉？或曰，佛氏之教中人膏肓，盖邪说之移愚民也。如是，然诵孔子，称先王，而自称为仁义者，反不能稍移夫愚民则何也？余于上人固有取焉，因述所见而为之记。时甲辰四月八日也。①

作者由慈霑上人之逝阐发自己的观点，慈霑上人非有卿相之权，千金之富，却足以令人奔走，士大夫、妇人、孺人携粮跋涉，远者从数百里外舍弃农事奔赴而来，露宿于松石之间。令人不禁感叹：怎样的修为才能让人喜爱如此？如今富贵之家大多行厚葬之礼，为乡里所苦，子弟亲戚虽行丧事却食肉饮酒谈笑自若，无悲思之心。由是观之，黄宗崇提出"古谁无死？而卒其可以死者几人哉？"全文一气呵成，述其所见，因事生慨，针对死生之事立论，见解独到。

---

① 《山东文献集成》第三辑第19册，《崂山艺文志》，山东大学出版社2011年版，第267页。

黄宗崇在《赠明霞洞王道人小记》中，也提出了自己的看法："后十余年所闻，上清宫修整，四方游者皆藉藉王师。又闻大庙有异人，戒律精勤，弟子甚盛，为崂山羽士称首，心窃慕之，而未尝一晤。及一觐止，始恍然曰：'君非十余年前，习静于明霞洞中者耶？'不意清癯淡漠之人，一旦转大法轮如是。信成道而度世耶？嗟夫，自壬辰至今，二十有一年矣！青山如故，白发欲生！为问上清银杏几围？牡丹花近几谢？生死茫茫，固知朝菌大椿，同归于无何有之乡也！安得青鞋布袜，从吾逍遥而游之！"① 文中记述作者十余年后与明霞洞王道人再次相遇，王道人居然"成道而度世"，成为崂山道士之首。因而生发出岁月流逝，"生死茫茫"，逍遥从游之感。文章语言简练，感慨颇深。

总之，黄氏族人的崂山游记碑文多围绕出游经历，或即事寄慨，或借景立论，涉及的人物、事件多与家族有密切关系。这一方面为我们研究黄氏家族生活、交游提供了直接证据，但另一方面也能够看出黄氏族人的写作多有局限。虽然时有佳作，但从黄氏家族的整体创作而言，共性多于个性。由此观之，地域文化为文学提供了养料，但同时也有一定的局限性。

第三节　黄氏族人与崂山杂说

诗歌、游记之外，黄氏族人的文学创作中也有杂说，数量虽不及诗歌，但不拘泥于描绘山水面目，写法灵活，记述生动，内容涉及崂山风土人情，别有趣味。这些作品将更为丰富的崂山文化呈现在我们眼前。如黄壎《树德堂玄玉说》：

> 石有五色，五行之秀所锺也。故天一生水，水色黑，凡黝然而纯黑者水之属，得初气也，而石之质遂万年不变焉。即墨有石，产东海之滨，色深黑，黝然而纯，岂墨之名即以此得耶？用试金，次甲乙，土人以故多宝之，一拳是贵焉。而体大而以款胜者，今昔为难。家金吾兄一得之，置堂有年矣。其质温润以泽，材大而完美韵致，落落然如玄鹤戢翼，玄豹隐文，高僧缁衣而趺坐也。叩之清越以长，锵锵戛

---

① 黄肇颚：《崂山续志》，山东省地图出版社2008年版，第269页。

琚而鸣球。兄曰是与玉比德矣！因名曰玄玉。嘻！东海固多佳石，如兹玄玉，殆不多觏也！昔米颠癖石，其小者什袭之。此后无传人，数百年而有吾兄。顾佳石如伟人不世出，千百祀一再见。若是之难耶？然亦乌知夫宝兹石者，非即其后身乎？窃悲吾兄自罹难以来，其所藏书画古玩具，诸可珍惜，皆失亡略尽；而独兹玄玉犹存，䪨䪨乎劲质孤色，历盛衰常变而不之迁。嗟乎！所亡若彼，所存若此，人传而物与俱传，对其物如对其人焉。低徊之下，有不禁俯仰情深者矣！或曰：佳石不择地而生，得之乌足异？或曰：墨之灵秀在山海，山海之秀生伟人。夫以不世觏之石与不世出之人两相遇也。抑亦非偶然矣！余慨然反顾，再拜稽首曰：是知言矣！是知言矣！①

黄宗昌在《崂山志》中记载崂山有试金石、绿石、文石、五色石等，黄培在《游山日记》中曾写道："初七抵试金石滩。甫逾时，余手得大石于积沙中，润腻坚矙如玄玉，如大士趺跏，纹藻如云，如卧蚕，难悉状。至旧试金滩，而黑石无一焉。向闻土人云'石已它徙'，笑为诞。今视之，或然乎？"②崂山试金石质地坚硬，为人所珍，如拳头大小的试金石已是难得。黄墡文中所说正是黄培置于堂前的崂山试金石，此石材质温润如玉，通身有光泽，体大而形美，犹如玄鹤，又如玄豹，又如缁衣高僧。扣而聆之，声音绵长清越。佳石正如伟人，难得一见。黄墡感慨黄培罹难后，其藏书画古玩多遗散失落，只有此石历经盛衰而风华依旧，可见不世出之石与不世出之人相遇并非偶然。全文以石为托，石之珍与人之重两相辉映，始终浸染着对黄培的俯仰深情，其情摇曳婉转，意味隽永。

再如黄肇颐《田横岛石砚铭》，文中提及产于田横岛的石砚，材质温润，为作者所珍重：

砚品以端溪石、铜雀瓦为贵。田横岛石窟穴海中，阻越洪涛巨浪，罕得焉。间有海客赠遗，选为文房用者，亦未经名贤品题而其奇不显。光绪丙子，友人王松岑，即岛中佃田，于秋冬风劲潮退之际，铲劂出海，嘱吾宗人某辇送于余，长数尺而形若板者数段。当以时事

---

① 《山东文献集成》第一辑第19册《黄氏家乘》，山东大学出版社2006年版，第647—648页。

② 《山东文献集成》第三辑第19册《崂山艺文志》山东大学出版社2011年版，第135页。

多奇,未遑攻治。越五载辛巳,方以工役从事。得大小砚五,精莹润泽中,有自然文理,若澜之回旋,若云之卷舒。试以墨,少磨即佳,为之函以居之,经数日不干。礼曰:"温润而泽,缜密以栗。"此石殆有合焉。岂端溪石、铜雀瓦之所得比哉?余束发受书,与此为缘者,五十余年矣。昔蓄有其一,镌以铭辞,以永家传。恸吾孙果显之无禄,用以殉葬。今此数砚,后之人克传与否,皆不可知。然祖父之业,素系于此,一经食德,累代笔耕。则余之制而存之也,亦缵旧服之所宜然耳。爰叙其颠末,而各勒以铭,用志吾世业之所存。后之用此砚者,庶知所由来也夫!铭曰:"海客之赠,墨庄之宝。肇启鸿檬,越壑搜讨。温润而泽,质美天造。铭以地志,曰田横岛。"又铭曰:"外莹其光,内贞其质。编经辑史日有事,奉陪案头凭载笔。"又铭曰:"抗节汉皇蹈东海,岛石精莹传千载。我今赆拜逾常珍,藉发文澜焕墨采。当日纵横五百士,英光烈烈今犹在。吾儒读史追芳躅,磨穿此砚志无改。"又铭曰:"得此岛石砚,赠君存记室(郑东甫杲主政)。容待奏事台谏日,夜半题疏凭濡笔。"又铭曰:"黝然之色,莹然之光,出田横岛,厥品最良。缔我翰墨缘,发我文字祥。勒以铭,寿久长。辞曰伟山甫黄氏之家藏。"①

世人皆以端溪石、铜雀瓦为砚中贵品,而作者偶得友人相赠,打磨后共得五砚,温润精莹,上有自然纹理,如波澜回旋,又如云卷云舒,用之为墨经数日不干。此后作者与此砚结缘五十余年,并为之写铭,用以传家。黄氏族人为数不多的杂说大多由小处着笔,用语简练,其间展现出更为丰富的崂山物产、人文,具有独特的参考价值。

黄氏家族有大量成员隐居于崂山,修道于崂山,读书于崂山。崂山,既是黄氏家族文化的重要来源之一,也是包括黄氏家族成员在内的明遗民进行诗词唱和的主要空间和舞台。诗歌多藻绘山水,游记则多述事写人,带有独特的家族文化烙印。总之,崂山为黄氏族人的文化活动提供了基本空间,其自然风光、人文景观与黄氏族人的人文情怀相互感发、激荡,共同谱写出黄氏家族的崂山文学华章。

---

① 黄肇颚:《崂山续志》,山东省地图出版社2008年版,第338页。

后 记

从2001年申请的山东省古籍整理研究项目"《崂山志》整理研究"获得立项到今天,我对崂山文化的关注,已持续了近二十年。岁月的流失,竟在如此的不经意间。这些年,在我夫君刘怀荣先生的鼓励、指导和督促下,我先后出版了五部专著,其中,《崂山志校注》《崂山道教与〈崂山志〉研究》及《劳山集校注》等三部,均与崂山文化密切相关。

在完成这些著作,尤其是在完成本书的过程中,我对传统文化有了从理性到感性、再到理性的认识,并深切地感受到,源远流长的传统文化不仅仅载录于浩瀚的典籍中,更存在于中国人几千年鲜活的生活实践中,存在于历朝历代仁人志士的身体力行中。比如孝文化,支撑它的是无数孝子孝女用一生一世的时间坚守践行的、足以感天动地的尽孝行为。

家族文化是民族文化传承的重要载体,在搜集、整理即墨黄氏家族文化资料的过程中,尤其是在阅读《即墨黄氏家乘》时,干巴巴的名字变成一个个有血有肉、个性鲜明的人物,他们的人生或长或短,他们的地位有高有低,但在后人看来,长短高低之间的距离竟没有那么明显。与古人的对话也引发我对生命意义的思考,人生的意义究竟何在?正如当代作家毕淑敏所说,人生本没有什么意义,人生的意义便在于我们要努力赋予它的意义。

在明朝和清朝都已经成为中华民族一部分的今天,再去反观明朝遗民不惜生命的抗争,我们对人生的意义又能得出怎样的答案呢?西方哲人培根说过:"读史使人明智,读诗使人灵秀",那是因为反观历史,我们可以拉长时间的坐标系,从而获得坐观云起、静看花落的心态和智慧。

本书的大致分工是这样的:苑秀丽(青岛大学马克思主义学院教授):负责全书的整体设计、写作大纲拟定、全书组织协调和统稿、定稿,撰写前言、第一章、第四章;徐盈(青岛旅游学校教师):撰写第三章、第五章、第七章；刘丰祥（青岛大学历史学院副教授）：撰写第六章；唐皓楠（青岛大学文学院研究生），撰写第二章。

需要说明的是，书中所引录和使用的文献史料，都是我们多方搜集、反复阅读，从浩如烟海的各类资料中精心挑选、去粗取精而来，其中的甘苦，"冷暖自知"，不足多言。

我的研究生石欣欣和王楠楠，多次前往青岛市图书馆、档案馆，青岛大学图书馆等机构查找资料，并用了数月的业余时间，把几十本《山东文献集成》中的相关资料拍成照片，供课题组使用。在此，对她们付出的辛劳表示感谢！

还要衷心地感谢责任编辑宫京蕾老师，她严谨高效的工作，使本书最大限度减少了错误。在完成本书的过程中，我们参考了学术界在地方文化、家族文化方面的很多研究成果，都尽量注明详细出处。学术研究工作的推进，离不开每一位学者的辛勤努力，在此谨向各位同道中人深表谢意。对书中的不足及谬误之处，恳请大家不吝指正。

苑秀丽

2018 年 12 月完成

2019 年 3 月再校